MARX E A CRÍTICA DA EDUCAÇÃO

JUSTINO DE SOUSA JUNIOR

Marx e a Crítica da Educação

Da expansão liberal-democrática à crise regressivo-destrutiva do capital

Prefácio de Gaudêncio Frigotto

DIRETOR EDITORIAL:
Marcelo C. Araújo

EDITORES:
Avelino Grassi
Edvaldo Manoel de Araújo
Márcio F. dos Anjos

COORDENAÇÃO EDITORIAL:
Ana Lúcia de Castro Leite

REVISÃO:
Lessandra Muniz de Carvalho

DIAGRAMAÇÃO:
Simone Godoy

CAPA:
Antonio Carlos Ventura

© Todos os direitos reservados à Editora Idéias & Letras, 2010

Editora Idéias & Letras
Rua Pe. Claro Monteiro, 342 – Centro
12570-000 Aparecida-SP
Tel. (12) 3104-2000 – Fax (12) 3104-2036
Televendas: 0800 16 00 04
vendas@ideiaseletras.com.br
www.ideiaseletras.com.br

2ª edição: 2011

Dados Internacionais de Catalogação na Publicação (CIP)
(Câmara Brasileira do Livro, SP, Brasil)

Sousa Junior, Justino de
Marx e a crítica da educação: da expansão liberal-democrática à crise regressivo-destrutiva do capital / Justino de Sousa Junior. – Aparecida, SP: Idéias & Letras, 2010.

Bibliografia.
ISBN 978-85-7698-071-1

1. Educação – Filosofia 2. Filosofia marxista 3. Marx, Karl, 1818-1883
4. Sociologia e educação I. Título.

10-08624   CDD-370.12

Índices para catálogo sistemático:
1. Educação e marxismo 370.12
2. Marxismo e educação 370.12

Sumário

Prefácio 7

Introdução 17

Capítulo 1
MARX E A CRÍTICA DA EDUCAÇÃO 19
1.1. O caráter educativo imanente da práxis humana 20
1.2. O caráter educativo imanente e contraditório
    das relações estranhadas 24
1.3. Revolução social e educação 27
1.4. O princípio da união trabalho e ensino 39
1.5. O princípio pedagógico fundamental de Marx 49
1.6. Trabalho, práxis e a concepção programática da educação 55
1.7. Politecnia e onilateralidade 71
1.8. O conceito de politecnia 77
1.9. O conceito de onilateralidade 84
1.10. Politecnia & educação tecnológica 97
1.11. O problema da relação sociedade-Estado-educação 108
1.12. Os embates em torno do problema Estado-educação
     no interior da AIT 118

Capítulo 2
**TRABALHO E EDUCAÇÃO NA ORDEM
REGRESSIVO-DESTRUTIVA DO CAPITAL** 137
2.1. O fundamento do sociometabolismo capitalista 140
2.2. O sociometabolismo do capital: da criação dos trabalhadores
    livres à produção crescente de um exército de lázaros 144

2.3. A ordem regressivo-destrutiva do capital e o princípio
da união trabalho e ensino 151

Capítulo 3
**A MUNDIALIZAÇÃO DO CAPITAL
E A CRISE DA ESCOLA** 173
3.1. O lugar da escola na perspectiva marxiana da educação 175
3.2. A mundialização do capital e a crise da escola 180

Capítulo 4
A EDUCAÇÃO E A REDENÇÃO PELO ANTIVALOR 205
4.1. A social-democracia e o Estado providência 205
4.2. A base econômica do Estado providência – o antivalor 211
4.3. Estado de bem-estar: ruptura ou continuidade? 215
4.4. O fetichismo do Estado e as perspectivas
da educação liberal-democrática 221

BIBLIOGRAFIA 235

Prefácio

A leitura do livro – *Marx e a crítica da educação: Da expansão liberal-democrática à crise regressivo-destrutiva do capital* – de Justino Sousa Junior traz-nos, de imediato, diferentes dimensões que nos interpelam a pensar o tempo histórico que vivemos.

A primeira dimensão que nos interpela relaciona-se às razões da necessidade de reler e repensar Marx, mais de um século e meio depois. A segunda, como essa releitura nos ajuda a entender nosso tempo histórico e seu caráter regressivo e de violência destrutiva sem precedentes, mormente sobre as questões do trabalho, da educação em sentido amplo e, especificamente, a escola e a sua crise.

Essas duas dimensões cobrem o núcleo central das preocupações do autor, tendo, ambas, como eixo condutor a concepção do materialismo histórico na compreensão crítica da realidade sob as relações sociais de produção da existência no sistema capital e, sobretudo, da práxis revolucionária na tarefa de sua superação.

Para dar conta dessas duas dimensões, a análise do autor se assenta numa dupla e articulada perspectiva metodológica: a busca da compreensão heurística do pensamento de Marx na relação sociedade, trabalho, práxis e educação e a necessidade e as dificuldades de historicisar esse legado como referencial imprescindível e *único* para compreender, *pela raiz*, a natureza da *crise destrutiva do capital* e as possibilidades de uma práxis emancipadora.

Trata-se de um desafio metodológico, ao mesmo tempo necessário e complexo, pois tanto a análise heurística do pensamento de Marx, quanto sua compreensão e utilização na análise histórica, como seu texto mesmo explicita reiteradamente, engendram e alimentam, no campo crítico da esquerda, um permanente embate e dissenso. Estes resultam do fato de que a leitura da realidade histórica não depende de acordos ou arranjos, mas do alcance do trabalho científico de expor, na ordem do pensamento, a estrutura e o movimento da real. Daí que mesmo situados dentro de uma mesma concepção de realidade e método de abordá-la o mais comum e provável é a tensão do dissenso. O desempate, para aqueles que têm o materialismo histórico como concepção de realidade e método de analisá-la, não se dá no plano argumentativo da teoria, mas da história mesmo.

O esforço interpretativo da análise exposta nesta obra é um convite para entrar de forma permanente e sistemática nesse embate como tarefa teórica na perspectiva de melhor compreender a natureza da atual crise societária e da educação e das tarefas e estratégias de superação na construção do socialismo.

O que acabo de assinalar materializa-se na estrutura e no conteúdo das duas partes do livro, que têm clara articulação; a natureza da abordagem não só é diversa no primeiro capítulo (primeira parte) em relação aos outros três (segunda parte), mas, sobretudo, a natureza das questões e o grau de consenso ou dissenso entre elas no interior do debate marxista.

Com efeito, o primeiro capítulo – *Marx e a crítica da educação* – não por acaso ocupa mais da metade da obra. Assim como Marx começa *O Capital* não pela ordem da investigação, mas, pelo contrário, pela síntese a que chegou do que define a especificidade do modo de produção capitalista – a mercadoria –, Justino inicia seu livro pela questão da práxis humana e seu caráter educativo imanente. Sem elidir a centralidade do trabalho na produção e reprodução da vida humana e, enquanto tal, princípio socializador educativo, e pensando-o na sua dimensão contraditória no interior de relações sociais sob a dominação do capital, o autor busca demonstrar que o princípio pedagógico fundamental em Marx é a práxis. Vale dizer, a articulação teoria e ação na perspectiva da superação do modo de produção capitalista.

O núcleo teórico da primeira parte do livro centra-se na explicitação e na fundamentação de que na obra de Marx a categoria da práxis contém a de trabalho (modalidade imprescindível e antidiluviana de práxis humana), e, portanto, a primeira é mais abrangente e primaz. E essa primazia desaparece quando se elege o trabalho como categoria exclusiva. Do mesmo modo, por essa via, a práxis fica reduzida à ação política revolucionária imediata. Trata-se, pois, de um esforço de interpretação do estatuto teórico que Marx dá a categorias ou conceitos de trabalho e de práxis.

É a partir dessa compreensão que Justino sublinha como tese central de sua análise que Marx, na perspectiva da práxis, ocupa-se da natureza e do sentido (alienador ou emancipador) dos processos educativos imanentes a todas as práticas e atividades humanas e à questão da escola. No plano da realidade historicamente existente, trata-se de buscar discernir que concepções e práticas educativas se dão no conjunto das relações sociais e em todas as esferas da sociedade, e, portanto, na instituição escola, as que afirmam e reproduzem a ordem do sistema capital e as que a questionam e desenvolvem o embrião de novas relações sociais e educativas de caráter socialista.

O que está implícito é que o conjunto das relações e práticas sociais está constrangido pela cisão de classe que não apenas limita o efetivo desenvolvimento humano em todas as suas dimensões, mas o violenta, o mutila e o impede. O direito à vida e as condições de sua reprodução estão subordinados à lógica da valorização do capital. O próprio ser humano que se produz historicamente é reduzido à forma particular de compreensão utilitarista das relações sociais capitalistas. A luta, em todas as esferas da vida social, situa-se, pois, na práxis em *todas as esferas da vida* para a superação dessas relações sociais. Esse é o sentido agudo da conclusão da tese três sobre Feurbach. "A consciência de mudar as circunstâncias e da atividade humana só pode ser tomada e racionalmente entendida como práxis revolucionária."[1]

Num primeiro esboço da mensagem do Conselho da Associação Internacional dos Trabalhadores no contexto do primeiro governo operário da história, fundado em 1871 por ocasião da resistência popular ante a invasão alemã, conhecido como Comuna de Paris, Marx explicita os limites e o cons-

---

[1] MARX, Karl e ENGELS, Frederich. *A ideologia alemã*. São Paulo: Ciências Humanas, 1979.

trangimento da ciência sob o sistema capital e as posibilidades dela quando sob o controle da classe trabalhadora. "Só a classe operária pode converter a ciência de dominação *(cless rule)* numa força popular (...). A ciência só pode desempenhar o seu genuíno papel na República do Trabalho."[2]

É, pois, a partir da compreensão da práxis como categoria mais abrangente e primaz que o autor vai interpretar a elaboração de Marx do princípio da união entre trabalho e ensino, da concepção de politecnia, onilateralidade, educação tecnológica e a problemática da relação sociedade, Estado e educação.

Até onde minha compreensão alcança é, nessa primeira parte do livro, sobretudo, que reside uma contribuição densa e original e a possibilidade de uma crítica construtiva para os educadores e outros intelectuais do campo marxista que tratam não só, mas especialmente, da relação trabalho, educação, conhecimento e tecnologia. O viés de eleger exclusivamente a categoria trabalho é que não só se estaria negligenciando outras atividades humanas que constituem sua unidade no diverso, mas também o risco de fixar-se na esfera da necessidade e minimizar a luta para ampliar a esfera da liberdade. Esta não prescinde do um *quantum* de trabalho como resposta às necessidades humanas num determinado tempo histórico, mas para ser efetiva liberdade tem que ir além.

Como um dos autores que aproximadamente há três décadas está implicado nesse debate e que acompanha a produção da área de educação nesse âmbito, não parece difícil reconhecer que nesta produção a questão da práxis – e dentro desta compreensão – pouco aparece ou aparece de forma pouco explícita. A ênfase tem se dado nas mudanças do mundo do trabalho, na reestruturação produtiva, na lógica do capital na educação do "novo trabalhador", na alienação do trabalho e no debate sobre a centralidade do trabalho, e trabalho como princípio educativo. Temas todos, como o autor ressalva, que têm pertinência teórica e prática, mas que, se desvinculados da práxis como categoria mais ampla que abrange outras dimensões da produção da vida na perspectiva da emancipação humana,

---

[2] MARX, Karl, in: BARATA-MOURA, José. *Materialismo e subjetividade*. Estudos em torno de Marx. Lisboa, Avante, 1997, p. 71.

se perdem em seu potencial de compreensão da realidade e força ético-política.

Num texto sobre os *fundamentos científicos e técnicos da relação trabalho e educação no Brasil hoje*[3] e um breve balanço das propostas de políticas educativas de educação básica organizadas por governos de composição de diferentes matizes da esquerda, o foco dessas propostas centrava-se em aspectos das particularidades culturais ou na questão da cidadania. Por isso, assinalava-se que estava fora de foco a disputa pela direção do projeto urbano industrial de *tipo original – socialista –* e as exigências de *formação* científica e técnica que ele demanda.

Coerente com sua tese centrada sobre a práxis revolucionária como princípio pedagógico fundamental em Marx, na segunda parte, que abrange os três últimos capítulos do texto, o autor busca assinalar tanto a necessidade imprescindível do legado de Marx para entender a natureza e profundidade da *crise destrutiva regressiva do capital* e, dentro desta, a crise da educação, quanto as tensões, as dificuldades, as nuances e o dissenso na apropriação deste legado no contexto da realidade histórica atual.

No debate no interior do marxismo, Raymond Willians e Edward Palmer Thompson nos dão elementos que nos permitem entender tanto a importância das análises que buscam precisar, mediante uma leitura heurística, o sentido dos conceitos e das categorias produzidas num tempo histórico distante, quanto o esforço de analisar a materialidade dessas mesmas categorias ao longo do processo histórico. Mas, ao mesmo tempo, assinalam a dificuldade de relacionar essas formas historiográficas de análise do real.[4]

---

[3] Ver FRIGOTTO, Gaudêncio. "Fundamentos científicos e técnicos da relação trabalho e educação no Brasil hoje", in: LIMA, Júlio César França e NEVES, Lúcia Maria Wanderley. *Fundamentos da Educação escolar do Brasil Contemporâneo*. Rio de Janeiro, FIOCRUZ, 2006, p. 241-288.

[4] Ver WILLIAMS, Raymond. *Palavras-chave – um vocabulário de cultura e sociedade*. São Paulo: Boitempo, 2007. Em relação às análises de Edward Palmer Thompsom, ver NEGRO, Antonio Luigi e SILVA, Sergio (org.). *As peculiaridades dos ingleses e outros artigos de Edward Palmer Thompson*. 2ª ed., Campinas: Editora da Unicamp, 2007.

Entendo que por estar ciente da natureza distinta no plano metodológico dessa segunda parte, o autor se preocupe mais em situar questões, dialogar de forma diversa com autores que, como ele, buscam no legado de Marx as bases teóricas e metodológicas para entender o presente e com outros autores críticos que não estão claramente filiados a esse legado.

O tema do segundo capítulo, que inaugura aquilo que identifico como segunda parte do livro, ocupa-se exatamente em apontar os desafios, as questões e tensões para compreender a união trabalho e ensino, e o princípio educativo do trabalho dentro do sociometabolismo regressivo do capital. Um contexto em que Istvám Mészáros, um dos autores marxistas que Justino tem como base para as análises dessa segunda parte, define como de esgotamento da capacidade civilizatória e de exacerbação de um processo produtivo destrutivo de direitos e das bases da vida pela agressão à natureza.

O horizonte de travessia que sinaliza no final do capítulo, no fio de navalha que implica a ação concreta em terreno contraditório e minado, tem como centro a possibilidade da superação do sistema capital pela *República do Trabalho*. Um dos desafios para o autor é o de *reconstruir a unidade da perspectiva histórica de classe no interior da fragmentação da massa trabalhadora: trabalhadores qualificados, "desqualificados", empregados, desempregados, subempregados, "marginalizados", "população supérflua"*. Do mesmo modo, atualizar os fundamentos marxistas para a educação na perspectiva da formação onilateral e, de dentro da nova configuração do trabalho, da escola, do Estado e das organizações dos trabalhadores, identificar os fios que reforçam os processos da constituição da classe-para-si.

O horizonte esboçado na conclusão do segundo capítulo constitui o eixo para pensar o lugar da escola na perspectiva de educação em Marx e a crise da escola no contexto da mundialização do capital. Em Marx, a educação da classe trabalhadora em sentido amplo na perspectiva da superação do capitalismo e construção do socialismo não tem na escola seu *locus* primordial, mas nas múltiplas atividades e relações dos trabalhadores na produção de sua existência e na formação da classe-para-si. Todavia, para Marx, a ciência e o conhecimento sistemático são elementos cruciais para a formação de classe trabalhadora. Daí a escola, instituição criada como necessidade do capital no âmbito da reprodução das relações sociais de produção, constituir-se num espaço de disputa. O foco central não é de reformar o sistema capitalista, já que o capital como uma relação social não é reformável e nem a escola capitalista. Trata-se de mover-se no plano das contradições pela ruptura e superação desse sistema e desenvolver processos educativos que afirmem valores, atitudes, sentimentos e conhecimentos que concorram para a emancipação da classe trabalhadora.

O último capítulo, com base e coerência com a análise que vem sustentando, retoma fundamentalmente a tese do antivalor, elaborada por Francisco de Oliveira para debater a (im)possibilidade da redenção da educação por essa via. No debate com este autor, destaca sua clara filiação ao pensamento marxista, ainda que não o ortodoxo, e se destaca como árduo defensor do socialismo, mas identifica a tese do antivalor como de viés social-democrata em contraponto com posições marxistas mais radicais, como as de François Chesnais, Istvàn Mèszáros, ente outros. A tese do antivalor, assim, estaria viabilizando a ideia de possibilidade de controle social sobre o capital e redenção da crise da educação sem rupturas com o sistema.

No conjunto do livro, penso que esse capítulo é o que vai gerar maior polêmica ou ampliar uma polêmica já posta na literatura sobre a tese do antivalor. A questão aqui não é divergir do autor sobre o caráter da perspectiva reformista social-democrata, cujo foco não é a ruptura com o capital e, portanto, é incapaz de oferecer uma perspectiva emancipadora de educação para o processo de construção da classe trabalhadora para si. Pelo contrário, trata-se de uma conclusão fundamental. O ponto que guarda tensão é se a tese do antivalor e seus desdobramentos com a questão do Estado e do fundo público se assentam numa perspectiva social-democrata ou navegam no terreno das contradições do sociometabolismo do sistema capital – muito bem destacadas por Justino nos capítulos dois e três –, isto é, avaliar se aquela tese e seus desdobramentos não estariam situados na perspectiva de superação deste sistema.

Essa questão se impõe por três aspectos que se relacionam. Primeiro por ser o livro de Justino, no seu conjunto, um convite aberto, sereno, como ele é em pessoa, ao debate não doutrinário dentro do campo marxista e com o foco na práxis revolucionária.

Segundo pelo fato de ter acompanhado em seu pós-doutoramento a elaboração do núcleo central deste livro e saber que o tema do quarto capítulo, pelas nuances e mediações implicadas, apresentava-se como um desafio de difícil desfecho e que demandaria a insistência do debate aberto e construtivo.

Por fim, Justino e aqueles que porventura leram alguns dos meus trabalhos, mormente os de maior fôlego, de imediato percebem o quanto a obra de Francisco de Oliveira é por mim revisitada e base de minhas análises. Por isso, minha leitura em face ao que menciono como ponto de tensão é de que a tese do antivalor e seus desdobramentos em relação ao Estado, ao fundo público e à educação situa-se no turbilhão das contradições do sociometabolismo do capital e da sociabilidade capitalista na perspectiva da sua superação. Isso certamente não resolve a tensão colocada, mas apenas busca estimular os leitores a seguir aprofundando esse debate dentro do propósito maior de todo o percurso feito pelo autor: alimentar o princípio pedagógico da práxis revolucionária.

Da breve exposição que faço neste prefácio da leitura do livro de Justino, penso que fica patente que o mesmo nos traz uma contribuição densa e singular sobre a necessidade de repensar e difundir o legado de Marx na sua contribuição teórica e na tarefa ético-política de construir a travessia para o socialismo. Tanto mais porque a crise atual do capital escancara a radicalização das contradições fundamentais do capital, e, em sua lógica, isto significa mais desgraça, violência, mutilações e necessidades não satisfeitas pela classe trabalhadora. David Harvey, em recente balanço do sistema capital, qualifica a natureza de sua crise atual.

> La crisis es a mi juicio una racionalización irracional de un sistema irracional. La irracionalidad del sistema queda perfectamente clara hoy: masas de capital y trabajo inutilizadas, de costa a costa, en el centro de un mundo pleno de necesidades insatisfechas.[5]

---

[5] Ver conferência proferida por David Harvey no Congresso *Marxism 2009*, realizado em Londres de 2 a 6 de julho de 2009. www.ventosur.info. Sección web. 31.12.2009.

Como corolário de sua análise sobre a atual crise, sustenta que esta, longe de fechar os horizontes do socialismo, abre novas perspectivas e que as forças de esquerda necessitam voltar ao ataque tendo como base uma teoria de mudança social inspirada em Marx.

O livro de Justino chega na hora certa e se constitui numa contribuição aguda e singular para entender a crise atual do capital e qualificar a natureza das transformações necessárias e a direção dos processos educativos, que se dão na produção da vida dos trabalhadores e na educação escolar que afirma seus interesses de classe. Um livro de leitura e debate obrigatórios para professores, pesquisadores e estudantes de graduação e pós-graduação, sobretudo, mas não apenas, nas áreas das ciências humanas e sociais, e para lideranças e militantes dos movimentos de lutas sociais, dos sindicatos e dos partidos políticos comprometidos com a ruptura e superação do sistema capitalista.

Gaudêncio Frigotto

Introdução

Neste livro a obra de Marx é revisitada com o propósito de se rediscutir sua contribuição para a reflexão sobre o tema da educação, assim como para se pensar a atualidade do trabalho e da educação a partir do referencial marxiano.

A despeito da grande quantidade de estudos que já foram feitos sobre a contribuição de Marx para a educação, este livro se justifica por propor uma interpretação nova e acrescentar novos elementos ao debate. Não se trata, portanto, de uma simples repetição de ideias já consagradas, mas sim de uma contribuição que visa a fazer avançar a discussão na área.

O livro se estrutura em quatro capítulos, sendo o primeiro e mais extenso dedicado a revisitar a obra de Marx e sua contribuição para a educação. O segundo capítulo tem como objetivo principal a discussão da pertinência do princípio da união trabalho e ensino na atual fase regressivo-destrutiva do capital. O terceiro capítulo discute a crise da escola como uma das expressões da crise estrutural do capital, isto é, colocando em outros termos, investiga a crise da escola como a derrocada do ideal liberal-democrático da universalização da escola, como expressão do esgotamento da capacidade civilizatória do capital. Segundo se conclui, essa nova situação exige do campo marxista a fundação de propostas que superem as saídas do horizonte burguês a que se esteve preso. O quarto capítulo segue de certa forma a temática do terceiro e empreende uma discussão em torno das ideias apologetas das alternativas baseadas na perspectiva de retomada do *welfare state* ou de inspiração keynesiana em geral, sem considerar a crise estrutural do sistema capitalista, as novas dificuldades para a democratização da sociedade do capital impostas pela mundialização do sistema ou a "ativação dos limites absolutos do capital".

Um dos pontos que se destacam nesta obra é a compreensão que define a contribuição marxiana para a educação como programática. Nesse sentido afirma-se a existência de um "programa marxiano de educação", assim como de uma "perspectiva marxiana de educação". Algo na direção da compreensão programática já havia sido esboçado por B. Suchodolski; todavia, aqui essa compreensão é levada às últimas consequências. Essa formulação vem confrontar-se com a possibilidade de reducionismo da contribuição marxiana para a educação, realizada pelas interpretações que limitam a contribuição do autor às propostas de união trabalho e ensino ou de formação politécnica em que a dimensão da educação está exclusivamente associada à categoria trabalho, elidindo-se dessa maneira a importância da categoria da práxis.

A propósito, essa é uma das contribuições que se destacam nesta obra: a tematização da categoria da práxis como categoria fundamental para se entender a contribuição marxiana para a reflexão sobre a educação, propondo, dessa maneira, uma revisão da cristalizada noção da centralização absoluta do trabalho como referência para a reflexão sobre a educação.

A rediscussão feita sobre os conceitos de politecnia e onilateralidade também propõe um entendimento original. Principalmente no que tange à definição da onilateralidade como uma formação distinta, mas complementar à politecnia e que só se faz possível no interior das relações sociais livres.

Capítulo 1

Marx e a Crítica da Educação

A temática da educação jamais se constituiu, para Marx, como um problema central, pelo menos se tomada em sentido estrito, como processo formal de ensino-aprendizagem. Porém, mesmo não sendo a educação, no sentido apontado acima, um tema sobre o qual Marx houvesse dedicado especial atenção, ainda assim se acredita que sua obra ofereça grande contribuição para a discussão do tema, especialmente se a concepção de educação se amplia para além dos processos formais e dos espaços institucionalizados.

Pensando a educação para além dos processos formais e dos espaços institucionalizados, torna-se possível identificar uma perspectiva marxiana de educação, assim como perceber nela uma constituição baseada em dois aspectos distintos: um deles corresponde às referências explícitas feitas pelo autor ao tema da educação que, embora não apareçam tão fartamente no conjunto da sua obra, se manifestam através de indicações relevantes, como a proposta de união trabalho e ensino ou a de formação politécnica, ou na discussão sobre a educação pública etc.; o outro aspecto, de natureza distinta do anterior, posto que não se trata de referências explícitas, corresponde ao caráter pedagógico surpreendentemente acentuado, que se apresenta como uma qualidade, por sua vez, tão inerente às formulações marxianas que se mostra como verdadeira propriedade intrínseca delas, como se evidencia, por exemplo, em conceitos e categorias como práxis, trabalho, alienação, coisificação, revolução, emancipação, construção do homem novo, enfim. Nesse sentido, pode-se mesmo afirmar que as concepções de Marx sobre o homem, a sociedade, a história, a transformação social etc. formam uma rica perspectiva pedagógica.[6]

Neste capítulo procura-se demonstrar como e por que as formulações marxianas podem ser consideradas uma contribuição importante para o pensamento educacional.

1.1. O caráter educativo imanente da práxis humana

Se vista numa perspectiva mais ampla, entendida como momento essencial da vida humana, presente em toda atividade humana, articulada a toda práxis, como o próprio processo de constituição do ser social, a educação então pode ser considerada como elemento constitutivo das elaborações marxianas. Desse ponto de vista, pode-se dizer que a educação está associada às elaborações marxianas como *"el musguito en la piedra"*. Ou seja, não é possível pensar o ser social, que vive porque trabalha e age-pensa-fala com outros, sem que se ponha em relevo o caráter pedagógico do processo de constituição da sociabilidade humana, seja na perspectiva da "civilização", seja na perspectiva da "barbárie" – dimensões indissociáveis que se complementam dentro do sociometabolismo do capital.

De antemão, segundo aponta Marx, o homem e a natureza sensível constituem a própria matéria concreta da história. Ou seja, é precisamente a relação entre homem e natureza o sentido primeiro do processo histórico, pois a natureza, embora exista anterior ao homem e independentemente dele, apenas adquire sentido quando se coloca como objeto

---

[6] A expressão "perspectiva pedagógica" pretende indicar que em Marx toda a noção de transformação do homem, de construção de sua humanidade está assente na ideia da autotransformação, que se dá através da própria atividade humana, consciente, mediada linguisticamente e realizada socialmente. O conceito de "homem novo" é exemplar para definir a perspectiva pedagógica marxiana, pois o tal homem novo só poderá aparecer como resultado da ação político-pedagógica transformadora, cuja meta é estabelecer as condições históricas necessárias para o desenvolvimento amplo e livre do homem.

dos sentidos humanos, isto é, objeto da apropriação sensível ou natureza transformada.

Por sua vez, as relações sociais seriam a própria essência genérica do homem, de modo que apenas como indivíduo pertencente a uma coletividade e dependente dos laços sociais, ou seja, na condição de "ser social" o homem exerce sua atividade prática sobre a natureza, e a partir dessa relação obtém os meios materiais necessários a sua existência.

A linguagem, por seu turno, aparece como mediadora tanto das relações dos homens entre si (relações intersubjetivas) como de suas ações relacionadas à transformação da natureza.[7] O homem é, então, um ser inacabado que se constrói justamente através das relações sociais: o homem é ser social que produz a si em sociedade, transforma a si mesmo e ao mundo num processo em que se presentifica o caráter educativo da práxis humana.[8]

---

[7] O destaque da linguagem como um dos elementos fundamentais da práxis humana não é comum na tradição marxista. Até por isso mesmo os críticos apontam a ausência da consideração da linguagem como uma das grandes lacunas de Marx e do marxismo. Todavia, no século XX, alguns expressivos pensadores propuseram ricos elementos para o avanço da reflexão sobre a linguagem. Mikhail Bakhtin é um dos representantes desse grupo de pensadores que, baseados nas formulações gerais de Marx, estabeleceram uma firme oposição à tradição metafísica, estruturalista e positivista amplamente dominante. Marx, efetivamente, lançou as bases para a construção de uma rica e crítica concepção de linguagem, ao reconhecer na linguagem um elemento da práxis – embora sem desenvolver teoricamente a relação desses termos –, ao caracterizá-la como histórica, social e unida à consciência: "(La abstracción de uma comunidad cuyos miembros no tienen nada en común fuera del lenguaje, es, si acaso, evidentemente, el producto de situaciones históricas muy posteriores.) No cabe duda, por ejemplo, de que el individuo no puede considerar el lenguaje como *algo suyo* más que em cuanto miembro de una comunidad humana. Sería absurdo admitir la posibilidad de um lenguaje creado por el individuo em estado de aislamiento. Pero no es menos absurdo es [admitir esto] com respecto a la propiedad" (Marx e Engels, 1985, vol. 6: 348). A respeito da contribuição marxiana para o estudo da linguagem ver Sousa Jr. 1991, 1994.

[8] Nesse sentido, Mészáros (2005, 2006) recorre ao pensador suíço nascido em 1493: "Na sua época, Paracelso estava absolutamente certo e não está menos certo atualmente: 'a aprendizagem é a nossa própria vida, desde a juventude até a velhice, de fato quase até a morte; ninguém passa dez horas sem nada aprender'" (MÉSZÁROS, 2005: 47). Poder-se-ia propor uma modificação à brilhante percepção paracelsiana: subtrair da frase a palavra "quase" e colocar, em vez das "dez horas", a expressão "nenhum instante" justamente para demonstrar a existência humana como uma experiência sócio-histórica de constante aprendizado.

Desenvolvendo ainda um pouco mais a consideração segundo a qual o processo histórico de formação do homem representa em si um processo educativo – antes de se buscar evidências no próprio Marx –, pode-se observar como dois outros autores reforçam essa elaboração.

Ao comentar a terceira tese sobre Feuerbach, o filósofo italiano R. Mondolfo afirma que "há uma intervenção contínua do homem ao produzir as modificações do ambiente social, histórico; há nesta ação um processo contínuo de educação pelo qual o próprio educador termina educado e opera, portanto, sobre os demais completando a sua educação".[9]

O autor está referindo-se a dois momentos especiais para a formação do homem: a práxis transformadora da exterioridade que, uma vez transformada, atua ao mesmo tempo sobre o homem ativo; e as relações sociais intersubjetivas, que, aliás, são processos concomitantes.

O mesmo autor cita uma passagem dos Manuscritos de 1844, numa tradução em que se reforça a ideia de que o processo histórico da sociabilidade humana é um processo educativo. Ele a apresenta assim: "A educação dos cinco sentidos é obra de toda a história do mundo até hoje".[10] Há traduções em que o termo usado é "formação" em vez de "educação", termo no qual não deixa de se encerrar do mesmo modo forte caráter pedagógico. O termo "educação", nesse caso, pode gerar a interpretação de que os cinco sentidos são já dados naturalmente e apenas se educam no decorrer da história. Quando Marx afirma que a formação (educação) dos cinco sentidos é obra de toda a história humana anterior, está justamente ressaltando o caráter processual do desenvolvimento do homem, dos órgãos e da subjetividade humana, num processo de transformação, cuja energia básica é a práxis humana, social e histórica.

Enguita é mais um autor que confirma a noção aqui defendida da existência de um caráter educativo presente genericamente nas elaborações marxianas. Ele afirma que "se fugimos da identificação estreita da educação com a escolarização e tratamos de compreender aquela como o processo

---

[9] MONDOLFO, R. *Estudos Sobre Marx*. São Paulo, Editora Mestre Jou, 1967, p. 217.
[10] Idem. Ibidem.

geral e mais amplo da formação do homem – e com ou sem Marx, existem razões suficientes para fazê-lo –, então não há dúvida de que a obra de Marx, uma vez restaurada em toda a sua complexidade e livre de simplificações, tem muito que dizer a respeito".[11]

Para o autor espanhol, a concepção de homem em Marx é fundamentada em uma concepção de educação ou formação que, por sua vez, se realiza no âmbito das relações sociais. Ele sustenta que "a educação ou formação apresenta-se em Marx, para empregar a expressão de A. Santoni Rugiu, como um 'componente inseparável de toda a vida do homem'. Reduzir esse componente à educação que se ministra no âmbito escolar seria apenas agarrar-se à concepção burguesa da educação, ao reflexo ideológico do estágio atual da divisão do trabalho, que converteu a educação num ramo separado".[12]

Enguita identifica uma perspectiva pedagógica na maneira como Marx concebe a própria transformação do homem, ou seja, a construção histórica da sua humanidade. Entende o autor espanhol que se trata, a partir de Marx, de um processo de educação em que os homens (trans)formam-se (educam-se) nas relações sociais que estabelecem e que têm como fundamento a atividade prática, produtora da vida.

Para Marx, então, o fundamento da história é a atividade humana, a práxis humana e o trabalho.[13] O ser social produz linguagem, consciência, cultura, produz a si mesmo, portanto, através da sua práxis e do seu trabalho. Com efeito, se as relações sociais são a essência genérica do homem; se linguagem e consciência são mediadoras de toda práxis, além de serem produtos dela; se o trabalho é atividade que produz materialmente a própria vida; e se o homem é um ser que se constrói no conjunto das relações, num movimento constante, num processo infinito, então não há como

---

[11] ENGUITA, 1993: 85.
[12] Idem. Ibidem, p. 99.
[13] Por ora não se faz necessário destacar a distinção entre os conceitos de "práxis" e "trabalho". Essa distinção será útil nos itens 1.5 e 1.6, quando se discutirá "o princípio pedagógico fundamental de Marx". Aqui os dois conceitos convergem para um ponto comum: atividade humana transformadora e criadora.

se recusar o caráter educativo imanente a toda a história da formação do homem. Como afirmou Enguita, se é nesses termos que se dá o desenvolvimento do homem, com Marx ou sem Marx esse desenvolvimento deve ser tomado como processo educativo.[14]

Uma vez discutido o caráter educativo do processo de formação do homem, que se dá através da constituição e transformação constante das relações sociais que se engendram pela própria práxis, como se poderia considerar esse processo, até aqui tratado um tanto genericamente, sob as determinações concretas da sociabilidade burguesa em que "o trabalhador pertence ao capital antes mesmo de vender-se ao capitalista"[15] e cujo caráter de alienação e estranhamento universal é destacado por Marx?

1.2. O caráter educativo imanente e contraditório das relações estranhadas[16]

Ao tratar das condições históricas determinadas das relações sociais burguesas, as considerações de Marx sobre o problema da formação do homem adquirem maior concretude. As relações sociais nessa etapa histórica

---

[14] Numa perspectiva ampla, processo educativo define-se basicamente por ser a forma como a humanidade aprende a entender o mundo e a si mesma. O homem se faz homem na relação com o outro e atuando sobre a exterioridade, transformando e sendo transformado pela relação com o outro e atuando sobre o mundo, produzindo sua própria existência, construindo e (trans)formando sua própria humanidade.

[15] MARX, 1989: 672.

[16] Os conceitos "alienação" e "estranhamento" geraram e têm gerado muitos debates no interior do marxismo. Boa parte das traduções utilizou-se de um único termo, "alienação", para expressar em português os termos *entäusserung* e *entfremdung*, utilizados originalmente por Marx. Para Ranieri (RANIERI, Jesus. *A câmara escura*. Alienação e estranhamento em Marx. São Paulo: Boitempo, 2001), o primeiro traduz-se por alienação, enquanto o segundo traduz-se por estranhamento. O primeiro indica exteriorização, já o segundo refere-se aos processos da sociedade do capital que impedem o reconhecimento do sujeito na coisa exteriorizada através do trabalho. Daí a necessidade da utilização dos dois termos. Embora reconheça e incorpore o conceito de estranhamento, compreende-se aqui que a exteriorização (alienação) na sociedade do capital nunca representa uma simples separação entre o produtor direto e o produto do seu trabalho, pois esse processo implica necessariamente em negação do homem.

são baseadas na produção de mercadorias, na posse do valor de troca; a produção material está assentada na separação entre o produtor direto e as condições de produção que se opõem a ele como capital; na concentração da propriedade privada dos meios de produção; na oposição entre capital e trabalho, trabalho intelectual e trabalho manual; aqui o movimento de valorização do capital se sobrepõe a toda a sociabilidade como um movimento independente e autônomo, subjugando todo o conjunto da sociedade e, em tal medida, constituindo-se naquilo que Marx denominou como alienação/estranhamento universal.

No trabalho, todavia, a alienação/estranhamento em relação à atividade e em relação ao produto afeta direta e especialmente e em sentido lato os trabalhadores e não os capitalistas. A sociabilidade burguesa em seu conjunto, segundo aponta Marx, contraditoriamente e por extensão mesmo do seu caráter contraditório imanente, afeta dramaticamente os trabalhadores, sacrificando-os, ao mesmo tempo que cria a possibilidade de surgirem expressões vivas dessa contradição, como os instrumentos de luta dos explorados associados e as formas embrionárias de sociabilidade superior e livre.

Se no item anterior a perspectiva marxiana de educação foi vista genericamente como o amplo processo de formação do homem, neste se discute como as relações capitalistas impõem concretamente determinados elementos – as suas contradições específicas e fundamentais – como aspectos que condicionam ou determinam o processo da formação humana.[17]

A categoria trabalho ilustra bem essa relação contraditória em face do processo de formação humana: de um lado, a negação do homem e, ao mesmo tempo, criação de possibilidades para a emancipação social. Essa contradição, que perpassa toda a sociabilidade estranhada, coloca-se também, logicamente, na perspectiva da educação. No contexto das relações estranhadas, o processo amplo de formação do homem encontraria a possibilidade

---

[17] Faz-se importante ressalvar que as contradições sociais as quais determinam a formação humana são, ao mesmo tempo, obra da práxis humana, e que o termo determinação não indica uma formatação acabada, paralisada, petrificada. Trata-se de uma relação dialética em que os fatores se determinam, se condicionam ou ainda se qualificam mutuamente num processo sempre aberto e em reprodução / transformação.

de superar as relações vigentes, erigindo uma nova ordem social, na qual seja possível viabilizar o livre desenvolvimento das potencialidades humanas. Em decorrência disso, o problema fundamental da educação, no entendimento de Marx, vai localizar-se essencialmente no processo de educação do proletariado, por ser esse o agente que sofre mais intensamente a opressão do capital e por ser ele, consequentemente, o portador das condições mais favoráveis para conduzir o processo de superação das relações estranhadas.

Assim, toda a problemática social, econômica, política e cultural que põe o proletariado como protagonista da história nas relações capitalistas; todo o processo de constituição desse protagonista em classe-para-si, ou seja, como classe que se eleva ao nível da compreensão do seu lugar e da sua importância na história através de diversos e complexos processos sociais, no trabalho, na família, no bairro proletário, nos sindicatos, nos partidos, nas associações, nas greves, na escola etc., isto é, todo esse complexo de relações compõe o amplo processo de educação do sujeito social revolucionário.

Nesse nível de análise a categoria práxis, vista anteriormente de modo mais genérico, comparece articulada aos processos através dos quais o proletariado busca constituir-se em classe-para-si e realizar as lutas pela emancipação social. Aqui a práxis é práxis revolucionária e é essencialmente educativa porque trata justamente do processo de transformação profunda do homem, das relações, da sociedade. Mais do que tudo, aqui o conceito de revolução assume de maneira especial uma perspectiva pedagógica, porque indica uma transformação jamais vista, pois pela primeira vez o homem passaria por um processo de educação cuja finalidade seria a de criar pela ação teleológica, ou seja, pensada, planejada, definida conscientemente pelo próprio homem segundo suas necessidade e anseios de liberdade, uma sociabilidade nova, sob o controle da coletividade livre.

Segundo essa perspectiva de análise, a constituição do proletariado em classe-para-si e a revolução social passam a formar a grande problemática do que se chama de perspectiva marxiana de educação. Com efeito, é importante considerar o processo de constituição do proletariado em classe-para-si como momento que é parte de um processo maior, o da revolução social. Esta, por sua vez, se define como *finalidade*, na medida em que representa a meta da transformação profunda da ordem social em toda a sua estrutura econômica, política, seus valores, símbolos, seu imaginário etc.; mas é também *processo* que se desenvolve desde as ações mais modestas que concorrem para a educação do sujeito social revolucionário, portanto, não se reduzindo ao momento particular do "assalto ao poder".

Como dito anteriormente, concorrem para o processo de constituição do proletariado em classe-para-si toda uma complexa rede de relações, um conjunto variado de práticas e uma diversidade de fatores que perpassam todo o cotidiano do proletariado. No âmbito dessa complexidade, pode-se destacar o papel desempenhado pelas associações operárias de toda ordem, como partidos, sindicatos etc., e o papel desempenhado pela formação escolar articulada à formação no trabalho. Todavia, é importante destacar que, na perspectiva marxiana, esses elementos são componentes do amplo processo de formação da práxis revolucionária, justamente porque se submetem à grande meta pedagógica de Marx que é a emancipação social.

Marx compreende o papel desempenhado pelas associações operárias de toda ordem, como partidos, sindicatos etc., e o papel desempenhado pela formação escolar articulada à formação no trabalho como elementos que concorrem para desenvolver e fortalecer a práxis revolucionária, essa sim a grande pedagogia da transformação na ou da sociedade do capital.

Corroborando essa tese que defende a revolução como um processo pedagógico, Mészáros coloca que "a transcendência positiva da alienação é, em última análise, uma tarefa educacional, exigindo uma 'revolução cultural' radical para sua realização".[18]

1.3. Revolução social e educação

Todavia, mesmo compreendendo a revolução como processo educativo fundamental para criar as condições do devir livre, não se pode tomá-la como um processo educativo que se encerre em si mesmo, ao contrário, ela

---

[18] Mészáros, 2006: 264.

tem suas raízes aprofundadas nas relações sociais contraditórias. É preciso compreender que a sociabilidade mesma representa, em toda sua complexidade contraditória, como uma totalidade, um processo educativo mais amplo, dentro do qual a revolução se faz possível justamente como processo educativo contraditório.

A propósito do caráter educativo da revolução, cumpre observar que se pode compreender a revolução social como processo educativo basicamente pela presença de três elementos fundamentais: os sujeitos que ensinam e aprendem; a relação de ensino-aprendizagem com as devidas estratégias e métodos pedagógicos; e os conteúdos do processo de ensino--aprendizagem. Assim, no processo educativo revolucionário se colocam:

a) o proletariado e seus aliados – incluem-se intelectuais, dirigentes, militantes em geral e as organizações das lutas dos trabalhadores – como os sujeitos sociais do processo de autoeducação;

b) as relações de ensino-aprendizagem através das quais o proletariado objetiva a se elevar a classe-para-si e que se desenvolvem nos locais de trabalho, na práxis produtiva, nas relações de enfrentamento classista; e nas relações de construção da solidariedade de classe com os demais trabalhadores, nos sindicatos, partidos, locais de moradia, nas lutas sociais em geral;

c) e os conteúdos, em geral referentes ao processo de transformação social, mas que vão desde o domínio das noções teóricas e práticas dos processos de trabalho até noções de como atuar de forma revolucionária no parlamento e nas lutas sociais em geral.

Esses elementos reunidos atuam na formação de quadros militantes, de dirigentes, lideranças operárias e populares, oradores, quadros que formulam as táticas e as estratégias revolucionárias do movimento proletário, e da base geral do movimento, o que é fundamental para que esta não seja manipulada pelas camadas dirigentes e seja, ao mesmo tempo, capaz de formular e assumir postos de comando. Esses elementos atuam permanentemente desde os momentos mais embrionários das lutas proletárias, passando pelo processo de conquista do poder social até sua consolidação e avançam historicamente no processo de construção do homem novo e das novas relações não alienadas/estranhadas.

B. Suchodolski[19] reserva uma unidade ("A educação pela revolução"), na sua obra intitulada *Teoria Marxista da Educação*, para discutir a revolução como um processo educativo. Nesta unidade o autor destaca muito bem o papel da revolução para a formação do homem novo, porém, na sua análise não atribui ao todo da sociabilidade burguesa, no interior da qual se desenvolve o processo revolucionário, a devida importância como gestora de um amplo processo contraditório formador dos indivíduos, inclusive do processo revolucionário.

O processo revolucionário não é um raio no céu azul, nem mero ato de vontade dos indivíduos, muito embora a dimensão subjetiva não se subestime, inclusive porque é, ela mesma, o objeto da ação pedagógica. Mas aquele processo é, antes, forjado pelas condições históricas concretas da sociedade capitalista e, tal como se tem considerado aqui, toda a vida social cotidiana, a constituição, desenvolvimento e transformação das diversas formações sociais constituem um amplo processo de educação. Deste modo, a revolução, para ser considerada como processo educativo, tem de ser vista antes como um processo dentro de outro processo maior e mais amplo.

Na sociabilidade burguesa, a formação-educação dos indivíduos dá-se exatamente pela contradição entre a negação do homem pelo trabalho e as relações alienadas e estranhadas e pela subordinação do todo social ao processo de valorização, de um lado, assim como, de outro lado, dá-se também pela criação das condições concretas de superação social através das lutas sociais.

A sociabilidade burguesa nega a humanidade do homem, mas, contraditoriamente, cria as condições para que o homem oprimido e explorado proponha e lute pela superação dessa forma social opressora. É apenas nesse sentido que a revolução pode ser entendida como processo educativo, como movimento engendrado pelas possibilidades contraditórias da sociedade do capital. E, embora seja a revolução a educação decisiva,

---

[19] SUCHODOLSKI, B. *Teoria Marxista da Educação*. Lisboa, Editorial Estampa, 1976, 3 vols.

única saída possível para superar a alienação/estranhamento burguês, ela não é o único processo educativo, nem surge isolado do conjunto dos processos sociais.

Mészáros,[20] assim como Enguita e Mondolfo, também reconhece em Marx uma perspectiva de educação que ultrapassa as instituições formais.[21] Para esse autor as mediações de segunda ordem[22] são impregnadas de caráter educativo. Mészáros reconhece a dinâmica pedagógica inerente ao processo de reprodução social, cuja existência é anterior e ultrapassa as instituições formais de educação, além de moldá-las o funcionamento segundo suas necessidades. Para o autor húngaro, "as relações sociais de produção reificadas sob o capitalismo não se perpetuam automaticamente. Elas só o fazem porque os indivíduos particulares interiorizam as pressões externas. Eles adotam as perspectivas gerais da sociedade de mercadorias como os limites inquestionáveis de suas próprias aspirações".[23]

Frente às citadas mediações de segunda ordem, a educação formal aparece apenas como estrutura auxiliar que, embora se constitua como espaço de contradições, não é capaz de estabelecer oposição de forma radical àquelas mediações, ou seja, a educação formal é uma estrutura que, ainda

---

[20] *Op. cit.*

[21] "As sociedades existem por intermédio dos atos dos indivíduos particulares que buscam realizar seus próprios fins. Em consequência, a questão crucial, para qualquer sociedade estabelecida, é a reprodução bem-sucedida de tais indivíduos, cujos 'fins próprios' não negam as potencialidades do sistema de produção dominante. Essa é a verdadeira dimensão do problema educacional: a 'educação formal' não é mais do que um pequeno segmento dele" (MÉSZÁROS, *op. cit.*, p. 263).

[22] Segundo aponta Mészáros *(op. cit.)* as mediações de segunda ordem podem ser tomadas como momento educativo anterior à educação formal. Elas são mais importantes e mais globais que ela, pois representam um momento educativo ao qual se conforma a educação formal, não sem tensões é claro. Essas mediações são as relações e processos sociais cotidianos que perpassam o intercâmbio social baseado na mercadoria e que atuam no processo de internalização dos indivíduos, fazendo com que introjetem o *modus operandi* das relações reificadas. Este seria o processo educativo primaz, que não se desfaz ou se combate apenas com uma educação formal mais democrática. Apenas com uma contra-educação, ou uma educação revolucionária radical, se confronta o processo de internalização alienado/estranhado.

[23] MÉSZÁROS, *op. cit.*, p. 263 (grifos do autor).

que contraditória, em última instância, pertence ao metabolismo social do capital e contribui para com os processos de interiorização dominantes.

Amparado na contribuição de Mészáros, pode-se afirmar que a revolução social, assim como a educação formal, também é um momento pedagógico criado pelo caráter educativo das próprias mediações de segunda ordem. Porém, no caso da revolução social se estabelece uma evidente relação de oposição que a escola (educação formal) jamais será capaz de estabelecer.

Quanto ao caráter educativo do processo revolucionário, no sentido que se desenvolve aqui, Marx o ilustra na obra "A Ideologia Alemã"[24] afirmando que "tanto para a produção massiva desta consciência comunista como para a realização da própria causa, é necessária uma transformação massiva dos homens que só pode processar-se num movimento prático, numa revolução; que, portanto, a revolução não é só necessária porque a classe dominante de nenhum outro modo pode ser derrubada, mas também porque a classe que a derruba só numa revolução consegue sacudir dos ombros toda a velha porcaria e tornar-se capaz de uma nova fundação da sociedade". Marx confirma aí a revolução como única possibilidade através da qual se pode fundar a nova sociedade. Ela seria um processo de transformação das circunstâncias, objetivando torná-las favoráveis ao desenvolvimento do homem não alienado/estranhado. A revolução seria, desse modo, um processo transformador-educador do homem e das circunstâncias, sendo, todavia, ela mesma, carente de uma educação para realizar-se: ela não só é educadora do homem, como imprescinde de uma educação prévia para se realizar.

A revolução é autotransformação do homem, é práxis humana, atividade finalista que intervém transformando as circunstâncias em relação com as quais o homem se constrói. Uma nova consciência só será possível se houver uma transformação do homem, e esse homem transformado, a partir do qual pode surgir a nova consciência, apenas através de um movimento prático revolucionário é que poderá emergir historicamente. Desnecessário lembrar que o homem novo e a nova consciência são interdependentes e ambos se constroem no processo educativo da práxis revolucionária.

---

[24] Marx e Engels, 1981: 51.

Sobre a consideração do processo de transformação social na perspectiva marxiana como processo educacional, Mészáros[25] aponta que "o papel da educação é soberano, tanto para a elaboração de estratégias apropriadas e adequadas para mudar as condições objetivas de reprodução, como para a *automudança consciente* dos indivíduos chamados a concretizar a criação de uma ordem social metabólica radicalmente diferente. É isso que se quer dizer com a concebida 'sociedade de produtores livremente associados'. Portanto, não é surpreendente que na concepção marxista a *'efetiva transcendência da autoalienação do trabalho'* seja caracterizada como uma tarefa inevitavelmente educacional" (grifos do autor).

Quando a lembrança feita acima não se faz suficiente, se coloca a indagação: se o homem não alienado/estranhado e a nova consciência apenas por meio de uma revolução é que podem se efetivar; se antes disso as condições em que está colocado o homem são de alienação e estranhamento, que tipo de homem então fará essa revolução e de onde ele surgirá?

É diante de questões como essa que se verifica a importância do segundo aspecto da perspectiva marxiana de educação. Não é adequado desconsiderar a sociabilidade como um todo, isto é, todo o intercâmbio espiritual e material e as relações de produção, como processo educativo genérico da (trans)formação do homem, em que a revolução é apenas um momento possível e consequente de todo o movimento do conjunto da vida social burguesa. Essa sociabilidade mesma é que engendra a necessidade, as condições e as possibilidades de realização da revolução. É a sociabilidade capitalista que provoca a disposição do movimento revolucionário que pode subvertê-la, assim como cria o sujeito que pode vir a realizar esse processo.[26]

---

[25] MÉSZÁROS, 2005: 65.
[26] Essa dialética é exposta por Marx em *A Ideologia Alemã* nos seguintes termos: "O comunismo não é para nós um estado de coisas que deva ser estabelecido, um ideal pelo qual a realidade (terá) de se regular. Chamamos comunismo ao movimento real que supera o atual estado de coisas. As condições deste movimento resultam da premissa atualmente existente" (MARX e ENGELS, 1981: 46).

Os explorados aglutinam-se a partir das condições existentes; estabelecem como proposta de sociedade futura a que seja baseada na liberdade e igualdade material, numa comunidade que submeta ao seu controle o intercâmbio econômico e toda a vida social; intervém violentamente nas circunstâncias dadas em busca de criar as condições de desenvolverem seu projeto futuro, o qual, por sua vez, nasce das condições materiais dadas.

Todos os processos históricos da vida social em geral são educativos na medida em que formam, transformam o homem, mas a revolução seria esse processo revolucionário por excelência, justamente porque almeja a emancipação. Porém, esse movimento histórico não se realiza sem que determinadas premissas materiais o propiciem.[27]

Esse movimento de superação da alienação – de acordo com o texto de 1856 – ou do capital, segundo Marx, não se consolida plenamente se não partir das premissas citadas e se não se constituir num movimento mundial e permanente. A desconsideração dessas premissas materiais pode induzir a uma compreensão idealista do movimento de superação.

Voltando ao caráter educativo do conceito de revolução em Marx e ao protagonismo do proletariado na história e no interior das preocupações

---

[27] "Esta alienação, para continuarmos compreensíveis para os filósofos, só pode ser superada, evidentemente, dadas duas premissas práticas. Para que ela se torne um poder insuportável, isto é, um poder contra o qual se faça uma revolução, é necessário que tenha criado uma grande massa da humanidade 'destituída de propriedade' e ao mesmo tempo em contradição com um mundo existente de riqueza e cultura, o que pressupõe um grande aumento da força produtiva, um grau elevado do seu desenvolvimento – e, por outro lado, este desenvolvimento das forças produtivas (com o qual já está dada, simultaneamente, a existência empírica dos homens a nível histórico-mundial, em vez de em nível local) é também uma premissa prática absolutamente necessária porque sem ele só a penúria se generaliza e, portanto, com a miséria também teria de recomeçar a luta pelo necessário e de se produzir de novo toda a velha porcaria, e ainda porque só com este desenvolvimento universal das forças produtivas se estabelece um intercâmbio universal dos homens, que por um lado produz o fenômeno da grande massa 'destituída de propriedade' em todos os povos ao mesmo tempo..." (MARX e ENGELS, 1981: 45-46).

marxianas, verifica-se que quando discute diretamente problemas de educação, como a união trabalho-ensino, a responsabilidade do Estado para com o ensino etc., a preocupação de Marx se concentra exclusivamente na situação concreta do proletariado.

Uma das grandes preocupações de Marx em relação ao ensino é exatamente quanto a descobrir a melhor forma através da qual os trabalhadores poderiam se colocar em condições de: primeiro, resistir da melhor forma aos malefícios da divisão do trabalho, das jornadas extenuantes, da alienação/estranhamento do trabalho; e, em segundo, de encontrar a melhor educação que possibilite a realização de sua luta histórica, que possa "elevá-lo [o proletariado] acima das demais classes".

Para Marx, portanto, não se trata de especular sobre a formação dos indivíduos em geral, nas nuances multifacetadas da sociedade burguesa, mas de considerar que a natureza contraditória dessa sociedade, ao mesmo tempo em que estabelece relações alienadas/estranhadas entre homens igualmente alienados/estranhados, cria as condições de desenvolvimento de uma práxis revolucionária. Por isso, a questão educacional que se apresenta como fundamental é o reconhecimento desse caráter contraditório da formação do indivíduo pela/na sociabilidade burguesa, especialmente o desenvolvimento de um desses aspectos contraditórios, a práxis revolucionária, que resulta das próprias relações capitalistas com a pretensão de superá-las.

A práxis revolucionaria é o processo educativo que surge como elemento contraditório das mediações de segunda ordem, ou seja, surge no interior das velhas relações burguesas tensionada pelos processos de internalização das "perspectivas gerais da sociedade de mercadorias". A práxis revolucionária, por tanto, é em si mesma um processo educativo que, todavia, por sua vez, requer certo tipo de educação teórica e prática para que possa desenvolver-se, isto é, depende da ação político-pedagógica autônoma desenvolvida pelos trabalhadores autoeducando-se para compreender sua condição e suas tarefas históricas.

Da investigação do aspecto do conceito de educação de Marx que diz respeito ao amplo processo da (trans)formação humana no âmbito das relações sociais em geral, chega-se ao contexto histórico determinado da sociedade capitalista em que os indivíduos formam-se dentro das condições concretas da sociabilidade contraditória. Daí vai se colocar a práxis revolucionária como processo educativo nuclear para Marx, exatamente por ser a forma embrionária das novas relações educativas não alienadas/estranhadas e a força propulsora da emancipação social.

O processo revolucionário é um processo educativo porque pretende romper com toda a ordem vigente, as relações de produção, as correspondentes estruturas jurídicas e políticas, os valores, ideias, formas de consciência, moral e costumes dominantes, toda a interiorização reificada, enfim, e formar o homem para novas relações nas quais possa ele afirmar-se e reconhecer-se em liberdade plena. Trata-se da educação do homem mesmo ou, para dizer de outra forma, é a reeducação do homem para que ele possa se construir como tal, como ser não alienado/estranhado.

Ademais, esse processo de educação do homem para relações futuras, afirmadoras da humanidade livre, precisa que se engendrem no seu interior processos menores de educação dos indivíduos para o processo de lutas sociais amplas e decisivas. Quanto mais eficiente e profundo for o processo revolucionário, quanto mais decisivamente ele romper com 'toda a velha porcaria', tanto mais nova e sólida será a construção da sociedade futura. Quanto mais profundo for o processo de transformação do homem, tanto mais ele ultrapassará as limitações do desenvolvimento unilateral burguês, tanto mais livre ele estará dos valores, ideologias e condicionamentos da sociedade do capital. Do mesmo modo, quanto melhor for o trabalho de educação política, tanto mais profunda será a compreensão do proletariado de sua própria situação, de sua força social e de suas tarefas históricas, e consequentemente mais profundo e amplo será o processo revolucionário.

A revolução, nesses termos, ou seja, como processo educativo, não pode ser reduzida meramente a uma luta militar, circunstancial e breve. Ela representa todo um processo de ruptura radical com a sociabilidade burguesa.

É um processo amplo do qual o enfrentamento militar é apenas um breve episódio; um processo que não tem início e fim rigidamente definidos, pois nasce e se gesta no interior da velha sociedade, e culmina com um processo aberto e crescente de construção de uma forma de vida social superior.

A práxis revolucionária se refere, então, a dois momentos diferentes de formação/educação que fazem parte de um mesmo processo: um momento que envolve uma quantidade de questões complexas ligadas à organização e formação teórica e política do sujeito social potencialmente revolucionário desde os primórdios de sua resistência contra a exploração do capital até a extinção das classes; e outro que corresponde à etapa superior de organização da nova sociedade, em que se estabelecem novas relações não alienadas/estranhadas e nas quais se torna possível a formação ampla do homem novo e o próprio resgate da humanidade negada no capitalismo.

No segundo caso a práxis está associada à formação mais geral do homem que reconstrói sua humanidade na e através da sua atividade vital e se afirma na sociabilidade livre. Nesse caso, a práxis como processo educativo está associada, ou melhor, é ela em si mesma o próprio processo de resgate do homem não alienado/estranhado.

Já no primeiro caso a práxis está se referindo ao processo de enfrentamento das condições objetivas dadas através de atividades políticas classistas como na construção de associações, sindicatos, partidos, enfim, dos instrumentos político-pedagógicos através dos quais os explorados poderão desenvolver um tipo de educação política, um processo de autoformação em que intelectuais revolucionários e trabalhadores em geral autoeducam-se politicamente na/para a revolução.

A consideração da práxis revolucionária como momento educativo precisa aceitar como pressuposto a ideia de que a educação se define pela própria condição do homem como ser social autoprodutor de sua existência. Ou seja, a práxis revolucionária não se define por si mesma como momento educativo, ela é posta a partir da própria condição contraditória das mediações de segunda ordem, isto é, dos processos gerais de interiorização.

Por outro lado, considerar a práxis revolucionária como momento educativo implica necessariamente na relativização da importância da escola formal.[28] Essa, enfim, é uma questão que incomoda os devotos da escola de dentro e de fora do marxismo. Eles sentem-se ameaçados por ela, pois sua aceitação implica em ter que abraçar definitivamente o processo de educação/formação do proletariado em todos os momentos fundamentais da práxis revolucionária e ter que se arriscar fora do seu templo protetor: a escola.

Pelo que se pode entender das colocações de Marx, a escola formal tem uma importância limitada porque deveria encarregar-se apenas dos conteúdos objetivos, aqueles menos afeitos à manipulação ideológica das classes dominantes e/ou do Estado na condução da educação. No congresso da AIT de 1869, Marx defende que "disciplinas que admiten conclusiones no debieran enseñarse en las escuelas; de esto podrían ocuparse los adultos bajo la guía de maestros como la señora Law que profesa lecciones sobre religión".[29] Marx distingue os conteúdos em objetivos e subjetivos e inclui entre os primeiros a Gramática, as Ciências Naturais etc., e entre os demais está a Economia Política, por exemplo. Esta distinção é polêmica[30] e o interesse aqui se concentra na ideia de que determinados conteúdos e práticas educativas devem ser assumidos pelo processo de autoeducação dos trabalhadores.

---

[28] Mészáros (2006: 273) estabelece os processos de interiorização como os mais importantes justamente porque são basilares e conformadores da educação formal: "a educação formal está profundamente integrada na totalidade dos processos sociais, e mesmo em relação à consciência do indivíduo particular suas funções são julgadas de acordo com sua *raison d'être* identificável na sociedade como um todo (...). O sistema educacional *formal* da sociedade não pode funcionar tranquilamente se não estiver *de acordo* com a estrutura educacional *geral* – isto é, com o sistema específico de 'interiorização' efetiva – da sociedade em questão" (grifos do autor). Esse modo de compreender o lugar da educação formal pode auxiliar na sustentação da tese segundo a qual a práxis revolucionária – como ação político-pedagógica – também se coloca num patamar superior à escola, por mais democrática e avançada que seja, em relação à construção da emancipação social.

[29] Marx e Engels, 1988: 548.

[30] Ver Sousa Jr. J., 1994.

No caso, o que Marx parece propor é que o proletariado deve lutar pela instrução oficial, enquanto lá se aprende o conteúdo universal necessário, mas não precisa exigir que as instituições oficiais de ensino ministrem conteúdos voltados estritamente para a formação política dos trabalhadores, pois essa é uma tarefa a ser cumprida pelas ações de autoformação do proletariado.[31] Trata-se de resguardar para os trabalhadores uma educação autônoma, paralela à educação formal e à educação no trabalho, que lide diretamente com os conteúdos da práxis revolucionária, com os interesses históricos dos trabalhadores e com sua tarefa emancipatória maior.

Está pressuposto em Marx que a revolução, e a emancipação mesma, dependem de um conhecimento profundo da realidade por parte do proletariado. Isso exige uma série de conhecimentos específicos, entre os quais a Economia Política, ciência que se ocupa das relações de produção capitalistas e é fundamental para a formação do proletariado. Mas, se um conteúdo tão importante para a educação do proletariado é desaconselhado como matéria escolar e considerado prioritariamente matéria da autoeducação do proletariado, isso indica duas conclusões: a primeira é precisamente o reconhecimento da atividade política do proletariado na autoeducação como momento educativo importante; e a segunda, consequentemente, é a relativização da importância da escola formal na formação do sujeito social potencialmente revolucionário que cumpriria um papel específico e limitado.

Ao fazer aquela distinção entre conteúdos que admitem e conteúdos que não admitem interpretação classista e ao determinar que uns devem ser ensinados na escola formal e que outros devem ser prioritariamente da competência do processo autoeducativo dos trabalhadores, Marx está não só reconhecendo e conferindo caráter educativo às lutas sociais e à práxis revolucionária, mas atribuindo a ela um papel político-educativo fundamental.

---

[31] A ideia que permanece válida dessa formulação, fortemente marcada pelo contexto do debate em que foi colocada, é a da limitação da escola formal como momento que contribui para a formação do proletariado como classe revolucionária. Assim como a indicação de que o proletariado deve cuidar autonomamente de sua própria formação em "escolas" próprias.

1.4. O princípio da união trabalho e ensino

Uma das formulações marxianas mais importantes para a educação, que está entre as referências diretas feitas pelo autor à temática, é o princípio da união trabalho e ensino. Este princípio sempre foi muito caro aos marxistas que investigam o problema da educação e está na base de importantes formulações feitas dentro do marxismo depois de Marx, como a escola unitária de Gramsci, a escola do trabalho de Pistrak, entre outras. Para muitos autores que comentam sobre o problema da educação em Marx, entre os quais Nogueira,[32] a proposta da união trabalho e ensino seria certamente o princípio pedagógico fundamental da perspectiva marxiana (esta questão será discutida mais detalhadamente no item 1.5).

O princípio da união trabalho e ensino aparece de dois modos distintos nas elaborações de Marx. Em determinados momentos ele se coloca como proposta articulada à realidade contraditória do trabalho abstrato.[33] Nesse caso, esse princípio surge como proposta para enfrentar as questões mais imediatas que afligem as classes trabalhadoras. É um modo de contraposição aos malefícios da degradação do trabalho e uma maneira que visa ao fortalecimento teórico e prático dos trabalhadores, seja como força de trabalho que precisa enfrentar como mercadoria as relações de mercado, seja como sujeito social revolucionário. Noutras ocasiões aparece como reflexão que pensa a articulação entre trabalho e ensino no contexto de novas relações sociais que tenham superado as contradições capitalistas.

---

[32] NOGUEIRA, Maria. A *Educação, saber, produção em Marx e Engels*. São Paulo, Cortez, 1990.
[33] Trabalho abstrato é o trabalho vinculado à forma histórica específica da produção de valor. Refere-se a uma dimensão quantitativa e abstrata que pretende mensurar, através da medida do tempo de trabalho socialmente necessário a produção de uma mercadoria, os diferentes trabalhos produtores de valor. Essa mensuração dos trabalhos através de uma abstração que reduz as mais diferentes formas de trabalho ao dado comum do dispêndio de energia humana é o que permite a troca capitalista. Trabalho abstrato opõe-se a trabalho concreto o qual se refere ao trabalho em geral, produtor de valores de uso. Trabalho abstrato é uma categoria identificada com o processo de produção capitalista, enquanto trabalho concreto diz respeito ao trabalho em geral, ou seja, à dimensão de utilidade e às peculiaridades de cada trabalho particular para além da forma mercadoria.

Apesar da forte identificação marxiana o princípio da união trabalho e ensino não foi formulado originalmente por Marx. Já os socialistas utópicos, particularmente Owen, haviam formulado sobre a importância de se conjugar trabalho e ensino. Através de experimentações em sua própria fábrica em *New Lanark*, Owen teria se convencido de que a união do ensino com a atividade produtiva elevaria tanto a produção como a própria capacidade de intervenção da classe trabalhadora na produção e na sociedade como um todo. Isso é reconhecido por Marx que destaca a contribuição do industrial inglês como ponto de partida para sua crítica: "do sistema fabril, conforme expõe pormenorizadamente Robert Owen, brotou o germe da educação do futuro que conjugará o trabalho produtivo de todos os meninos além de certa idade com o ensino e a ginástica constituindo-se em método de elevar a produção social e de único meio de produzir seres humanos plenamente desenvolvidos".[34]

A influência das contribuições antecedentes propiciou a Marx a reelaboração do princípio da união trabalho e ensino, cuja possibilidade se deu pela fundamentação analítica mais consistente e por uma compreensão mais apurada da realidade contraditória do trabalho abstrato e de suas possibilidades emancipatórias.

Em Marx, esse princípio adquire maior complexidade e importância justamente porque passa a compor o quadro de análise crítica do trabalho alienado/estranhado, da coisificação, da desumanização do homem, da exploração econômica e da degradação do trabalho. De tal modo esse princípio se articula às análises marxianas que se pode indagar se Marx não chegaria a sua laboração independentemente das influências pretéritas?

Retomando a distinção apontada acima, a união trabalho e ensino é proposta para atenuar as mazelas causadas pelas condições do trabalho em que a fragmentação e especialização das tarefas tendem a reduzir o trabalhador a simples "acessório consciente de uma máquina parcial".[35] Mas o princípio da união trabalho e ensino aparece também como dado das

---

[34] MARX, 1989: 554.
[35] MARX, 1989: 555.

relações que tenham abolido a separação teoria e prática e as contradições capitalistas. Isto é, nesse caso, ele não seria uma proposta política de interesse classista, mas o modo próprio de ser das relações livres em que não mais se separariam o momento da formação e o momento do trabalho, nem tampouco estariam os indivíduos predispostos a determinados tipos de trabalho e a tipos de formação. Aqui o princípio de união trabalho e ensino seria a própria base da formação do homem onilateral.

Desconsiderar a distinção entre esses dois modos sob os quais aparece formulado o princípio de união trabalho e ensino pode gerar confusão entre o que muitas vezes é um princípio inerente às novas relações em que se faz possível a formação do homem onilateral, portanto, presente em relações de homens livres, ou uma mera proposta tática, apresentada em contextos específicos das lutas de classes e vinculada à realidade do trabalho abstrato.

No Manifesto do Partido Comunista de 1848[36] aparece pela primeira vez a proposta da união trabalho e ensino, sob a seguinte redação: "Educação pública e gratuita para todas as crianças; supressão do trabalho fabril de crianças, tal como praticado hoje. Integração da educação com a produção material etc.".[37]

Essa é a última das dez tarefas enumeradas no programa do Manifesto, as quais correspondem ao período de transição em que o proletariado é elevado a classe dominante. A implementação desse programa depende da possibilidade do exercício da hegemonia proletária e do êxito na abolição da propriedade privada e de todo o conjunto de relações econômicas, sociais, políticas e jurídicas correspondentes.

O princípio da união trabalho e ensino também se coloca como proposta imediata em meio às complexas questões da ordem do dia dos trabalhadores, por exemplo, quando esses trabalhadores são levados a discutir a situação do trabalho infantil.

---

[36] Vale a pena lembrar que a redação final do Manifesto foi feita por Marx, mas teve como texto base os "Princípios do comunismo", de 1847 de autoria de F. Engels, daí a coautoria do Manifesto.
[37] MARX & ENGELS, 1998: 28.

A respeito dessa questão a posição adotada por Marx defendia que "a 'proibição geral' do trabalho infantil é incompatível com a existência da grande indústria, portanto, um piedoso desejo, porém nada mais. Pôr em prática essa proibição – supondo-a factível – seria reacionário, uma vez que regulamentada severamente a jornada de trabalho segundo as diferentes idades e aplicando as demais medidas preventivas para a proteção das crianças, a combinação do trabalho produtivo com o ensino, desde uma tenra idade, é um dos mais poderosos meios de transformação da sociedade atual".[38]

No texto conhecido como "Crítica ao Programa de Götha", Marx critica duramente uma proposta de programa para o congresso de unificação do Partido Operário Alemão. Nessa obra o autor de uma só vez combate a atitude defensiva e utópica dos socialistas liderados por Lassalle, que não compreendiam a dinâmica econômica e a correlação de forças de então tentando simplesmente resguardar as crianças do trabalho industrial, ao mesmo tempo em que propõe formas de fazer com que aquela situação adversa pudesse reverter frutos para a formação dos trabalhadores como agentes revolucionários.

Marx entendia que a utilização do trabalho infantil, como momento da dinâmica da produção de valor, naquelas circunstâncias históricas, não havia como se abolir, mas acreditava na possibilidade de os trabalhadores poderem exigir uma regulamentação que diminuísse drasticamente a jornada de trabalho e fiscalizasse a situação das condições de trabalho. Defendia ainda a conjugação de trabalho e educação, acreditando que representaria um significativo avanço. Tratava-se, para Marx, de encontrar o melhor meio de fazer com que tal situação se convertesse em favor da organização dos trabalhadores.

O trabalho infantil até poderia existir – uma vez que não era possível sua completa abolição – porém, Marx defendia que estivesse sob rigorosa regulamentação, que deveria "quedar rigurosamente prohibido por la ley

---

[38] MARX, [1988]: 224.

la ocupación de toda clase de personas desde los 9 (inclusive) hasta los 17 años em trabajos nocturnos y en cualquier industria nociva para la salud"[39] e sob a condição de se associar à educação. Para Marx, então, "partiendo de este punto de vista, declaramos que no debe permitirse ni a los padres ni a los empresarios emplear el trabajo de los jóvenes, salvo en los casos en que este trabajo se halla relacionado con su educación".[40] O autor considerava que, diante da impossibilidade de se proibir o trabalho infantil, o que se tinha a fazer era lutar para regulamentar as horas de trabalho segundo a faixa etária das crianças e reivindicar a combinação entre trabalho e ensino, o que na sua concepção seria o principal meio para se revolucionar a sociedade burguesa.

Marx acreditava que seria impossível simplesmente resguardar as crianças e as mulheres das condições degradantes do trabalho a que eram submetidas pela dinâmica econômico-política da grande indústria. Todavia, compreendendo a contradição do trabalho, Marx considerava um avanço social, político e educativo o envolvimento de todos nos processos produtivos, ainda que compartilhasse de toda insatisfação existente, se solidarizasse e tomasse parte no combate político dos trabalhadores.

Marx defendia a luta pela regulamentação do trabalho com o intuito de enfrentar uma realidade concreta na tentativa de coibir os abusos do capital. Sua posição era de recusar qualquer postura que partisse simplesmente da negação das condições concretas do avanço das forças produtivas e que, consequentemente, se negasse a enfrentar a realidade dada em que as exigências da grande indústria assumem papel preponderante.

Uma vez que não resta aos trabalhadores outra alternativa senão a venda de sua força de trabalho como meio de sobrevivência e considerando, de outro lado, as condições produtivas atingidas pela grande indústria, caberia aos trabalhadores enfrentar a situação adotando uma perspectiva que lhes rendesse algum acúmulo político, econômico, social.

---

[39] MARX & ENGELS, 1988: 18-19.
[40] MARX e ENGELS, 1988: 18.

Para Marx se impunha a necessidade da luta contra o trabalho degradante, mas não se podia recusar o trabalho em si. A polêmica a respeito do trabalho infantil não podia ser reduzida ao simples embate entre a posição favorável e a posição contrária. Para Marx, o modo como o capital utilizava a força de trabalho fosse infantil, feminina, adulta etc., ou como a sociedade burguesa considerava os indivíduos trabalhadores, era uma questão que não se resolvia com uma simples declaração contrária da AIT. Para Marx, era apenas pelo enfrentamento das contradições do trabalho que poderiam as classes trabalhadoras superar o estado de coisas vigente.[41] O autor entendia que "a composição do pessoal coletivo de trabalho por indivíduos de ambos os sexos e dos mais diversos grupos etários..., fonte pestilenta de degeneração e escravidão tenha, sob circunstâncias adequadas, de converter-se inversamente em fonte de desenvolvimento humano".

Assim, o princípio da união trabalho e ensino aparece – diferentemente do que se vê no Manifesto – como uma proposta que se apresenta vinculada diretamente ao mundo contraditório do trabalho abstrato, colocada no interior de uma conjuntura concreta e específica, no centro dos debates mediados por determinações imediatas e marcadamente como proposta dos trabalhadores para a realidade concreta. Aqui a educação é um dos elementos que se articulam às contradições das relações de trabalho oferecendo novas possibilidades de organização e fortalecimento das lutas proletárias.

A proposta de união trabalho e ensino também havia sido formulada em 1866, nas Instruções aos Delegados do congresso da AIT. Nesse caso, a formulação ganha em sofisticação e a proposta passa a conjugar o ensino intelectual; educação física, inclusive com exercícios militares; e treinamento tecnológico, baseado nos fundamentos científicos de todos os processos produtivos. Essa proposta incluía ainda o item que propunha a regulamentação da utilização do trabalho infantil obedecendo à classificação das crianças e adolescentes de 9 a 17 anos em três grupos entre os quais se dividiria gradualmente a carga de ensino e trabalho associados. Mais

---

[41] MARX, 1989: 561.

uma vez Marx enfatiza a ideia básica que justificava a apresentação dessa proposta para a sociedade burguesa pelos socialistas: "Esta combinação de trabalho produtivo, pago com a educação intelectual, os exercícios corporais e a formação politécnica elevará a classe operária muito acima do nível das classes burguesa e aristocrática".[42]

Na obra *Trabalho assalariado e capital* de 1847,[43] Marx apresenta uma elaboração que tem provocado polêmica e que, por isso, merece atenção. Vejamos o posicionamento do autor: "outra reforma muito apreciada pelos burgueses é a educação e, particularmente, a educação profissional. Não desejamos destacar a absurda contradição segundo a qual a indústria moderna substitui o trabalho complexo pelo simples, o qual não necessita de nenhuma formação; não queremos assinalar que colocou, cada vez mais, crianças atrás de máquinas, convertendo-as em fonte de benefícios, tanto para a burguesia como para seus pais. O sistema manufatureiro faz fracassar a legislação escolar, como acontece na Prússia. Não desejamos assinalar, finalmente, que a formação intelectual, no caso do operário possuí-la, não teria influência direta sobre o salário; que a instrução geralmente depende do nível das condições de vida, e que o burguês entende por educação moral a memorização dos princípios burgueses, e que no fim das contas a burguesia não tem os meios, nem vontade, de oferecer ao povo uma verdadeira educação (...) O verdadeiro significado da educação, para os economistas filantropos, é a formação de cada operário no maior número possível de atividades industriais, de tal modo que, se é despedido de um trabalho pelo emprego de uma máquina nova, ou por uma mudança na divisão do trabalho, possa encontrar uma colocação o mais facilmente possível".[44] Ao longo do seu discurso, Marx segue analisando as consequências econômicas do fato de os trabalhadores poderem atuar em diversos ramos e setores da produção; os possíveis aumentos de salários em setores especí-

---

[42] MARX e ENGELS, 1978: 223.
[43] "Trabalho assalariado e capital" foi o título dado à série de conferências proferidas por Marx no período de 14 a 30 de dezembro de 1847 e publicadas pela primeira vez na Nova Gazeta Renana, em abril de 1849.
[44] MARX e ENGELS, 1978: 73-74.

cos tendo em vista a concorrência dos trabalhadores em busca de emprego. Nessa ocasião em particular, o objetivo maior de Marx é demonstrar para os trabalhadores como o capital concentra os meios para desfazer os aparentes ou parciais ganhos salariais.

Analisando a passagem transcrita, Manacorda[45] vai afirmar que Marx estaria destacando o "caráter utópico e reformista" de Engels, expresso nos "Princípios do Comunismo", que apostava no ensino politécnico conjugado ao trabalho produtivo, proposta esta que o próprio Marx incorpora e defende em várias outras ocasiões.

A esse respeito, Nogueira[46] afirma que Manacorda equivoca-se pelo simples fato de não levar em conta que o texto de Engels apresenta as vantagens do ensino politécnico referentes ao estágio social que superou a propriedade privada, enquanto que no *Trabalho assalariado e capital* Marx se atém às condições imediatas e observa com atenção as condições de produção presentes. Para ela, os dois textos não são antagônicos, mas complementares. O ponto em comum entre ambos seria o reconhecimento de que a educação que realmente interessa aos trabalhadores, em última instância, só será possível quando estes detiverem o controle social.

Contudo, é importante destacar o caráter cético com que Marx coloca o problema da educação nesse texto de 1847; o tom do discurso de Marx nesse texto realmente se afasta do dos outros textos citados. Todavia, não parece se caracterizar aí uma mudança de posição, pois Marx estava tentando demonstrar que na luta entre capital e trabalho os ganhos salariais podem ser temporários ou até ilusórios e que uma formação/qualificação superior, segundo a concepção do capital, não garantem por si elevação das condições de vida dos trabalhadores. Portanto, não é nenhuma novidade a assertiva marxiana de que "no final das contas a burguesia não tem os meios, nem vontade, de oferecer ao povo a verdadeira educação". Essa ideia jamais é abandonada nem entra em contradição com a proposta de união de educação e trabalho, segundo a concepção proletária, como plataforma de luta dos explorados.

---

[45] MANACORDA, *op. cit.*, p. 19.
[46] *Op. cit.*

Marx parece destacar o problema da educação segundo o que seria o ponto de vista burguês, segundo os interesses do capital, para desmistificar os objetivos das classes dominantes para com a educação. Sua intenção parece ser a de evidenciar a absoluta distinção entre aqueles interesses e os interesses dos trabalhadores. Marx procura, enfim, estabelecer que a educação verdadeiramente identificada com e definida pelos ideais libertários dos trabalhadores não se conquista dentro da sociedade burguesa. Ele vai além e procura convencer seus interlocutores trabalhadores de que melhores condições de ensino para os explorados apenas por duas vias podem ser conquistadas: uma seria a via da organização e luta dos explorados e a outra seria a via definida por uma dada necessidade estabelecida pelo processo de acumulação do capital. À parte essas duas condições, as classes dominantes não oferecem educação por simples preocupação com o bem-estar social.

Uma conclusão interessante se faz possível a partir dessa discussão, que, aliás, se confronta com outras posições fartamente divulgadas dentro e fora do marxismo: Marx realiza uma crítica contundente ao capital, a seus mecanismos de controle social, contudo, em nenhum momento afirma ser absolutamente impossível que haja avanços em termos de conquistas no campo da educação na sociedade de classes, mas insiste na compreensão das condições desses avanços. Outro ponto primordial na crítica marxiana parece ser o destaque dos limites da educação, apesar dos avanços possíveis, definidos pelo papel de reprodução social.[47]

---

[47] O conceito de reprodução social merece esclarecimento. A perspectiva adotada aqui não se confunde com a contribuição importante e polêmica das chamadas teorias da reprodução (ALTHUSSER, L. *Aparelhos ideológicos de Estado*. Rio de Janeiro, Graal, 1983; BOURDIEU, P. & PASSERON, J. C. *A reprodução*. Rio de Janeiro: Francisco Alves, 1975; BAUDELOT, C. & ESTABLET, R. *La escuela capitalista*. México, Siglo Veintiuno, 1975). Ela está ausente numa compreensão dialética do conceito de reprodução social, tal como Marx de fato o define. Nos *Grundrisse*, referindo-se ao processo histórico através do qual as formas sociais buscam perpetuar-se transformando-se ou reproduzir-se modificando-se, MARX (1985: 351-2) afirma que "la finalidad de todas estas comunidades es la conservación, es decir, la reproducción, en cuanto propietarios, de los individuos que la forman; en otros términos, el mantenimiento del modo objetivo de existencia basado en las relaciones recíprocas que forman la comunidad misma. Pero esta reproducción, es al mismo tiempo y necesariamente, nueva producción y destrucción de la vieja forma. Por ejemplo

O princípio da união trabalho e ensino apresenta, assim, um caráter duplo que não é nada mais nada menos que a expressão da própria natureza contraditória do trabalho no capitalismo. Do mesmo modo que o trabalho alienado/estranhado, que nega o homem ao mesmo tempo em que abre possibilidades para as relações de homens livres, assim também se coloca o princípio da união trabalho e ensino. Ele, igualmente, aparece como meio de favorecer tanto o desenvolvimento político dos trabalhadores, isto é, seu desenvolvimento enquanto força social potencialmente revolucionária, quanto de amenizar os malefícios causados pela divisão do trabalho e fortalecer sua organização com vistas à derrubada da sociedade burguesa.

Uma vez estabelecidas relações de produção livres, entre indivíduos de uma sociedade emancipada, em que todos são igualmente possuidores dos meios de produção e se tenha, portanto, abolido a proprie-

---

el requisito de que cada individuo, o sea una determinada extensión de tierra, tropieza con el obstáculo del crecimiento de la población. Para luchar contra él [se recurre] a la colonización, lo que engendra la guerra de conquista y, com ella, la esclavitud etc.; se extiende el ager publicus, por ejemplo, y aparecen los patricios, representantes de la comunidad etc. De este modo la conservación de la vieja comunidad lleva consigo la destrucción de las condiciones sobre que descansa, se transforma en lo contrario. Si nos imagináramos, por ejemplo un aumento de la productividad en el mismo espacio, por el desarrollo de las fuerzas productivas etc. (desarrollo particularmente lento en la antigua agricultura tradicional), sería necesario recurrir a nuevos métodos y combinaciones del trabajo, ya que la mayor parte de la jornada se consagra al trabajo agrícola etc., lo que vendría a socavar todavía más las viejas condiciones económicas de la comunidad. El mismo acto de la reproducción no solo hace cambiar las condiciones objetivas, convirtiendo, por ejemplo, la aldea en ciudad, los terrenos baldíos en tierras labrantías etc., sino que transforma también a los productores, revelando nuevas cualidades [suyas puestas en relación], haciendo que cambien [ellos mismos] a través de la producción, creando nuevas fuerzas y nuevas ideas, nuevos modos de intercambio, nuevas necesidades y un nuevo lenguaje. Cuanto más arcaico y tradicional es el modo de producción que se sostiene más tenazmente en la agricultura y más tenazmente aún en la combinación oriental de agricultura y manufatura -, es decir, cuanto más estacionario se mantiene el proceso real de la apropiación, más inmutables se conservan las viejas formas de propiedad y, com ellas, la comunidad en general". ENGUITA (1990: 115) nos ajuda na definição do conceito de reprodução através da sintética fórmula: "A reprodução das relações sociais é, pois, necessariamente – ou, se querem, tautologicamente – reprodução de suas contradições".

dade privada, tal princípio continua como meio importante – entre os demais momentos da sociabilidade livre – para a formação do homem onilateral.

Resta uma questão: seria correto atribuir ao princípio da união trabalho e ensino o estatuto de princípio pedagógico fundamental de Marx – como aponta Nogueira? Se o objetivo do processo é a emancipação social, ou seja, atingir as relações livres de homens livres e onilaterais e se para isso é necessário um processo de educação do sujeito social potencialmente revolucionário do qual a união trabalho e ensino é apenas um dos momentos constituintes; se, por fim, as lutas sociais do proletariado e a práxis revolucionária – de acordo com o estabelecido anteriormente, como práxis cotidiana que atravessa todos os momentos da vida proletária – é o processo decisivo; como considerar a união trabalho e ensino como princípio pedagógico fundamental em Marx? Eis a questão que se põe e que será abordada no próximo tópico.

1.5. O princípio pedagógico fundamental de Marx

Segundo se observa, o princípio da união trabalho e ensino cumpre duas ordens de preocupações diferentes: imediatamente, ele é pensado como antídoto contra a divisão do trabalho e como momento de formação do proletariado; como projeto futuro, ou seja, na sociedade livre, ele aparece como princípio imanente às novas relações de produção que aboliram a propriedade privada dos meios de produção, que extinguiram o antagonismo de classes e que, consequentemente, não conhecem mais a radical separação entre teoria e prática.

Ora, se a grande questão que subjaz a toda a obra de Marx é a perspectiva da emancipação humana e se esta apenas se mostra possível pela revolução proletária, então como pode a união trabalho e ensino ser o princípio pedagógico fundamental de Marx? Como pode um princípio imanente às relações emancipadas, futuras, ser fundamental para o processo de emancipação atual? Ou, noutros termos, como pode uma proposta que, em certa medida, é uma simples medida tática de resistência à exploração do capital, ser considerada "o princípio pedagógico fundamental" para a emancipação?

A importância do princípio de união trabalho e ensino é inquestionável e foi destacada em muitos estudos sobre o tema, o que se questiona aqui é sua elevação a princípio pedagógico fundamental.[48] Esta elaboração, que ora se desenvolve, considera que a união trabalho e ensino não é o princípio pedagógico fundamental de Marx nem em seu caráter imediato, como proposta articulada à realidade do trabalho abstrato, no contexto estranhado da sociedade burguesa, nem em seu caráter mediato, como questão própria das novas relações emancipadas.

Antes de qualquer coisa, é importante destacar que não resulta produtivo discutir qual dos aspectos da perspectiva marxiana da educação (práxis, trabalho, escola) constitui o princípio pedagógico fundamental de Marx, como se fosse possível destacá-los do todo. A questão que se coloca é precisamente esta: a perspectiva marxiana de educação compõe-se da instrução em instituições formais de educação (escola), do processo de formação articulado ao mundo do trabalho, dos exercícios militares, da ginástica e da autoeducação política dos trabalhadores, além das demais atividades cotidianas realizadas na família, nos locais de moradia etc., que formam um todo articulado. O princípio da união trabalho e ensino é parte desse todo.

Afirmaríamos mesmo, caso houvesse de fato a necessidade de se estabelecer um princípio pedagógico fundamental em Marx, que esse princípio estaria vinculado à categoria da práxis[49] político-educativa – tanto se vista

---

[48] Sobre esta questão, ver, em especial, os textos de Enguita, Manacorda e Nogueira constantes das referências bibliográficas desta obra.

[49] Em relação à categoria trabalho, a categoria da práxis contempla mais amplamente a diversidade das atividades humanas. Por isso a união trabalho e ensino parece um princípio mais particular e menos abrangente do que o princípio pedagógico da práxis. Konder (KONDER, L. *O futuro da filosofia da práxis* – o pensamento de Marx no século XXI. Rio de Janeiro, Paz e Terra, 1992, p. 125) afirma que "a práxis, que nasce do trabalho, vai além dele afirmando potencialidades que se multiplicam num sujeito que se diferencia". Kosik (KOSIK. K. *Dialética do concreto*. 2ª. ed. Rio de Janeiro: Paz e Terra, 1995, p. 224) argumenta que "assim, a *práxis* compreende – além do momento *laborativo* – também o

como práxis revolucionária da ordem burguesa, quanto como práxis da liberdade nas relações emancipadas. Isso justamente por que a práxis não se reduz a nenhum momento particular da experiência social, mesmo que seja um momento da maior importância, como o momento laborativo. Todavia, o mais adequado mesmo é considerar a perspectiva marxiana de educação como uma totalidade complexa, composta de várias dimensões e momentos formativos indissociáveis tal como exposto anteriormente.

A união trabalho e ensino refere-se, como vimos, numa das possibilidades de elaboração, a uma formação limitada na medida em que diz respeito aos conteúdos de atividades produtivas e de instituições ou formas educacionais determinadas. Já para Marx, o fundamental é sempre a educação como processo amplo, construído no conjunto da sociabilidade, constituído de diversos elementos, multifacetado.

A consideração da união trabalho e ensino como princípio pedagógico fundamental em Marx parece reducionista. Semelhante ao que afirmou Enguita, discutindo a amplitude da posição de Marx em relação à educação: "reduzir esse componente à educação que se ministra no âmbito escolar seria apenas agarrar-se à concepção burguesa da educação, ao reflexo ideológico do estágio atual da divisão do trabalho, que converteu a educação, num ramo separado".[50]

No caso de Nogueira,[51] ao eleger a união trabalho e ensino como princípio pedagógico fundamental em Marx não se trata de confusão com o conceito burguês de educação, nem tampouco de redução da educação ao âmbito da escola, mas, de qualquer forma, trata-se de reduzir a educação à esfera do trabalho e da escola, o que é absolutamente estranho

---

momento *existencial*: ela se manifesta tanto na atividade objetiva do homem, que transforma a natureza e marca com sentido humano os materiais naturais, como na formação da subjetividade humana, na qual os momentos existenciais como a angústia, a náusea, o medo, a alegria, o riso, a esperança etc. não se apresentam como 'experiência' passiva, mas como parte da luta pelo reconhecimento, isto é, do processo da realização da liberdade humana. Sem o momento existencial o trabalho deixaria de ser parte da *práxis*" (Grifos do autor). Retomaremos essa discussão no item 1.6.
[50] ENGUITA, 1993: 99.
[51] *Op. cit.*

a Marx, precisamente porque desconsidera completamente a categoria da práxis ou, quando muito, a suporia silenciosamente presente à sombra do trabalho.

Não é difícil sustentar que em Marx o princípio de união trabalho e ensino é apenas parte do processo mais amplo de transformação, esse sim, fundamental. Na obra *O Capital*, Marx afirma não ter "dúvida de que a conquista inevitável do poder político pela classe trabalhadora trará a adoção do ensino tecnológico, teórico e prático, nas escolas dos trabalhadores. Também não há dúvida de que a forma capitalista de produção e as correspondentes condições econômicas dos trabalhadores se opõem diametralmente a esses fermentos de transformação e ao seu objetivo, a eliminação da divisão do trabalho. Mas o desenvolvimento das contradições de uma forma histórica de produção é o único caminho de sua dissolução e do estabelecimento de uma nova forma".[52] De modo que, apenas através de uma análise que subestime a importância da práxis ou despreze seu papel no interior do projeto teórico-político marxiano é que se torna possível estabelecer o destaque exclusivista que elege o princípio de união trabalho e ensino como o princípio pedagógico fundamental de Marx. Isso porque como proposta imediata a união trabalho e ensino não passa de mais um tipo de "fermento das transformações" e, como proposta mediata, tampouco, pois nas novas relações, na práxis livre do trabalho ou do tempo de não trabalho é que, em última instância, se educa definitivamente o ser social emancipado.

A discussão sobre o problema do tempo livre, do tempo de não trabalho no comunismo ajuda a entender a questão. Nogueira afirma que em Marx o tempo livre "constituía condição para o desenvolvimento intelectual humano".[53] Ela tenta colocar o entendimento de Marx sobre o tempo livre como tempo importante para o livre desenvolvimento do homem e assegura "em contrapartida, na sociedade socialista a redução do tempo de trabalho necessário à satisfação das necessidades sociais far-se-á... visando

---

[52] MARX, 1989: 559.
[53] *Op. cit.*, p. 132.

liberar tempo para o livre desenvolvimento das individualidades, através da formação científica, artística, em síntese, cultural dos trabalhadores".[54]

Reforçando o argumento, a autora cita o Marx dos Manuscritos de 1844 onde se lê que o tempo livre é o "tempo para poder criar intelectualmente e saborear as alegrias do espírito";[55] em seguida recorre aos *Grundrisse*, afirmando o tempo livre como "tempo que serve ao desenvolvimento completo do indivíduo";[56] e, para completar, traz uma citação d'O Capital, onde se verifica que o tempo livre é o "tempo conquistado para a livre atividade espiritual e social dos indivíduos" ou, por último, que é o "tempo para a educação humana, para o desenvolvimento intelectual".[57]

Pelo que demonstra a autora, nota-se com clareza que em Marx a atividade trabalho em si e somente não é a única responsável pela formação do homem nas circunstâncias históricas da sociedade livre, especialmente porque o trabalho necessário à satisfação das necessidades é reduzido gradativamente a períodos cada vez menores, restando tempo para a atuação dos homens em diversas tarefas diferentes e livres. No entanto, a autora, não entendendo a totalidade da vida social livre – incluindo tempo de trabalho e tempo de não trabalho, mas, especialmente, esquecendo-se da importância da categoria da práxis –, como o momento da educação completa dos homens, aponta apenas o tempo livre como momento dessa educação como se fora tese de Marx. A autora coloca ainda que Marx teria compreendido a formação humana no tempo de não trabalho separada do trabalho. Nogueira afirma que se "Marx concebe o tempo livre como requisito para o enriquecimento cultural de homens, parece-nos que a este nível, ele pensa a cultura geral... como algo exterior à produção material e sem ligações com ela".[58]

Com efeito, ajuda a entender essa questão a compreensão da perspectiva marxiana de educação como constituída de dois momentos, sendo

---

[54] Idem, ibid., p. 135.
[55] MARX, apud, NOGUEIRA, *op. cit.*, 135.
[56] Idem, ibidem.
[57] Idem, Ibid.
[58] Idem, ibid., p. 135.

um o referente aos processos que se desenrolam no interior da sociedade burguesa e outro demarcado pela consideração genérica da formação do homem no conjunto das relações sociais. Ora, para Marx o trabalho é categoria fundante para se pensar a sociabilidade, mas esta é, em si, uma totalidade de relações objetivas de formação/educação. Por sua vez, nas relações livres as novas formas de trabalho, não alienadas, são fundamentais para a formação do homem, mas não esgotam o processo de educação do homem livre. Nogueira não considera de maneira alguma a práxis como categoria que, assim como o trabalho e talvez até mais amplamente que esse, traduz e incorpora uma perspectiva pedagógica.

Nogueira esquece o papel que a atividade vital livre tem para a formação do homem, a qual Marx destaca desde os escritos de juventude. Mas o fundamental é que ela esquece a transformação que ocorre no trabalho quando se passa do "reino da necessidade" para o "reino da liberdade". O trabalho, para ela, continua o mesmo da sociabilidade burguesa, ou seja, simples meio de vida e não manifestação humana mesma, como atividade vital livre.

Por um lado, Nogueira atribui ao princípio da união trabalho e ensino – tanto como proposta para superar as relações capitalistas de produção quanto como princípio imanente às relações emancipadas – um caráter fundamental como princípio pedagógico em Marx. Por outro lado, ela retira da categoria trabalho nas novas relações de produção sua importância fundamental, como categoria que encerra em si um princípio pedagógico, atribuindo essa importância exclusivamente ao tempo de não trabalho, separado da produção.

A perspectiva de educação ampla, que se realiza no conjunto das teias da sociabilidade e que está contemplada na categoria da práxis, é de tal forma fundamental em Marx, sobretudo no estágio histórico superior à sociedade burguesa, que Enguita, por exemplo, afirma: "De um ponto de vista marxista, não há dúvida de que, a longo prazo, a escola deve desaparecer, dando lugar a sociedade pedagógica...".[59]

Nogueira desconhece a dimensão pedagógica da categoria da práxis como educação fundamental e total de onde nascem todas as formas es-

---

[59] ENGUITA, 1993: 100.

pecíficas e particulares que a compõem: escolares e não escolares. Esquece ainda que a emancipação é resultado da práxis revolucionária, que deve ser considerada como processo educativo essencial, para o qual contribui de forma bastante importante o princípio da união trabalho e ensino; e que a questão da educação em Marx deve ser discutida como prática vital, imanente à vida relacional da práxis social dos sujeitos históricos.

1.6 Trabalho, práxis e a concepção programática da educação

Retomaremos neste tópico a discussão a respeito do destaque dado à categoria trabalho, sob a forma da proposta de união trabalho e ensino, no âmbito das preocupações marxianas para com a educação. Em pauta se destaca ainda neste item uma reflexão sobre a ausência da categoria da práxis e sobre o caráter programático da elaboração marxiana sobre a educação.

Até aqui discutimos o modo como a educação comparece na obra de Marx e, dentre outras questões, destacamos como a preocupação marxiana para com a educação se constitui de fatores diversos que compõem um todo articulado. A existência articulada desses diversos fatores além da existência de uma grande meta, que seria a formação da sociabilidade livre e do homem onilateral, que dá sentido àquele todo articulado, nos permite pensar as propostas e elaborações de Marx sobre a educação como uma composição programática.

A ideia de um programa marxiano de educação não é comum. Todavia, essa ideia encontra-se também em Suchodolski. Aliás, esse autor também defende um entendimento semelhante ao que aqui se afirma a respeito do lugar da proposta de união trabalho e ensino dentro do conjunto das preocupações marxianas para com a educação, além de destacar a importância da atividade revolucionária como um princípio educativo. Para Suchodolski "a concepção de ligação entre o ensino e o trabalho produtivo é, no entanto, apenas um dos elementos fundamentais do programa educativo e de ensino que os fundadores do socialismo científico defenderam. O segundo elemento fundamental é o princípio da ligação entre a educação, o ensino e a atividade revolucionária da classe operária".[60]

A importância desse modo de definir a concepção marxiana da educação pela noção de programa reside justamente na possibilidade da contraposição aos riscos de entendimentos reducionistas sobre aquela concepção. O que se define por programa marxiano de educação, então, é o que está relacionado às elaborações marxianas feitas em face de três elementos importantes do cotidiano (educativo) das classes trabalhadoras: o caráter educativo das relações contraditórias do trabalho (ainda que se refira ao trabalho abstrato), isto é, o princípio educativo do trabalho alienado, estranhado; o momento da educação escolar, de preferência em união com o trabalho; e, por último, da práxis político-educativa desenvolvida nos diversos momentos associativos dos trabalhadores nos sindicatos, partidos, locais de moradia etc., quando os trabalhadores atuam política e coletivamente como classe social defendendo seus interesses e fortalecendo sua organização, sua autoeducação/formação política como classe social potencialmente revolucionária. Em suma, é basicamente nesses três elementos que se encontra a síntese do programa de educação marxiano: o trabalho, a escola e a práxis político-educativa.

Assim, o programa marxiano de educação possui um sujeito (protagonista) precisamente definido, trata-se do proletariado, classe social potencialmente revolucionária que sintetiza da forma mais universal a exploração e alienação do capital. Esse *sujeito* é o núcleo das preocupações educativas de Marx e é a um só tempo educador e educando. O *processo* de educação desse programa consiste nas ações desenvolvidas pelos trabalhadores nos seus estudos, debates, congressos, greves, ocupações etc. que visam à transformação dos trabalhadores de classe-em-si a classe-para-si. Os *instrumentos* dessa educação são os constituídos na/pela luta de classes: Estado, escola, partidos, sindicatos, meios de propaganda, intelectuais orgânicos etc. Como se percebe, uns são instrumentos sob o controle dos

---

[60] SUCHODOLSKI, *op. cit.*, p. 26.

trabalhadores outros são espaços em disputa.[61] As estratégias e meios dessa educação quando relacionados aos instrumentos de luta controlados pelos trabalhadores são definidos mais diretamente pelos mesmos. Quando relacionados aos 'aparelhos de Estado' são momentos de disputa hegemônica – ainda que essa disputa seja muitas vezes inglória – ou seja, suas estratégias não se definem diretamente segundo os interesses dos trabalhadores.

Já vimos que trabalho, escola e práxis se apresentam como a base do programa marxiano de educação e que o trabalho (aqui como trabalho alienado, estranhado) é momento importante porque são suas contradições reais que se traduzem em elementos educativos favoráveis à constituição da massa explorada como força histórica revolucionária. Nesse caso o espaço privilegiado seria o espaço fabril, onde se realiza a principal forma da produção econômica.

Relacionados a esse item do programa aparecem como contribuições da maior importância a tese do princípio educativo do trabalho, a proposta da educação politécnica (ou tecnológica como preferem Manacorda[62] e Nosella[63]) e o princípio da união trabalho e ensino.

---

[61] O conceito de hegemonia é uma formulação posterior a Marx, desenvolvido por Gramsci, como é do conhecimento de todos. Todavia, a noção de que a luta de classes atravessa todos os espaços da sociedade sempre esteve presente em Marx. Ele não destacou a escola vinculada ao Estado burguês como um espaço privilegiado de disputa hegemônica, até porque, para Marx, parecia mais importante defender a ideia de que os trabalhadores precisavam construir sua própria escola, ou seja, suas próprias experiências educativas autônomas. Aquela escola, formal, pública, universal, cumpria um papel determinado: necessária, mas extremamente limitada devido aos interesses classistas que representa. Não era imprescindível (como era impossível) para os trabalhadores a luta pela transformação dessa instituição em escola proletária. Já quanto ao Estado em geral, não é difícil comprovar que Marx não descartava as lutas imediatas perante o capital e o Estado: lutas pela diminuição da jornada de trabalho; lutas pela regulação do trabalho infantil; pela obrigatoriedade da educação inclusive vinculada ao trabalho são exemplos desse posicionamento. Além disso, pode-se citar o reconhecimento, ainda que extremamente crítico, na possibilidade de se verificar algum distanciamento entre Estado e capital quando elogia e reconhece um razoável grau de isenção no trabalho dos inspetores de fábrica ingleses, cujos relatórios são fartamente citados em "O Capital".
[62] Manacorda, 1991.
[63] Nosella, 2006.

Já a escola, elemento articulado ao trabalho, comparece segundo as possibilidades mesmas da escola liberal-democrática como instituição vinculada à estrutura estatal, de caráter classista e baseada nos princípios da obrigatoriedade, publicidade e laicidade, cuja importância reside na socialização de conhecimentos "objetivos".

Por último, mas não menos importante, aparece a práxis político-educativa dos trabalhadores através da qual eles podem de fato alcançar o estágio de classe-para-si e se tornarem sujeitos sociais efetivamente revolucionários. Naturalmente, os conteúdos dessa educação são todos os elementos que contribuem diretamente para a realização da meta estabelecida (compreensão e transformação da realidade) e os principais instrumentos e meios são as organizações dos trabalhadores criadas em face das relações de produção e no âmbito da luta de classes, nos locais de trabalho, de moradia etc.

Vejamos, então, como a noção de concepção programática de educação pode nos ajudar a investigar o lugar e a importância das categorias trabalho e práxis dentro da discussão marxiana sobre educação.

A tese do princípio educativo do trabalho é comumente destacada como sendo a principal contribuição do campo marxista para a educação. Ela se coloca, em certa medida, como dedução resultante da definição da centralidade ontológica do trabalho. De certo modo, o princípio educativo do trabalho, enquanto definição que postula a centralidade do trabalho no processo de formação humana, é a aplicação no campo das análises da educação da ideia da centralidade ontológica do trabalho.

Percebe-se, porém, em grande parte das reflexões desenvolvidas na área de trabalho e educação, que se faz uma correlação apressada, direta e linear entre a tese da centralidade ontológica do trabalho e a tese da centralidade pedagógica do trabalho, expressa na elaboração do princípio educativo do trabalho. Esse princípio, que é sem dúvida uma rica contribuição marxista para o pensamento educacional, acaba construindo e consolidando a noção da centralidade do trabalho no processo de formação humana. Em geral estabelece-se uma linha direta, sem mediações entre a consideração da centralidade ontológica do trabalho e a obrigatoriedade daí decorrente de que o trabalho também tenha centralidade no processo de formação humana – independentemente das condições históricas – do que resulta a "centralidade pedagógica" do trabalho.

De fato, o modo como Marx reflete sobre o trabalho, o define como a atividade fundamental para a construção da humanidade do homem e como a atividade que detém a primazia no processo de criação e transformação humana, sendo responsável pela própria constituição, formação do ser social, faz de sua tese sobre o trabalho uma contribuição importantíssima para a reflexão sobre a educação.

A centralidade[64] do trabalho no interior das elaborações marxianas é inquestionável. Porém, quando se discute as implicações da tese da centralidade ontológica do trabalho para a reflexão sobre a educação, se coloca a necessidade de algumas ponderações.

Para Marx, o trabalho é a atividade humana fundamental, pois é a partir do trabalho que se desenvolve toda a complexa rede de desdobramentos que envolvem a condição humana: desde a produção dos produtos necessários para a satisfação das necessidades humanas concretas, o desenvolvimento e aperfeiçoamento da atividade, dos instrumentos utilizados, ao desenvolvimento das próprias aptidões humanas, dos atributos humanos, inclusive dos sentidos humanos, da linguagem, da consciência, da sociabilidade, das representações humanas, por fim, a produção da cultura.

Nas análises marxistas da sociedade do capital também a categoria trabalho aparece como central. Pois o trabalho é responsável pela criação

---

[64] A expressão centralidade do trabalho tem provocado polarizações desde algumas décadas. Não se oferece neste livro objeções à tese da centralidade do trabalho, como noção marcante do marxismo. O que se problematiza aqui é a necessidade de se considerar algumas mediações quando da realização das análises da educação. No caso específico dessas análises, portanto, a expressão centralidade do trabalho não parece adequada, pois estabelece uma noção de hierarquia entre as categorias, a que seria central e as que seriam periféricas, quando não de exclusividade do trabalho o que pode resultar no reducionismo do programa marxiano de educação. Por exemplo, quando se indaga: o que seria central segundo o programa marxiano de educação na formação do proletariado, o trabalho ou a práxis? Esse tipo de questão não é relevante, nem oportuno diante da configuração programática da educação em Marx. Todavia questões desse tipo se tornam inevitáveis devido, justamente, à forma como é destacada uma pretensa centralidade pedagógica do trabalho.

das riquezas; é em torno do trabalho e em função dele que se estrutura a sociedade desde o fundamental antagonismo das classes sociais.

Mas, em Marx há dois planos de análise nos quais se colocam especificidades para a reflexão sobre o trabalho. De um lado, a tese da centralidade do trabalho aparece associada às análises desenvolvidas num plano de abstração mais elevado. Nesse plano de análise, Marx pretende definir o trabalho como sendo a atividade que representa a condição fundamental da existência humana, responsável pela própria constituição, formação da sociedade humana. O trabalho, num procedimento reflexivo de maior abstração, é a atividade vital, ontologicamente fundamental, através da qual o homem se faz homem. A tese da centralidade do trabalho, nesses termos, representa uma ideia extremamente genérica, embora crucial, a respeito da importância decisiva do trabalho na gênese do homem e da sociedade humana. Nesse plano de análise o trabalho é plena positividade.

Noutro plano de análise, quando o trabalho é considerado segundo as condições históricas determinadas, quando ele é analisado como atividade realizada concretamente sob as condições dadas da sociedade do capital, como trabalho abstrato, trabalho alienado, trabalho assalariado, ele passa a ser central para a sustentação de uma forma particular de sociedade, da ordem do capital. Sem deixar de ser a atividade vital, a condição para a existência humana em geral, o trabalho adquire determinidades históricas concretas que se opõem à qualidade destacada acima. Ou seja, além de ser atividade vital da humanidade o trabalho passa a ser também o pilar fundamental da sociedade negadora do homem. Nesse plano de análise, diferentemente do anterior, e em oposição a ele, o trabalho adquire uma dimensão negativa muito intensa.

Portanto, há sensível diferença entre o modo de se definir a centralidade do trabalho como atividade vital da humanidade e o modo como se define a centralidade do trabalho quando este é a sustentação da sociedade do capital, quando é o sustentáculo da ordem social alienada, fetichizada e estranhada do capital. Essa diferença se mostrará de grande relevância quando posta frente ao problema da educação, ou seja, quando verificadas suas implicações em relação à tese do princípio educativo do trabalho.

Vale lembrar que entre esses dois planos de análise não há relação de negação mútua, nem estanque entre um e outro. A própria consideração das dimensões positiva e negativa não tem pretensão de estabelecer uma relação maniqueísta, mas apenas de destacar os sentidos predominantes que se encontram nas duas situações do trabalho, destacando as diferenças exatamente para pensar sobre as consequências delas para a reflexão sobre a educação.

O problema consiste na associação direta e linear, logo, sem mediação, entre a centralidade do trabalho em geral, a centralidade do trabalho abstrato (alienado/estranhado) e, a partir do princípio educativo do trabalho, a centralidade desse no processo de formação humana, ou seja, a "centralidade pedagógica" do trabalho.

Pretende-se que o trabalho em qualquer plano de análise, seja numa análise de mais elevado grau de abstração ou na análise da formação social capitalista, tenha sempre, da mesma forma, uma mesma importância e, consequentemente, o princípio educativo seja posto sempre do mesmo modo, definido pelas mesmas bases e visto da mesma maneira: parte-se da constatação de que o trabalho é categoria ontológica central, que tem um princípio educativo, para se concluir lógica e diretamente que o trabalho detém a centralidade pedagógica no processo de formação humana independentemente das circunstâncias históricas.

Como o trabalho em geral é categoria ontológica fundante e como o trabalho em particular, como trabalho abstrato, alienado/estranhado, é a categoria central para as análises da sociedade burguesa, consequentemente, também na relação com a educação, independentemente das circunstâncias e das relações em voga, por uma dedução lógica, colocar-se-á *a fortiori* a centralidade do trabalho como princípio educativo, independentemente de qualquer circunstância.

Todavia, as mediações são necessárias, especialmente nesse caso, pois ajudam a enfrentar questões como as que se revelam a partir do confronto entre "trabalho & tempo livre" quando se busca descobrir a primazia de uma categoria em relação à outra no processo de formação humana. Ou, nos termos da questão levantada neste texto, ajuda a entender a relação entre trabalho e práxis como categorias relacionadas ao processo da formação humana.

Ora, quando Marx e Engels analisam o trabalho em geral, como categoria afirmadora da humanidade, o princípio educativo do trabalho se define sem qualquer oposição em relação ao tempo livre, pois nos dois momentos se realiza da mesma maneira o processo educativo, e a humanidade se afirma em sua liberdade criadora igualmente no trabalho ou fora dele. Aqui não há oposição entre a qualidade das atividades – a práxis humana desenvolvida no trabalho ou no tempo de não trabalho. O processo de formação humana, nesse caso, é um processo rico e livre quer seja no trabalho, quer seja no tempo de não trabalho.

Já quando a análise recai sobre o trabalho historicamente determinado como trabalho abstrato, alienado, assalariado a qualidade do que o homem faz no trabalho ou fora dele se diferencia sobremaneira. Analisando o trabalho alienado, Marx[65] vai dizer que "El trabajador, por tanto sólo se siente él mismo fuera del trabajo, y en éste se encuentra fuera de sí. Cuando trabaja no es él mismo y solo cuando no trabaja cobra su personalidad". Essa afirmação, todavia, pode ser interpretada de modo inadequado, em sacrifício da dialética, caso se atribuísse exclusiva negatividade ao trabalho e exclusiva positividade ao tempo de não trabalho. A consequência de interpretações como a referida acima pode ser a transferência da "centralidade pedagógica" do trabalho para o tempo de não trabalho.

Obviamente, para Marx não é assim que se coloca o problema. Todavia, para as análises que seguem naquela direção o trabalho alienado/estranhado seria apenas o momento da negação do homem ao mesmo tempo em que o tempo de não trabalho seria o momento próprio da realização humana. Há que se referir, todavia, que a alienação/estranhamento nasce do/no trabalho, porém não se restringe a essa esfera da vida social, mas perpassa o conjunto das relações sociais. Assim como é absolutamente equivocado imaginar que o princípio educativo do trabalho desaparece no caráter alienado da atividade, até ao contrário, aí mesmo ele se coloca com força. Deriva que também o tempo de não trabalho jamais deixa de ser expressão

---

[65] MARX, 1987: 598.

da alienação/estranhamento, quando essa relação se põe no trabalho, pois ela sempre ultrapassa o momento laborativo.

Contudo, por ora o que se quer extrair das análises da negatividade do trabalho alienado são os elementos que problematizam a consolidada tese da "centralidade pedagógica" do trabalho. Pretende-se, por ora, alertar para o fato de que a "centralidade pedagógica" do trabalho não pode se estabelecer assim tão simplesmente sem a consideração das condições históricas, como dedução lógica da tese da centralidade ontológica do trabalho.

Mazzotti[66] é um autor que realiza o sacrifício da dialética apontado acima. Ele elabora uma crítica aos resultados das pesquisas dos pedagogos marxistas[67] baseado no entendimento de que o fundamento da formação humana, para Marx, não seria o trabalho, mas o tempo livre. Segundo defende Mazzotti, Marx consideraria que "a condição vital – material e espiritual – é a existência de tempo livre para o desenvolvimento humano".[68]

A argumentação desenvolvida pelo autor no seu artigo pretende demonstrar que uma interpretação fidedigna em relação às proposições marxianas não pode adotar o trabalho como a categoria central para se pensar o problema da educação. Contrariamente, seria o tempo de não-trabalho o fundamento da educação humana. Para Mazzotti "A educação que produziria o 'homem integral', o 'homem omnidimensional', ou 'desenvolvido em todas as direções', só poderia se iniciar, ainda no interior da sociedade capitalista, pela regulamentação do trabalho das crianças e jovens de ambos os sexos combinando o trabalho remunerado (produtivo) com a educação intelectual, ginástica e tecnológica".[69]

---

[66] MAZZOTTI, Tarso B. "Educação da classe trabalhadora – Marx contra os pedagogos marxistas", in: *Interface* – Comunic, Saúde, Educ, vol.5, n.9, 2001, p. 51-65.
[67] É como o autor se refere aos sujeitos a quem dirige sua crítica. Ele se refere à hegemonia gramsciana como referência predominante dentre as possibilidades interpretativas do problema da educação a partir de Marx e cita principalmente Manacorda e Saviani, especialmente este último, como principais representantes e divulgadores dessa corrente no Brasil.
[68] MAZZOTTI, 2001: 52.
[69] Idem, ibidem, p. 56.

Mazzotti levanta uma questão interessante que é exatamente a crítica à supervalorização do trabalho. Todavia, suas conclusões não parecem apropriadas na medida em que não se satisfazem em rediscutir a tese da "centralidade pedagógica" do trabalho, mas visam a esvaziar o trabalho de qualquer conteúdo pedagógico importante. Lembrando a "curvatura da vara", suas conclusões passam a atribuir ao tempo de não trabalho a centralidade retirada do trabalho.

O autor procura fundamentar sua argumentação a partir da discussão dos embates dentro dos quais Marx defendera ardorosamente a regulamentação do trabalho das crianças e jovens. O autor supõe que Marx estaria na ocasião afirmando a tese de que apenas fora do trabalho seria possível a educação ou formação onilateral. Desse modo, se perde nas análises do autor qualquer possibilidade de o trabalho abstrato apresentar contradições fecundas para o problema da formação/educação dos trabalhadores.

Mazzotti chega à tese inaceitável da negação do princípio educativo do trabalho. A interpretação de que a luta pela diminuição e regulação da jornada de trabalho indicaria a recusa do caráter educativo do trabalho não tem o menor fundamento.

Outra questão que apontaríamos contra as análises do autor, além da oposição entre trabalho e tempo de não trabalho como momentos que favorecem e/ou que não favorecem o livre desenvolvimento humano, é justamente a ausência da práxis como categoria importante para se pensar a educação fora ou para além do trabalho.

O tempo de não trabalho é, antes de tudo, meramente uma noção de temporal destituída, pois, de um conteúdo definido *a priori*. Portanto, não expressa em si nenhum tipo de atividade concreta que se desenvolva no âmbito desse tempo. Consequentemente, o tempo de não trabalho não passa de possibilidade que só se realizará na medida em que se desenvolvam nele atividades que expressem a positividade da construção proletária, ou seja, a práxis político-educativa.

Na verdade, o que se deve opor ao trabalho não é o tempo de não trabalho, uma vez que esse conceito apenas se refere a um período temporal, um *quantum* cronológico vazio, ou melhor, preenchido apenas pela noção da negação ao trabalho, isto é, trata-se de um tempo em que, independentemente do que se faça, apenas não se trabalha. Além do mais, esse problema não se resolveria apenas pela utilização do conceito de tempo livre, pois igualmente ao tempo de não trabalho não define o tipo, caráter ou qualidade das atividades que venham a ser desenvolvidas durante o tempo em que não se trabalha. Além do que, supõe a ideia de liberdade, como se o simples fato de se estar fora do trabalho indicasse liberdade.

É preciso que o recipiente vazio do tempo de não trabalho seja preenchido por atividades determinadas que efetivamente se oponham à alienação do trabalho. De fato, o que se propõe como oposição à alienação do trabalho é a práxis político-educativa dos trabalhadores como construção proletária que enfrenta as contradições postas pelo trabalho alienado com o propósito de superá-las.

Com efeito, as contribuições de Mazzotti são interessantes para demonstrar por quantos caminhos se pode seguir nas análises do problema da educação em Marx, bem como para discutir uma questão quase sacrossanta no âmbito do marxismo: a centralidade – ou absolutização, posto que o limiar entre uma e outra se torna às vezes difícil de determinar – da referência do trabalho para se pensar a educação.

Retomando o problema: no âmbito das reflexões sobre trabalho e educação, segundo o que se propõe neste texto, não se mostra relevante a discussão sobre qual seria a categoria mais importante, muito embora a noção de "centralidade pedagógica" do trabalho, em si, já provoque esse tipo de debate.

Antes de qualquer coisa, é preciso considerar que a perspectiva e o programa marxiano de educação se compõem de vários elementos mutuamente implicados. A discussão feita anteriormente sobre o programa marxiano de educação tinha o intuito de demonstrar como a preocupação de Marx para com a educação era de fato constituída de diversos elementos interdependentes, dessa maneira procurando resgatar a complexidade da elaboração marxiana e, consequentemente, buscando evitar o risco do reducionismo das interpretações.

O problema da ausência da consideração da práxis nas reflexões sobre educação talvez esteja relacionado ao fato de que a práxis, mesmo para setores do marxismo, muitas vezes, parece ser uma categoria decorativa. Muitos marxistas não se dão conta de sua importância e passam a usá-la aleatoriamente, quando ela parece cair bem numa frase. Seu significado exato e sua relação com o trabalho não são discutidos. Com respeito à importância da práxis, Vázquez salienta que "essa categoria é central para Marx, na medida em que somente a partir dela ganha sentido a atividade do homem, sua história, assim como o conhecimento. O homem se define, certamente, como ser prático. A filosofia de Marx ganha, assim, seu verdadeiro sentido como filosofia da transformação do mundo, isto é, da práxis"[70].

No interior das discussões sobre educação, especialmente, a categoria da práxis não tem lugar. O trabalho é a categoria onipresente, superlativa que define as principais contribuições marxianas para a educação: o princípio educativo do trabalho, o princípio da união trabalho e ensino e a politecnia. Mesmo o conceito de onilateralidade[71] não passa de um desdobramento da politecnia, quase um sinônimo dela.

Nas discussões sobre educação a práxis não tem lugar, dificilmente é citada, jamais tematizada seriamente – ela é, de fato, deixada ao limbo. Quando não está absolutamente ausente por ser tida como desnecessária para a discussão da educação, ela estaria oculta, silenciosa à sombra do trabalho, expressa nesse. Isso se justificaria pelo fato de que o que a práxis precisaria dizer estaria dito no trabalho.[72]

Mas as propostas marxianas para a educação, apesar de existirem considerações sobre o que poderia vir a ser a educação numa sociedade livre,

---

[70] VÁZQUEZ, A. S. *Filosofia da práxis*. Buenos Aires: Consejo Latinoamericano de Ciências Sociais – CLACSO; São Paulo: Expressão Popular, 2007, p. 169-170.

[71] Ver SOUSA JR., 2008.

[72] Todavia, a relação entre práxis e trabalho, assim como a importância daquela categoria são muito bem definidas por muitos autores. Netto e Braz (NETTO, J. P. e BRAZ, M. *Economia Política – uma introdução crítica*. São Paulo: Cortez, 2008, p. 43), por exemplo, afirmam que "o trabalho é constitutivo do ser social, mas o ser social não se reduz ou esgota no trabalho. Quanto mais se desenvolve o ser social, mais as suas objetivações transcendem o espaço ligado *diretamente* ao trabalho. No ser social desenvolvido, verificamos a existência de *esferas de objetivação* que se autonomizaram das exigências imediatas do trabalho – a ciência, a filosofia, a arte etc." (Grifos do autor).

que superasse o capital, são feitas mesmo é para o enfrentamento da fragmentação, da alienação, da coisificação, da divisão do trabalho da sociedade capitalista, para enfrentar, enfim, a sociedade que produz a um só tempo um mundo fantástico de riquezas e o embrutecimento dos trabalhadores.

Nesse sentido, o trabalho, ainda que alienado, não perde o princípio educativo, o qual se revela, acima de tudo, pelo seu caráter contraditório. Porém, o trabalho, nessas condições históricas não pode ser o momento exclusivo da formação dos trabalhadores, poder-se-ia dizer mesmo que sequer seria central nesse processo.

Ao lado do princípio educativo do trabalho (trabalho alienado, estranhado) é preciso que se desenvolvam processos educativos dos trabalhadores, pelos trabalhadores sob as circunstâncias mesmas da sua existência, sob seu total controle. Esse processo de autoeducação desenvolvido pelos explorados procura transformar a classe-em-si em classe-para-si, ou seja, pretende preparar o proletariado para os enfrentamentos teórico-políticos classistas e para a defesa e afirmação de sua perspectiva histórica. O que está em jogo aí, portanto, é a formação do sujeito social potencialmente revolucionário enquanto tal.

De acordo com o que se esboçou lá atrás, o programa marxiano de educação se compõe do momento do trabalho (alienado, estranhado), no qual se explora seu princípio educativo, mais o momento da escola, e, além desses, como momento da maior importância, se colocam ainda todas as ações político-educativas da classe social potencialmente revolucionária. Essas ações, a rigor, não são trabalho, pois se afastam razoavelmente do caráter laborativo que marca essa categoria.[73] Essas ações são práxis, práxis de natureza político-educativa em que os sujeitos sociais potencialmente revolucionários educam-se a si mesmos através de ações cujas característi-

---

[73] A respeito disso, Netto e Braz (*op. cit.*, p. 43-44) alertam que se deve "distinguir entre formas de práxis voltadas *para o controle e a exploração da natureza* e formas voltadas *para influir no comportamento e na ação dos homens*". No primeiro caso, que é o do trabalho, o homem é o sujeito e a natureza é o objeto; no segundo caso, trata-se de relações de sujeito a sujeito, daquelas formas de práxis em que o homem atua sobre si mesmo (como na práxis educativa e na práxis política). Os grifos são dos autores.

cas, métodos e procedimentos são definidos autonomamente. O programa, por que não dizer o currículo, ou todas as questões relacionadas ao que fazer, como fazer, que estudar e ensinar, como, quando, onde e de que modo, tudo enfim, é definido pelos próprios trabalhadores dentro da grande meta estabelecida historicamente no âmbito da luta de classes que é a superação do capital como condição para a concretização do fim da servidão assalariada.

As elaborações sobre a categoria da práxis que auxiliam a reflexão feita aqui são desenvolvidas por Vázquez[74] para quem a práxis é a grande categoria marxiana dentro da qual se situa o trabalho, portanto, dimensionando-o como momento da práxis, como uma das modalidades de práxis, como práxis produtiva. Esse modo de considerar a relação entre trabalho e práxis coloca importantes implicações para a discussão do tema da educação em Marx.

Com algumas diferenças, cujo mérito não importa por ora, mas com a vantagem de não considerar a categoria trabalho como única forma de atividade humana, se juntam ao autor hispano-mexicano as contribuições de Konder[75] e Kosik,[76] segundo exposto anteriormente. Na mesma direção seguem as formulações desenvolvidas por José Paulo Netto e Marcelo Braz. Segundo afirmam esses autores, "para denotar que o ser social é mais que trabalho, para assinalar que ele cria objetivações que transcendem o universo do trabalho, existe uma categoria teórica mais abrangente: a categoria da práxis".[77]

Trabalho e práxis são categorias importantíssimas na constituição do projeto teórico de Marx e Engels, por isso a busca do esclarecimento a respeito da relação entre elas é também fundamental para as reflexões sobre educação. Ajudando a esclarecer esse problema entendem que "a categoria da práxis permite apreender a riqueza do ser social desenvolvido: verifica-se, na e pela práxis, como, para além das suas objetivações

---

[74] *Op. cit.*
[75] Konder, *op. cit.*
[76] Kosik, *op. cit.*
[77] *Op. cit.*, p. 43.

primárias, constituídas pelo trabalho, o ser social se projeta e se realiza nas objetivações materiais e ideais da ciência, da filosofia, da arte, construindo um *mundo social, humano*... Na sua amplitude, a categoria da práxis revela o homem como ser *criativo* e *autoprodutivo*: ser da práxis, o homem é produto e criação da sua autoatividade, ele é o que (se) fez e (se) faz" (Grifos do autor).[78]

Com efeito, trata-se de um equívoco, do ponto de vista marxiano, concentrar na categoria trabalho toda a preocupação da análise da educação. Além disso, pode-se concluir, com ou sem Marx, que esse posicionamento que supervaloriza uma categoria em detrimento de outras provoca um enorme prejuízo teórico e político, pois empobrece a análise e enfraquece a ação.[79]

A centralidade ontológica do trabalho não pode autorizar nem induzir automaticamente à tese da "centralidade pedagógica" do trabalho no processo de formação do sujeito social potencialmente revolucionário. Quando se realiza de maneira linear o percurso no qual se passa da afirmação do caráter ontologicamente fundante do trabalho à "centralidade pedagógica" do trabalho (abstrato, alienado, estranhado) no processo de formação humana opera-se uma redução na contribuição marxiana para a educação. Elidi-se a categoria da práxis ou por se entender que está contida no trabalho ou porque sua importância é simplesmente desconsiderada ou até desconhecida. Perante esse procedimento coloca-se a indagação: a categoria da práxis teria alguma importância em si no interior do marxismo ou seria uma categoria decorativa, que se pode usar ou não sem que se altere o teor de uma elaboração?

No caso da reflexão sobre a educação, especificamente, a categoria da práxis parece ser decisiva, pois é a categoria que melhor define o principal propósito marxiano e marxista: a emancipação social, a superação da or-

---

[78] Netto e Braz (*op. cit.*, p. 44).
[79] Para Konder (*op. cit.*, p. 125) "outro mal-entendido que ocasionou graves prejuízos à compreensão do conceito de práxis elaborado por Marx se encontra na redução da práxis ao trabalho".

dem do capital. Ora, esse propósito não se põe – aliás, a própria realidade da ordem do capital não se põe – senão a partir da práxis (no caso, da práxis produtiva, do trabalho). Mas a superação prática dessa realidade apenas se faz possível pela práxis (político-educativa). Essa mesma práxis é em si educativa, assim como precisa de um conjunto de ações educativas que a favoreçam. Dentre essas ações está o trabalho. Todavia, a categoria trabalho, como trabalho alienado, abstrato, estranhado, portanto, não é capaz sozinha de expressar toda a complexidade da problemática da educação em Marx.

O principal e maior de todos os problemas que acarreta para a reflexão marxiana da educação o superdimensionamento da categoria trabalho e a consequente elisão da práxis é que os educadores marxistas correm o risco – o que se confirma em determinadas pesquisas sobre trabalho e educação – de mergulharem no "mundo do trabalho", no "chão de fábrica" com a pretensão – e a melhor das intenções – de compreender o modo de realização das tarefas, o *modus operandi* do fordismo-taylorismo ou do toyotismo, as relações de domínio ou controle que se estabelecem, as estratégias de resistência, a socialização do saber ou a apropriação desse, enfim, pretendendo compreender esse mundo e seu caráter educativo, mas acabam presos e enredados nele como fim em si.

O risco perigosíssimo que se coloca aí, e que em se efetivando significa a destruição do que há de mais vigoroso nas formulações marxianas, é justamente o esquecimento ou secundarização da ação política (práxis político-educativa) que se articula ao "mundo do trabalho", mas não pode estar subentendida nele.

A pesquisa marxista em trabalho e educação corre o risco de resultar precisa e rigorosa na descrição do mundo do trabalho, na verificação de seu momento educativo, pode até resultar extremamente crítica de toda a realidade social como extensão do "chão de fábrica", mas pode cometer o grave engano de pensar todo esse esforço como uma tarefa em si mesma posto que não dá o passo decisivo ao encontro da práxis. Assim, mutila-se a perspectiva marxiana da educação ao não se incorporar sua complexidade programática.

Não se trata de exigir que toda pesquisa em trabalho e educação precise ter um desdobramento prático, político. Trata-se de exigir de uma pesquisa em trabalho e educação referenciada no marxismo que assuma como pressuposto a noção de que a compreensão de fenômenos do trabalho não esgota a realidade social, que o trabalho, especialmente o trabalho alienado, estranhado não resume em si as possibilidades da formação humana.

Ela deverá compreender, acima de tudo, que a reflexão sobre a educação baseada em Marx jamais pode abrir mão da categoria da práxis, especialmente da ação político-educativa, e que essa dimensão se articula ao momento do trabalho alienado, estranhado – contraditoriamente educativo –, mas não pode se diluir ou se perder nele.

Pensar a educação a partir de Marx é obrigatoriamente pensar o momento do trabalho sem diminuir um milímetro que seja a importância da práxis político-educativa, ainda que uma dada pesquisa não alcance amplamente a realidade, ainda que precise limitar seu alcance, na sua base deve estar a compreensão de que o programa marxiano de educação como um todo não se resume ao trabalho, ainda mais quando esse é trabalho alienado, estranhado.

1.7. Politecnia e onilateralidade

Politecnia e onilateralidade são conceitos de grande importância dentro da problemática da educação em Marx, apesar de não esgotarem a totalidade das preocupações deste autor acerca do tema. Como tentou-se demonstrar, a categoria da práxis contempla outros campos de atividade humana que não se explicam pela categoria trabalho. Sobretudo quando referida à categoria de trabalho abstrato, a categoria da práxis representa a construção político-pedagógica dos trabalhadores, especialmente as atividades de autoformação desenvolvidas nos partidos, sindicatos e locais de moradia, que se constituem numa dimensão fundamental dentro da compreensão marxiana de educação.

Neste item, procura-se demonstrar como tais conceitos, de politecnia e onilatertalidade, aparecem e se articulam dentro da perspectiva marxiana de educação, estabelecendo-se um diálogo direto com as interpretações que atribuem à politecnia um exagerado sentido redentor, e debatendo com as interpretações que, por sua vez, não reconhecem na onilateralidade seu caráter abrangente, global enquanto formação humana superior, possível apenas em relações sociais não alienadas/estranhadas.

A preocupação de Marx, como já foi colocado, para com a educação obedece a duas ordens de interesses distintas que formam ao mesmo tempo uma unidade e convergem, no fim das contas, para um mesmo interesse geral. Marx preocupa-se com a situação mais imediata em que vivem as classes trabalhadoras, e posiciona-se com vistas a discutir propostas que assegurem melhores condições de existência para as mesmas.

Marx procura formular propostas para o conjunto da sociedade que representem os interesses dos trabalhadores. Tais propostas são sugeridas para arrefecer os efeitos nocivos causados pelos processos de trabalho na produção capitalista e, muitas vezes, tomam o Estado como interlocutor imediato e mediador dos conflitos de classes. A outra ordem de preocupações visa ao estabelecimento de novas relações sociais baseadas na liberdade e no reconhecimento humano livre, na superação da alienação e do estranhamento, cujo fundamento é a abolição da propriedade privada, da forma mercadoria, do Estado, do metabolismo social do capital, enfim.

O posicionamento de Marx frente à realidade apresenta esse movimento dialético: parte da realidade dada, preocupa-se com os problemas mais imediatos, procura elaborar medidas possíveis de serem estabelecidas ainda na sociedade burguesa, que sejam ao mesmo tempo úteis à vida mais imediata dos trabalhadores, preocupando-se ainda com a possibilidade de as reivindicações imediatas serem capazes de provocar a unidade na luta dos trabalhadores; mas, ao mesmo tempo, o posicionamento de Marx tem sempre como perspectiva histórica a superação da sociedade de classes e a proposição de um projeto alternativo de sociedade e de educação em que são colocados elementos referentes a uma etapa superior da sociedade humana.

Especialmente no que se refere à discussão sobre a educação não é nunca aconselhável perder de vista essa dualidade do posicionamento de Marx. Suas propostas nascem a partir de um objetivo fundamental, o de revolucionar as relações burguesas e construir as condições materiais que possam permitir o livre desenvolvimento do homem nas suas amplas possibilidades, como ser não alienado/estranhado e dotado de uma formação verdadeiramente humana, onilateral.

No entanto, nenhuma perspectiva histórica adquire consistência se não se inicia pelo enfrentamento da realidade concreta mais imediata, marcada pela exploração brutal, inclusive das crianças e mulheres trabalhadoras, por processos de trabalho extremamente divididos e especializados que fragmentam e prejudicam sensivelmente os indivíduos das classes trabalhadoras nas dimensões física, intelectual, psicológica, cognitiva, moral etc. Diante de uma situação real tão adversa, é preciso encontrar o melhor meio, o mais viável para a formação dos trabalhadores e contribuir da maneira mais eficiente para a sua construção enquanto sujeito social potencialmente revolucionário.

Confirmando o exposto acima, numa passagem de *O Capital* em que Marx cita e se mostra de acordo com uma resolução do Congresso da Associação Internacional dos Trabalhadores (AIT) referente à limitação da jornada de trabalho, lê-se: "consideramos a limitação do dia de trabalho uma condição preliminar sem a qual fracassarão necessariamente todos os outros esforços de emancipação. Propomos oito horas de trabalho como limite do dia de trabalho".[80]

Marx evita cair na armadilha do imediatismo, cujo esforço único consiste em dar respostas às questões cotidianas provocando, consequentemente, a obliteração das tentativas de formulação de projetos alternativos, futuros de sociedade. Por outro lado, recusa o utopismo, ou seja, a formulação de projetos sociais que não se fundam no terreno das relações concretas imediatas, que não enfrentam as questões e as tarefas pequenas, urgentes do cotidiano.

Especialmente no caso do problema da educação, é sempre necessário articular os dois momentos das propostas marxianas sob seu princípio geral: partir da realidade mais imediata, identificar os principais problemas

---

[80] MARX, 1989: 343-344.

que afligem as classes trabalhadoras num momento específico; propor as reformas adequadas segundo sua viabilidade e eficiência com o objetivo preciso de organizar e fortalecer essas classes no seu movimento histórico, o qual busca levar a sociedade humana a uma etapa de seu desenvolvimento em que o homem possa ser resgatado enquanto "ser genérico dotado de uma quantidade de manifestações verdadeiramente humanas, como homem não alienado".[81]

Todo posicionamento de Marx a respeito das questões sociais, sobretudo as propostas sobre a educação, obedece a esse movimento dialético e ao seu interesse último que é a emancipação social. Os conceitos de politecnia e onilateralidade parecem expressar precisamente essa dupla face das propostas de Marx para a educação.

Politecnia e onilateralidade são dois conceitos distintos que se opõem mutuamente, mas que, na proposta de Marx, se complementam. Enquanto a politecnia diz respeito a um tipo de formação do indivíduo trabalhador no âmbito da produção capitalista, a onilateralidade se refere à formação do homem mesmo, ou seja, do homem que se libertou das determinações da sociedade burguesa negadora da humanidade livre.

Os dois conceitos guardam entre si uma distinção fundamental: o primeiro, referente à formação politécnica, traz consigo uma limitação, pois comporta apenas uma série de habilidades manipuladoras e conhecimentos técnicos úteis para a produção social; o segundo, referente à formação onilateral, representa uma formação ampla do homem nas suas múltiplas possibilidades, enquanto ser livre que só se constrói em relações sociais livres; enquanto a politecnia se mostra uma proposta de educação/formação articulada às possibilidades dialéticas da contradição do trabalho abstrato, a onilateralidade precisa articular-se a todo o conjunto das atividades humanas, portanto às dimensões do trabalho e da práxis social livres e da sociabilidade não alienada/estranhada.

---

[81] MARX, 1989 (b).

Poder-se-ia dizer que a politecnia está fortemente vinculada ao trabalho, enquanto a onilateralidade o ultrapassa, podendo-se considerar que se associa muito mais à categoria da práxis. Contudo, é importante ressaltar, não se trata de relações de correspondência e exclusividade, mas de identificar uma vinculação maior entre, de um lado, trabalho e politecnia e, de outro, onilateralidade e práxis.

De acordo com o que tem sido exposto, para Marx o desenvolvimento do homem, o processo de (trans)formação de sua humanidade, se dá no processo dialético relacional entre ele e toda exterioridade com que se defronta. Daí impõe-se a tese marxiana, segundo a qual os homens fazem as circunstâncias tanto quanto as circunstâncias fazem os homens, que ele aponta contra Feuerbach, para quem o mundo sensível não aparecia como atividade humana sensível prática.[82]

Ora, mas qual a natureza das circunstâncias em que produzem e vivem as classes trabalhadoras na sociedade capitalista? Que tipo de formação é possível em tais circunstâncias?

Em linhas gerais, para Marx, no capitalismo a atividade produtiva é acentuadamente marcada pelo caráter alienado/estranhado que nega o homem e o trabalho enquanto atividade de manifestação humana. Portanto, o homem que se apresenta como expressão das relações sociais burguesas é um homem alienado/estranhado, tanto o que se apropria dos produtos do trabalho alheio quanto o produtor direto, que é desapropriado. Os indivíduos, em geral, independentemente do lugar que ocupam na dinâmica econômico-social, encontram-se sob a égide do capital, numa sociabilidade em que se impõe de maneira universalizante a forma mercadoria como forma de realização fetichizada do trabalho e do intercâmbio entre os indivíduos.

---

[82] MARX e ENGELS, 1981. Essa ideia está na 5ª. edição das *Teses sobre Feuerbach*, escritas por Marx em 1845. Essas teses foram editadas e publicadas por Engels em 1888, como apêndice à obra *Ludvig Feuerbach e o fim da filosofia clássica alemã*. Em 1926, foi publicada a versão original, redigida por Marx.

Mas a grande preocupação de Marx é, particularmente, com os trabalhadores, a quem cabe a produção no seu sentido efetivo, a atividade prática, física, o trabalho manual, a mera execução separada da dimensão teórica.[83] Marx apreende o modo pelo qual na sociedade capitalista o trabalhador é visto não como homem pleno, mas apenas como força de trabalho, como mercadoria que cria valor, ou seja, reduzido a simples elemento do processo de produção de valor. Em tais circunstâncias, a formação desses indivíduos se apresenta extremamente problemática exatamente porque na sociedade capitalista só pode ser favorecido o desenvolvimento unilateral dos indivíduos justamente porque nela se impõe inexoravelmente o processo de produção de mercadorias, de criação de valor, a reificação acima de qualquer outra possível contratendência; porque nela se separam e se fragmentam os processos de educação (no sentido do desenvolvimento intelectual elevado) e de realização prática da atividade produtiva. Marx e Engels afirmam em *A Ideologia Alemã* que "se as circunstâncias em que este indivíduo evolui só lhe permitem um desenvolvimento unilateral, de uma qualidade em detrimento de outras, se estas circunstâncias apenas lhe fornecem os elementos materiais e o tempo propício ao desenvolvimento desta única qualidade, este indivíduo só conseguirá alcançar um desenvolvimento unilateral e mutilado".[84] Para Marx, portanto, o sociometabolismo do capital, desde seus momentos mais particulares até o nível mais abstrato da totalidade social estranhada, é a própria realização da unilateralidade e da reificação.

---

[83] A realidade da absoluta separação entre trabalho intelectual e trabalho manual presenciada por Marx adquire novas feições ao longo do século XX, sem que desapareça, contudo, o aspecto fundamental do controle do capital sobre o trabalho, da subsunção formal e real do trabalho ao capital. Esse tema será abordado mais adiante.
[84] MARX e ENGELS, 1992: 28.

1.8. O conceito de politecnia

A politecnia, em certa medida, é um tipo de formação da força de trabalho posta pelas demandas do próprio desenvolvimento da produção capitalista que, a partir do estágio atingido pela grande indústria, principalmente, passa a demandar um tipo de trabalhador dotado do mínimo de versatilidade capaz de possibilitar sua atuação nos diferentes ramos de produção, contemplando assim as exigências do movimento de valorização do capital, cuja expansão depende da existência de força de trabalho minimamente qualificada e disponível.

As mutações dos processos de trabalho desde o artesanato até a grande indústria, contemporânea de Marx, segundo ele, representam um movimento em que todas as mudanças significativas têm como objetivos fundamentais o aumento da produtividade do trabalho e o aperfeiçoamento dos processos de gestão e controle da força de trabalho. Essas transformações, que perpassam a história do trabalho abstrato, representam o próprio cerne do desenvolvimento do capitalismo. Através delas procura-se produzir cada vez mais em espaços de tempo cada vez mais curtos.

A tendência geral de desenvolvimento do trabalho abstrato tem como finalidade, portanto, o aumento da produtividade e o aperfeiçoamento dos mecanismos de controle do capital sobre o trabalho. Por sua vez, esse desenvolvimento, vale destacar, não poderia se dar se já não estivesse desde o início apoiado num certo grau de subsunção[85] do trabalho ao capital.

---

[85] Em Marx o conceito de subsunção formal indica o processo de subsunção do trabalho ao capital correspondente ao momento histórico de predominância da mais-valia absoluta, já o conceito de subsunção real do trabalho ao capital correspondente ao momento histórico de predominância da mais-valia relativa. A passagem da subsunção formal à subsunção real indica, entre outras coisas, a crescente universalização da forma valor e do controle e submetimento das diversas esferas da atividade humana pelo capital. O dado inicial que garante desde o princípio o submetimento do trabalho pelo capital é a criação do trabalhador livre, possuidor apenas de sua força de trabalho e que tem sua existência toda dependente da venda de sua única propriedade em troca do salário.

Segundo aponta Marx, a tendência geral de desenvolvimento do trabalho abstrato consistiu na fragmentação das tarefas, no parcelamento máximo possível de um trabalho total determinado, em que este se divide em atividades parciais, cujo resultado só pode aparecer através da soma total do conjunto dessas atividades parciais.

Essa fragmentação das atividades sob o comando do capital cria a figura do que Marx chamou de trabalhador coletivo. Esse trabalhador coletivo, cuja criação representou um inaudito salto na produtividade e, consequentemente, no desenvolvimento das forças produtivas, não é outra coisa senão o agrupamento num bloco compacto das diversas etapas parciais do trabalho que, reunidas sob o controle centralizado do capital, se transformam num só organismo.

As mudanças operadas nos processos de trabalho por essa referida tendência, consistem, por seu turno, em tornar mais simples e específica cada tarefa particular, exigindo do trabalhador apenas que domine a pequena parte que lhe diz respeito, a qual, por sua vez, não requer nenhuma habilidade especial.

Essas mudanças, naturalmente, cumpriram o papel de agilizar e incrementar enormemente a produção de valor, pois superaram o grande obstáculo da produção anteriormente existente, que era a exigência de trabalhadores que detivessem o conjunto de habilidades próprias dos ofícios. Antes do surgimento da grande indústria, isto é, na fase mais embrionária da produção capitalista, no artesanato, os ofícios só poderiam ser realizados por quem efetivamente os dominasse amplamente, e esse domínio custava um longo aprendizado prático, de forma que aquele modo de organização da produção e de definição da qualificação da força de trabalho envolvida se constituía em grande obstáculo para o aumento da produtividade.

A tendência das mudanças apontada por Marx, que contempla a passagem do artesanato à grande indústria, e que parece permanecer por todo o período de predominância do padrão fordista, indica de fato: simplificação; desqualificação – embora não absoluta –; crescente diminuição relativa da importância do sujeito trabalhador frente ao instrumental do trabalho, ao maquinário, ou seja, do trabalho vivo frente ao trabalho morto;[86] maior apropriação por parte do capital do saber produzido no trabalho; aumento gigantesco da produtividade. Por fim, aquela tendência indica ampliação e aperfeiçoamento do processo de subsunção formal do trabalho ao capital nos mais diversos sentidos que lhe são próprios: vulnerabilizando ainda mais o trabalhador individual e fortalecendo os mecanismos de controle do capital, aumentando assim a capacidade de apropriação dos frutos materiais e imateriais (saberes) do trabalho.

Com a grande indústria, a divisão manufatureira do trabalho é aprofundada e com a utilização crescente de maquinaria é aprofundada a separação entre trabalho manual e intelectual, na qual os que realizam o primeiro são reduzidos a meros acessórios mecânicos das máquinas e os segundos a tarefas unidimensionais de gestão e controle do trabalho. A transformação fundamental da passagem da manufatura para a grande indústria, no que diz respeito ao problema da formação dos trabalhadores, é exatamente que nesta última os trabalhadores não são utilizados eternamente numa só tarefa sem qualquer mobilidade, pois é necessidade do capital que os trabalhadores possuam condições de atuar em tarefas diversas para poderem atender às necessidades de expansão do capital. Pois, nas palavras de Marx, a grande indústria "revoluciona constantemente a divisão do trabalho dentro da sociedade e lança, ininterruptamente, massas de capital e massas de trabalhadores de um ramo de produção para outro. Exige, por sua natureza, variação de trabalho, isto é, fluidez das funções. Mobilidade do trabalhador em todos os sentidos. Entretanto, reproduz em sua forma capitalista a velha divisão do trabalho com suas peculiaridades rígidas".[87] Resulta que, em certa medida, a politecnia é colocada pela própria necessidade objetiva do capital como exigência do seu movimento

---

[86] Trabalho morto ou trabalho pretérito representam o trabalho que se objetivou nos produtos ou mercadorias produzidas. É uma categoria importantíssima, pois demonstra que, em última instância, ao contrário do que defende "a velha solteirona" ou os "sicofantas do capital" (respectivamente economia política e economistas políticos), o que imediatamente aparece como propriedade do capital, na verdade, é apropriação de trabalho objetivado.
[87] MARX, 1989: 558.

expansionista. A ressalva feita de que só em certa medida a politecnia aparece como necessidade da própria produção capitalista é devida à enorme diferença entre a concepção de politecnia em Marx para como ela surge da exigência material do capital.

Marx reconhece na grande indústria a positividade de superar a divisão manufatureira do trabalho, como divisão estanque e cristalizada das tarefas específicas, assim como reconhece a superioridade da manufatura sobre o artesanato por tornar acessível o trabalho aos trabalhadores outrora considerados desqualificados, muito embora veja nessas transformações todas um movimento gradativo de redução do homem a simples elemento do processo produtivo, em que é diminuída progressivamente a capacidade de domínio do indivíduo trabalhador sobre seu trabalho. Por isso a "indústria moderna, com suas próprias catástrofes, torna questão de vida ou morte reconhecer como lei geral e social da produção a variação dos trabalhos e em consequência a maior versatilidade possível do trabalhador, e adaptar as condições à efetivação normal dessa lei. Torna questão de vida ou morte substituir a monstruosidade de uma população operária miserável, disponível, mantida em reserva para as necessidades flutuantes da exploração capitalista, pela disponibilidade absoluta do ser humano para as necessidades variáveis do trabalho; substituir o indivíduo parcial, mero fragmento humano que repete sempre uma operação parcial, pelo indivíduo integralmente desenvolvido para o qual as diferentes funções sociais não passariam de formas diferentes e sucessivas de sua atividade. As escolas politécnicas e agronômicas são fatores desse processo de transformação que se desenvolveram espontaneamente na base da indústria moderna".[88]

Tal como aponta Marx, a politecnia definida como formação técnica multifacetada, como versatilidade colocada em função das necessidades do processo produtivo, é mesmo uma questão colocada pela própria realidade da produção burguesa. Mas qual a diferença entre a politecnia que se coloca como exigência da própria produção capitalista e a proposta de formação politécnica defendida por Marx?

---

[88] MARX, 1989: 558-559.

A resposta para essa questão passa pelos modos distintos como as duas propostas concebem o proletariado e sua formação. Para o capital interessa uma formação que resulte no aumento da capacidade de adaptação da força de trabalho à nova dinâmica produtiva da grande indústria, pois "o verdadeiro significado da educação para os economistas filantropos é a formação de cada operário no maior número possível de atividades industriais, de tal modo que, se é despedido de um trabalho pelo emprego de uma máquina, ou por uma mudança na divisão do trabalho, possa encontrar uma colocação o mais facilmente possível".[89] Já a proposta marxiana defende uma formação que eleve o proletariado como classe social potencialmente revolucionária. Mais: enquanto o capital pensa os trabalhadores como força de trabalho, como mercadoria meramente, Marx os toma como sujeitos históricos.

A crítica de Marx condena não só a concepção de educação politécnica – "formação no maior número possível de atividades industriais" – dos economistas filantropos, mas a própria redução em geral dos trabalhadores a uma mera formação técnica diversificada. Todavia, na formulação de Marx, a educação politécnica aparece apenas como mais um dos três elementos básicos de sua proposta, compondo juntamente com os exercícios físicos e os conteúdos intelectuais um *corpus* capaz de elevar a classe operária acima das demais. Marx critica, sobretudo, na proposta desses economistas, um interesse subjacente, o princípio básico que corresponde à concepção burguesa mesma do homem, segundo a qual os produtores diretos não são mais que peças do processo produtivo.

A redução do homem a simples força de trabalho aparece, graças às sutilezas ideológicas, como uma condição natural, como parte mesma da natureza humana, como essência humana. Daí observa-se que a preocupação desses economistas chega, quando muito, a partir de seu "espírito caridoso", a uma preocupação para com as possibilidades de utilização real desses trabalhadores. Veremos mais adiante como a preocupação de Marx

---

[89] Marx e Engels, 1992: 81.

tenta ultrapassar essa concepção, colocando o problema da emancipação social como a grande meta para todas as suas reflexões a respeito da educação, da sociedade, do trabalho etc.

Enquanto o ponto de vista burguês defende a educação politécnica como meio de preparar mão de obra para atender as exigências de expansão do capital ou, quando muito, como preocupação com o desemprego dos trabalhadores; para Marx, contrariamente, o ensino politécnico surge como meio para que os trabalhadores dominem os fundamentos científicos, teóricos e práticos dos diversos processos de trabalho. Esse domínio, por sua vez, deve atuar contra a alienação da atividade do trabalho, muito embora por si só não a supere.

O ensino politécnico somado à ginástica e ao conteúdo intelectual deveria elevar as classes trabalhadoras acima das demais justamente porque representa a unidade de duas dimensões importantes do processo de trabalho, ausente na formação dos filhos da burguesia: a dimensão intelectual e a dimensão prática. A importância dessa proposta não se esgota em si mesma, mas, única e precisamente, na medida em que possibilita o avanço do processo de emancipação dos trabalhadores. Ainda sobre essa distinção entre a proposta de politecnia do capital e a sua elaboração, Marx alerta no texto de 1869 para o fato de que "a formação politécnica (...) defendida pelos escritores proletários, deve compensar os inconvenientes que se derivam da divisão do trabalho, que impede o alcance do conhecimento profundo de seu ofício aos seus aprendizes. Neste ponto partiu-se sempre do que a burguesia entende por formação politécnica, o que produziu interpretações errôneas"[90].

Para Marx o projeto histórico do proletariado dá um conteúdo inteiramente diferente do conteúdo burguês à proposta da formação politécnica. Essa formação, para os proletários, deve contribuir para atenuar os efeitos do trabalho dividido, extenuante, e para fortalecer a resistência dos trabalhadores através da aquisição de um maior domínio teórico e prático

---

[90] MARX e ENGELS, 1992: 98.

dos processos produtivos assim como para favorecer o processo de formação do proletariado como sujeito social potencialmente revolucionário.

Esta é a questão nuclear: a formação politécnica para Marx surge acima de tudo como meio de fortalecimento das classes trabalhadoras no seu processo de formação revolucionária. Já para a concepção burguesa, a formação politécnica surge como uma questão meramente instrumental de preparação de mão de obra para a produção, segundo as exigências do processo de acumulação capitalista.

Cabe relembrar que a tese central deste tópico defende que há uma profunda distinção entre os conceitos marxianos de politecnia e onilateralidade, que, aliás, está longe de ser consenso entre os comentadores. No intuito de qualificar a defesa daquela tese, afirmamos que em Marx a educação politécnica não é senão parte de um programa para a educação o qual se compõe de três itens – que se agregam aos demais momentos da formação/educação do sujeito social potencialmente revolucionário – que juntos possibilitam a elevação dos explorados acima das demais classes. Eis o princípio que fundamenta a preocupação marxiana a respeito da formação dos trabalhadores e que tem como ponto de partida irrefutável as condições efetivas de existência desses trabalhadores: discutir possibilidades concretas de fazer frente à degradação do trabalho e favorecer a construção das classes trabalhadoras enquanto sujeito social potencialmente revolucionário – uma das bases para isso está na proposta de união trabalho-ensino.

A politecnia, portanto, é incapaz de formar o homem onilateral, pois ela não atinge a totalidade social estranhada. Ela está fortemente vinculada ao momento do trabalho; além disso, é uma proposta que nasce em face das relações de trabalho alienadas/estranhadas para enfrentá-las na perspectiva dos trabalhadores.

Os conceitos de politecnia e onilateralidade se distinguem basicamente por ser o primeiro uma formação que se atinge sem que seja necessário revolucionar o conjunto das relações sociais. Apenas por um determinado tipo de instrução, por um determinado tipo de formação ou organização dos processos produtivos é possível atingir uma formação politécnica rica.

A politecnia, assim, se define por não precisar romper com o sistema do capital; por não precisar se basear no conjunto de relações sociais novas, transformadas; por consistir de um conteúdo limitado – por mais progressista que seja; por se articular às dimensões do trabalho abstrato; e por estar vinculada às questões específicas dos processos produtivos (momento laborativo).

A politecnia defendida por Marx é formulada a partir das contradições existentes na realidade do trabalho abstrato; portanto, embora vislumbre a emancipação social, ela não surge de uma realidade transcendente ao trabalho abstrato. Muito ao contrário, a proposta de politecnia de Marx nasce diretamente vinculada a essa realidade, ou seja, ela se coloca como elemento integrante da sua compreensão dialética das possibilidades contraditórias do trabalho abstrato. Por fim, a politecnia não é proposta exclusiva dos proletários, muito ao contrário, ela nasce da necessidade objetiva da moderna produção capitalista. A forma como deve ser elaborada pelos proletários (segundo Marx), no entanto, é absolutamente oposta à elaboração burguesa. Essa oposição se dá entre as propostas em si mesmas, mas, antes de tudo, essa oposição se coloca no nível dos princípios que as orientam e dos fins que pretendem atingir.

1.9. O conceito de onilateralidade

O conceito de onilateralidade, por seu turno, diz respeito a uma formação humana de caráter mais amplo, que depende da ruptura com a sociabilidade burguesa, com a correspondente divisão social do trabalho, com as relações de alienação e estranhamento, com o fetichismo, com o antagonismo de classes. A formação onilateral não se restringe ao mundo do trabalho abstrato ou das instituições formais de educação – por mais progressistas que sejam. A formação onilateral depende, decisivamente, das mediações que se realizam na totalidade do intercâmbio social não estranhado.

A formação onilateral depende da existência de relações não alienadas/estranhadas entre o homem e a natureza, em que pela atividade vital livre se põem o homem não alienado/estranhado e a natureza humanizada. A onilateralidade se mostra então como uma totalidade de determinações que só se efetivam numa sociabilidade livre, pois onilateralidade não é uma quantidade de informações técnicas e habilidades práticas referentes ao processo produtivo capitalista, mas uma totalidade de manifestações humanas cuja construção só se faz possível na totalidade das relações livres estabelecidas socialmente.

O trabalho como manifestação humana, como atividade não alienada/estranhada é o fundamento para que se estabeleça uma relação positiva entre o homem e a natureza em que se torna possível a naturalização do homem e a humanização da natureza[91]. É a condição a partir da qual as relações entre os homens podem se apresentar como relações verdadeiramente humanas e o processo de interiorização-exteriorização entre o homem e a natureza pode emergir como processo construtor do homem onilateral. Para Marx o livre desenvolvimento humano dependia da superação das barreiras objetivas impostas pelo metabolismo sócio-histórico, o que no texto de 1844 aparece ligado à "abolição positiva da propriedade privada [o que poderia indicar] a apropriação sensível da essência e da vida humana, do homem objetivo, das criações humanas para e através do homem, não deve considerar-se apenas no sentido do ter. O homem apropria-se do seu ser onilateral de uma maneira onicompreensiva, portanto, como homem total. Todas as relações humanas com o mundo – visão, audição, olfato, gosto, percepção, pensamento, observação, sensação, vontade, atividade, amor – em suma, todos os órgãos da sua individualidade, como também os órgãos que são diretamente comunais na forma, são... a apropriação da realidade humana...".[92]

---

[91] MARX, 1989(b).
[92] MARX, 1989 (b): 197.

Nota-se que a abolição da propriedade privada,[93] bem como a superação da totalidade do intercâmbio social estranhado, são colocados como condição material para a construção das possibilidades do surgimento do homem onilateral, o qual, como já foi dito antes, apenas se construirá no seio de novas relações sociais. Daí a absoluta inviabilidade da onilateralidade no âmbito da sociabilidade burguesa, porque a onilateralidade não diz respeito apenas a uma capacidade maior do indivíduo de realizar atividades complexas e diversas.

A respeito disso, é interessante notar a confusão criada quando se interpretam as constatações feitas por Marx quanto ao dinamismo do capital e a versatilidade no trabalho posto pela indústria moderna. Essas constatações são, por vezes, tidas como uma posição apologética do progressismo burguês. Esse tipo de confusão se aprofunda com as interpretações sobre os comentários elogiosos de Marx a indivíduos dotados de talento criativo especial. Quando Marx enaltece o relojoeiro Watt, o barbeiro Arkwright e o artífice de ourivesaria Fulton por terem descoberto respectivamente a máquina a vapor, o tear e o navio a vapor[94] ele o faz simplesmente por reconhecê-los como homens dotados de competência inventiva acima da média de seu tempo. Esse tipo de talento especial está longe de caracterizar uma formação onilateral. Marx mesmo fora um homem de gênio superior, mas nem por isso poderia, falando marxianamente, ser tomado como homem onilateral (adiante essa questão é retomada).

Ora, esse tipo de capacidade criativa individual sempre existiu na história da humanidade. Em todas as épocas houve homens e mulheres cuja competência inventiva ultrapassava a média de seu tempo, mas não é a isso que se refere o conceito de onilateralidade de Marx. Ele se reme-

---

[93] É preciso considerar que nesse texto de 1844 a compreensão de Marx sobre a superação da sociedade burguesa não está ainda inteiramente formada. Nesse estágio da formação do pensamento marxiano o problema que sobressai é o da propriedade privada. Todavia, a tese principal na consideração da onilateralidade, que é fundamental que se retenha, é que ela não é possível sem a abolição do conjunto das relações burguesas alienadas e estranhadas.
[94] MARX, 1989: 559.

te ao campo vasto, complexo e variado das dimensões humanas: ética, afetiva, moral, estética, sensorial, intelectual, prática, no plano dos gostos, dos prazeres, das aptidões, das habilidades, dos valores etc., que são propriedades da formação humana em geral, desenvolvidas socialmente, e que, portanto, não correspondem à genialidade de um indivíduo desenvolvido num determinado sentido especial ou mesmo em sentidos diversos.

Em verdade, Marx não chegou a precisar o conteúdo da formação onilateral, mas refere-se a ela sempre como a ruptura com o homem limitado da sociedade capitalista, como uma ruptura ampla e radical, o que não significa que a sociedade de homens onilaterais seja uma sociedade de gênios, significa, antes, que essa sociedade se constitui de homens que se afirmam historicamente, que se reconhecem mutuamente em sua liberdade e submetem as relações sociais a um controle coletivo; que superam a separação entre trabalho manual e intelectual e, especialmente, superam a mesquinhez, o individualismo e os preconceitos da vida burguesa. Nesse sentido, a onilateralidade seria uma ruptura nos níveis da moral, da ética, do fazer prático, teórico, da afetividade; enfim, representa uma profunda ruptura com os modos de subjetividade, individualidade e vida social estranhadas.

Esse homem onilateral seria mais ou menos equivalente ao conceito de homem rico que Marx coloca no texto de 1844: "O homem rico é ao mesmo tempo o homem que necessita de uma totalidade de manifestações humanas".[95] Aqui Marx discute a riqueza humana a partir da capacidade de desenvolver necessidades: um homem é tanto mais rico quanto mais demanda manifestações humanas.

Marx trabalha nos famosos Manuscritos de 1844 a relação necessidade e produção como forma da relação sujeito-objeto estabelecendo uma relação dialética entre essas duas esferas. As necessidades surgem de relações objetivas concretas, elas são engendradas pelas relações objetivas ao mesmo tempo em que, de alguma forma, as configuram.

---

[95] MARX, 1989 (b): 202.

Em se tratando da sociabilidade burguesa, a necessidade fundamental que se impõe aos indivíduos e os oprime é exatamente a necessidade da posse do valor-de-troca. Por sua vez, na elaboração marxiana, a riqueza do homem se define não pelo valor da propriedade que ostente ou pelo quanto possua de dinheiro como meio de intercâmbio, mas pelo grau de carência que tem das manifestações humanas não monetarizadas, não valorizáveis, não alienadas/estranhadas.

O homem rico se define pela carência de um conjunto variado de manifestações humanas nas quais se reconheça e pelas quais se constitui. Necessidades não determinadas pelo caráter de mercadoria e de troca, segundo a dialética de Marx, só poderiam nascer e serem amplamente satisfeitas em relações não burguesas, em relações que ultrapassem o sistema de relações do capital.

Em Marx há fortes indicações de que a onilateralidade passa necessariamente pela superação da alienação e do estranhamento, ou seja, de que essa superação é a condição para o livre e pleno desenvolvimento humano, pois "só quando a realidade objetiva se torna em toda parte para o homem na sociedade a realidade das faculdades humanas, a realidade humana, e deste modo a realidade de todas as suas faculdades humanas, é que todos os objetos se tornam para ele objetivação de si mesmo".[96] É na sua ação sobre o mundo que o homem se afirma como tal, no entanto, ele precisa atuar como um todo sobre o real, com todas as suas faculdades humanas, todo seu potencial e não como ser fragmentado, pois só assim ele poderá encontrar-se objetivado como ser total diante de si mesmo.

O conceito de onilateralidade está associado à amplitude e multiplicidade da riqueza do desenvolvimento humano, universal e livre, contudo, é importante reconhecer que essa definição é muito mais sugerida que rigorosamente sistematizada. Chegamos a ela através de indicações que se encontram dispersas no todo da obra. Uma dessas indicações se acha nos *Grundrisse* em que Marx questiona: "Ahora bien, qué es, in fact, la riqueza despojada de su estrecha forma burguesa, sino la universalidad, impulsio-

---

[96] MARX, 1989 (b): 198.

nada por el intercambio universal de las necesidades, las capacidades, los goces, las fuerzas productivas etc., de los individuos? Qué es sino el desarrollo total del dominio del hombre sobre las fuerzas naturales, tanto las de la naturaleza misma como las de la propia naturaleza humana; la absoluta potenciación [de su capacidad] por obra del esfuerzo de sus dotes creadoras, sin más premisa que el desarrollo histórico precedente, que lleva a convertir em fin en si esta totalidad del desarrollo, es decir, el desarrollo de todas las fuerzas humanas en cuanto tales, sin medirlo por una pauta preestabelecida, y en que el hombre no se reproducirá como algo unilateral, sino como uma totalidad; en que no tratará de seguir siendo lo que ya es o ha sido, sino que se incorporará al movimiento absoluto del devenir?[97].

Marx destaca a contradição entre a sociabilidade estranhada, suas restrições, unilateralidades e a universalidade, a totalidade do desenvolvimento humano e o devir. Ele associa aquilo que se pode chamar de onilateralidade, que se opõe à unilateralidade burguesa, ao movimento do devir das novas relações emancipadas. Aqui aparece mais uma vez com clareza a ideia da universalidade, termo com o qual o conceito de onilateralidade estabelece uma relação de correspondência.

Em relação ao que consideram os comentadores de Marx sobre o tema, a tese aqui defendida se aproxima mais da interpretação construída por Nogueira[98] – embora ainda guardando com o conjunto das interpretações dessa autora profundas divergências – ao passo que entra numa oposição radical com a interpretação desenvolvida por Manacorda.[99]

Manacorda não distingue claramente os conceitos de politecnia – que ele prefere chamar de "educação tecnológica" – e onilateralidade, mas até os confunde. Manacorda entende como um reconhecimento da onilateralidade o comentário elogioso de Marx[100] em relação a John Bellers por ter esse autor defendido desde os fins do século XVII a superação da educação

---

[97] MARX, 1985: 345-346.
[98] *Op. cit.*
[99] *Op. cit.*
[100] MARX, 1989.

e da divisão do trabalho da época por serem formadores de indivíduos limitados. Na consideração do autor italiano "eis aí um homem educado com doutrinas não ociosas, com ocupações não estúpidas, capaz de livrar-se da estreita esfera de um trabalho divido. Trata-se do tipo de homem onilateral que Marx propõe, superior ao homem existente...".[101]

Ora, como se observa claramente, o destaque de Manacorda está na "educação em doutrinas não ociosas", nas "ocupações não estúpidas" e na "estreita esfera do trabalho dividido", portanto em dimensões dos campos do "fazer" e do "saber" que não necessariamente rompem com a sociabilidade estranhada. O indivíduo alienado/estranhado pode alcançar tudo isso a que Manacorda se refere mesmo sem atingir o ponto mais elevado da condição do homem livre que se reconhece no seu trabalho e na sua coletividade.

A onilateralidade proclamada por Marx não encontra par na sociabilidade burguesa, nem muito menos num estágio inferior a esta, digamos, num estágio embrionário da sociedade burguesa como é o caso do contexto histórico vivido por John Bellers. Todas as referências positivas feitas por Marx à versatilidade colocada pela moderna produção capitalista não podem jamais ser tomadas separadamente da sua postura radicalmente crítica da sociedade do capital. Do mesmo modo, seu reconhecimento de personalidades que transcenderam uma dada época, que se mostraram por diferentes motivos superiores à média do seu tempo, não indica, de maneira alguma, a caracterização desses casos como a expressão de homens onilaterais, até porque a onilateralidade não é obra ou atributo de um indivíduo superior.

Como já foi dito antes, um gênio inventivo qualquer não pode nunca ser tomado como exemplo de indivíduo dotado de formação onilateral pela simples, mas fundamental, razão de que a onilateralidade representa uma totalidade de manifestações que não se restringem ao nível da competência científica, artística, técnica ou prática etc. A onilateralidade está relacionada a uma muito variada quantidade de questões ligadas à subjetividade, à

---

[101] MANACORDA, *op. cit.*, p. 82.

individualidade e ao conjunto das relações do ser social não alienado/não estranhado. Portanto, a onilateralidade apenas se faz possível pela superação da alienação/estranhamento, ou seja, no interior de um novo intercâmbio social determinado pela posse coletiva dos meios de produção, por relações sócio-históricas baseadas na igualdade material em que o vínculo essencial não se estabelece através da mercadoria ou do dinheiro etc.

O homem onilateral é uma construção da sociabilidade nova, emancipada, portanto, é impossível a existência desse homem onilateral no seio de um intercâmbio social estranhado. O homem onilateral é expressão de uma totalidade de determinações não estranhadas, construídas no cotidiano da nova vida social, cujo fundamento é o trabalho social livre, o planejamento e a execução coletiva do trabalho, bem como a repartição justa dos produtos do trabalho. Por tudo isso, é impensável qualquer correspondência entre o homem onilateral e um indivíduo da sociedade burguesa, por mais "evoluído" que seja em relação à média dos indivíduos de seu tempo.

Na consideração de Manacorda o conceito de onilateralidade representa uma formação mais ampla, mais avançada, mas não antagônica ao metabolismo do capital, por isso não há necessidade da consideração das premissas materiais da construção do homem onilateral – a criação de novas bases sociais que permitam o livre desenvolvimento das potencialidades humanas.

Segundo a tese defendida aqui, para Marx, a onilateralidade apenas é possível se tiver como premissa material o amplo desenvolvimento das forças produtivas e o estabelecimento do intercâmbio universal, o estabelecimento dos indivíduos universais, isto é, o desenvolvimento das relações de produção capitalistas até um nível em que se tornem insuportáveis; outra premissa fundamental da onilateralidade em Marx, e consequente à anterior, é a ruptura com as relações burguesas e a construção da sociedade livre.

Na concepção de Manacorda – que será mais uma vez retomada no próximo tópico – não existe uma proposta marxiana de politecnia, mas de "ensino tecnológico". Aliás, Manacorda faz uma revisão terminológica e aponta também que a proposta da filantropia burguesa deve-se denominar de "formação pluriprofissional".

Já o conceito de onilateralidade não parece se diferenciar fundamentalmente do conceito de politecnia, ele envolve a modesta ambição de uma formação teórica e prática mais ampla dos trabalhadores, propiciada pelos avanços tecnológicos. De tal modo é assim que parece se estabelecer em Manacorda certa associação entre as colocações de Marx sobre a positividade da versatilidade da indústria moderna com o conceito de onilateralidade.

Manacorda parte das considerações marxianas sobre o potencial progressivo da tecnologia e, obviamente, ele não despreza a dialética dessas considerações. Manacorda compreende a dialética da tecnologia, ou seja, reconhece na tecnologia de um lado a expressão da apropriação dos resultados do trabalho e, de outro lado, destaca seu potencial emancipador (em relação ao artesanato, por exemplo). Entretanto, parece haver aí uma supervalorização desse potencial emancipador a ponto de se imaginar que a formação onilateral estaria diretamente associada a ele. A formação polivalente é mesmo posta pelos avanços produtivos, mas é contraditório o potencial emancipador que esses avanços carregam, pois implica ao mesmo tempo em qualificação superior e desqualificação.

A tecnologia e todo o avanço da indústria moderna trazem consigo a contradição indicada por Marx: "sabemos que as novas forças da sociedade têm unicamente necessidade, para adquirir um efeito benéfico, de homens novos, que as dominarão – referimo-nos aos operários".[102] Nessa contradição é que se coloca o potencial emancipador dos avanços tecnológicos, ou seja, na possibilidade de superação social engendrada por esses mesmos avanços tecnológicos. Porém, seria ingênuo acreditar que essa contradição geraria um movimento mecânico de superação, bem como, acreditar que a tecnologia é emancipadora em si mesma.

Portanto, não parece razoável supervalorizar o potencial emancipador da tecnologia da indústria moderna pelo simples fato de que representa

---

[102] MARX e ENGELS, 1978: 151.

nível de qualificação superior às formas de trabalho pré-modernas. Esse entendimento mesmo, via de regra, tende a apagar a contradição própria de todo avanço tecnológico e científico no mundo das mercadorias que é justamente a dimensão imanente da desqualificação e da degradação do trabalho.[103]

Nogueira, por sua vez, coloca-se de maneira bem mais parecida com a análise que vem se desenvolvendo neste livro, isto é, corroborando a tese aqui defendida ao situar a politecnia precisamente no âmbito da sociedade burguesa, inclusive como antídoto dos trabalhadores em sua luta política, contra os problemas causados pela divisão do trabalho, muito embora não distinga claramente entre o modelo de politecnia exigido pelo capital e a proposta de Marx.

Na perseguição do intuito de se estabelecer as características próprias e específicas dos conceitos de politecnia e de onilateralidade, bem como os princípios de distinção dos mesmos, talvez se tenha criado aqui a ideia de independência e até de oposição entre eles. Essa ideia não seria condizente de maneira alguma com a relação real existente entre os conceitos e não pode, jamais, obliterar os pontos de unidade entre os mesmos.

Destacou-se no início que esses dois conceitos são distintos, mas que são, ao mesmo tempo, complementares. A forma dessa complementação acompanha o próprio movimento contraditório da realidade da sociedade burguesa. Ora, o cerne da crítica da sociedade capitalista de Marx é justamente a descoberta de sua natureza contraditória e a identificação nela mesma das possibilidades de construção de uma nova sociedade que se

---

[103] Em um discurso pronunciado no aniversário do *People's Paper*, órgão cartista, em 1956, Marx expõe didaticamente esta contradição: "dir-se-ia que cada vitória da ciência se paga com a decadência do homem e do seu caráter. À medida que a humanidade se torna senhora da natureza, parece que o homem cai sob o jugo de outros homens ou da sua própria infâmia. Parece mesmo que a serena luz da ciência só pode brilhar na retaguarda da ignorância. Todas as nossas invenções e todos os nossos progressos parecem não provocar outro resultado senão o de dotar de vida e de inteligência as forças materiais, e de embrutecer o homem rebaixando-o ao nível de uma força puramente física" (MARX e ENGELS, 1978: 150).

construiria a partir das velhas estruturas. A construção da nova sociabilidade é um fato que começa no seio das velhas relações capitalistas. Assim, também certas determinações do denominado homem novo devem ser forjadas ainda no seio da sociabilidade alienada/estranhada.

Segundo Marx, o proletariado é protagonista principal na luta contra o sistema de exploração da força de trabalho, contra o individualismo da vida burguesa, contra o amesquinhamento da vida social, a moral hipócrita, na luta pela liberdade, pela justiça, demonstrando um espírito solidário, enfim, o proletariado representa a força social que pode esboçar determinadas propriedades que se configuram numa certa forma embrionária das novas relações.[104] Marx aposta na possibilidade de as contradições sociais favorecerem a práxis transformadora, pois revelam uma realidade em que indivíduos embrutecidos pelo trabalho alienado/estranhado ao mesmo tempo podem representar formas embrionárias de relações, valores, costumes, comportamentos, visão de mundo novos e distintos dos predominantes na realidade reificada:

Essa compreensão de Marx não deve ser interpretada como mistificação do proletariado, nem deve encorajar análises idealistas. Marx não está apontando nenhuma qualidade inata ao proletariado, mas evidenciando algo que verificou pela sua experiência junto ao movimento operário francês. Marx destaca aquilo que presenciara e o entusiasmara: sujeitos oprimidos pelas condições de exploração do capital, reunidos, construindo e dividindo experiências de relações fraternas e solidárias, interessados na

---

[104] Marx observava as possibilidades de construção de novas relações entre os explorados afirmando que "quando os artesões comunistas se unem, a doutrina, a propaganda etc., constituem as finalidades imediatas. Mas, ao mesmo tempo, criam uma nova necessidade, a necessidade da sociedade, e o que aparece como meio tornou-se fim. É possível contemplar este movimento prático nos seus mais brilhantes resultados, ao ver os agrupamentos de trabalhadores socialistas franceses. Fumar, beber, comer etc., já não são simples meios para juntar as pessoas. A sociedade, a associação, o entretenimento, que de novo tem a sociedade como um objetivo, é o bastante para eles; a fraternidade dos homens não é uma frase vazia, mas uma realidade, e a nobreza da humanidade irradia sobre nós a partir das figuras endurecidas pelo trabalho" (MARX, 1989 (b): 215-216).

coletividade que constituem e nos interesses da sua classe. Esses sujeitos haviam construído o sentido de pertencimento à classe trabalhadora, percebiam-se como membros de uma classe social. Para Marx isso era uma demonstração de como os trabalhadores poderiam ultrapassar as limitações e unilateralidades burguesas.

No contexto em que Marx faz aquela colocação, dentro das condições de vida e trabalho a que estavam submetidas as classes trabalhadoras, diante do embrutecimento da vida proletária do século XIX, encontrar os citados elementos de socialização aos quais ele se refere representava uma demonstração das possibilidades contraditórias destacadas aqui.

Não se trata de atribuir ao proletariado qualidades abstratas gratuitamente, mas de enfatizar que a positividade das novas relações pode expressar seus elementos dentro da sociabilidade estranhada. Segundo Marx, esses elementos contraditórios podem se apresentar de maneira embrionária no meio das associações dos proletários conscientes. Marx não se refere aqui a uma genericidade inata ao proletariado, ele tece um comentário sobre um fato específico e real, qual seja: a possibilidade concreta de os indivíduos estabelecerem laços de solidariedade favorecidos justamente pelas suas adversas condições de existência.

É importante assinalar que a possibilidade de se atingir um estágio mais elevado de socialização, em que se estabelecem novas relações baseadas em valores e comportamentos novos e distintos dos predominantes, apenas se realiza através da práxis político-educativa. Portanto, a chave para se evitar um entendimento idealista daquela citação de Marx é justamente a categoria da práxis. Apenas através de sua práxis e de uma práxis que é educativa e transformadora, pode o proletariado construir e consolidar no seu meio aqueles valores superiores.

A fraternidade não é um atributo natural do proletariado, mas uma propriedade favorecida pelas próprias condições objetivas. Sua materialização é possível através de um exercício de convivência solidária no interior mesmo das relações que os proletários socialistas estabelecem entre si. Para Marx, o proletariado, após alcançar um determinado estágio de consciência, pode esboçar elementos embrionários das novas relações sociais precisamente por ser o sujeito social que vive de forma "privilegiada" as contradições sociais do sistema capitalista.

Entre politecnia e onilateralidade há complexas mediações colocadas pelo cotidiano da vida social alienada e estranhada. É nesse cotidiano que atua a formação politécnica, potencialmente capaz de elevar as classes trabalhadoras a um patamar superior de compreensão de sua própria condição social e histórica. Aí atua a práxis revolucionária, principal ação político-pedagógica da formação do proletariado como sujeito social transformador. Nesse processo são gestados elementos que deverão ser consolidados – e que só podem ser consolidados com a superação da alienação e do estranhamento – no interior das novas relações não estranhadas. Somente a partir dessas relações é possível a formação onilateral.

Portanto, politecnia e onilateralidade se complementam no processo desde a formação do sujeito social revolucionário até a consolidação do ser social emancipado. Se a onilateralidade como formação plena é impossível – senão de forma germinal – no seio das relações estranhadas da realidade do trabalho abstrato, é precisamente neste momento que a politecnia aparece como proposta de educação de grande importância, até que se consolidem as condições históricas de possibilidade de realização plena da onilateralidade. A politecnia é a formação dos trabalhadores no âmbito da sociedade capitalista que, unida aos outros elementos do programa marxiano de educação, deve encontrar o caminho entre a existência alienada e a emancipação humana em que se constrói o homem onilateral.

Há um percurso de formação que devem passar os trabalhadores. Esse percurso tem na fase do trabalho alienado/estranhado e da realidade reificada a completa impossibilidade da realização plena da onilateralidade. Mas, nessa fase, a proposta da politecnia pode fazer avançar o processo de formação do sujeito social potencialmente revolucionário e, ao lado da práxis político-educativa, deve ajudar a consolidar nesse sujeito e nas suas relações elementos objetivos e subjetivos que certamente podem vira a ser sementes da formação onilateral.

1.10. Politecnia & educação tecnológica

Para concluir esta discussão acerca dos conceitos de politecnia e onilateralidade, cabe retomar algumas questões colocadas no debate brasileiro atual a partir de um diálogo com a contribuição teórica mais recente de Nosella.[105]

Nesse trabalho o professor Nosella empreende uma crítica rigorosa à proposta de educação politécnica que defendem os educadores/pesquisadores marxistas no Brasil e à forma como têm utilizado o termo e o conceito de politecnia. Segundo Nosella esses educadores têm utilizado uma definição arbitrária do conceito e estabelecido uma distinção também carente de rigor entre a politecnia como proposta de educação socialista e a proposta politécnica de viés capitalista.

O autor ampara-se nos estudos filológicos de Manacorda para definir que em Marx, na verdade, o que se tem como a proposta de "politecnia" seria mais adequado chamar de "ensino tecnológico". Por sua vez, o termo "politecnia" como proposta burguesa Manacorda propõe trocar pelo termo "pluriprofissional". Segundo Nosella, em argumentação desenvolvida sempre a partir de Manacorda, a elaboração de Marx em que aparece o termo politecnia foi escrita originalmente em inglês ("*The general council of the first Internacional*, 1868-1870")[106] e nela o termo que está presente é *technological*, que teria sido traduzido equivocadamente para o alemão como *polytechnisch*.

Para Nosella o termo politecnia tal como é usado pelos educadores marxistas no Brasil, como proposta de educação socialista, fere o sentido original atribuído por Marx, além de ir de encontro ao que definem os dicionários e o senso comum letrado; portanto, segue uma definição arbi-

---

[105] *Op. cit.*
[106] A versão usada aqui se intitula "Instrucciones a los delegados del Consejo Central Provisional sobre algunas cuestiones" presente em MARX e ENGELS. *Obras fundamentales: La internacional – documentos, artículos y cartas*. México – DF: Fondo de Cultura Económica, 1988, vol. 17, p. 15-22.

trária e incompreensível para as pessoas de fora do pequeno círculo constituído por esses mesmos educadores. Nosella ampara-se em Manacorda para quem "o 'politenicismo' sublinha o tema da 'disponibilidade' para os vários trabalhos ou para as variações dos trabalhos, enquanto a 'tecnologia' sublinha, com sua unidade de teoria e prática, o caráter de totalidade ou omnilateralidade do homem (...). O primeiro destaca a ideia da multiplicidade da atividade (...); o segundo, a possibilidade de uma plena e total manifestação de si mesmo, independentemente das ocupações específicas da pessoa".[107]

Segundo a argumentação de Nosella, baseada em Manacorda, não seria correto estabelecer oposição entre uma concepção de politecnia marxiana e uma concepção de politecnia burguesa. Correto seria opor a proposta marxiana de formação tecnológica teórica e prática à formação pluriprofissional burguesa.

O professor Nosella defende ainda que o texto em alemão acabou sendo tomado como base para as traduções que se sucederam e que na URSS teria se consolidado a confusão. Nosella, mais uma vez recorrendo a seu conterrâneo: "o que Manacorda diz é que, embora nos textos de Marx as expressões 'politecnia' e 'tecnologia' se intercalem, só a expressão 'tecnologia' evidencia o germe do futuro, enquanto 'politecnia' reflete a tradição cultural anterior a Marx que o socialismo real de Lênin impôs à terminologia pedagógica de sua política educacional".[108]

Nosella aponta que, segundo Manacorda, os textos de Marx podem ser interpretados tanto "à luz do passado" quanto à luz das filosofias do começo do século XX. O autor estabelece, então, uma relação em que a primeira possibilidade de interpretação se associa ao termo politecnia e a segunda possibilidade de interpretação se associa ao termo "tecnologia" e parece induzir ao entendimento de que o primeiro par representa uma interpretação conservadora e o segundo par representa uma interpretação progressista.

---

[107] MANACORDA, apud, Nosella, *op. cit.*: 14.
[108] NOSELLA, *op. cit.*, p. 14.

Segundo estabelece Nosella, colocam-se aí dois campos opostos: no primeiro estariam o "passado", o próprio Marx, representado por uma possibilidade de interpretação conservadora, Lênin e o marxismo iluminista/positivista; já o segundo é representado por Marx, através de uma possibilidade de interpretação progressista, Gramsci, Manacorda e o marxismo investigativo.

A despeito da rica contribuição filológica de Manacorda e da importância da retomada do debate sobre a politecnia proposto por Nosella, a ideia que fica ao longo do seu instigante artigo é a de que o cerne da questão (para além da adequação terminológica) permanece intacto: que posição ocupa ou qual o grau de importância da "politecnia" ou "educação tecnológica" no interior do "programa" ou perspectiva de educação de Marx?

A preocupação maior de Nosella – ainda que legítima e pertinente – não se concentra no conteúdo mesmo da proposta marxiana, mas na discussão acerca da adequação de sua terminologia. Até mesmo fica em segundo plano a importante consideração que suspeita de que a politecnia – não apenas o termo, mas a proposta mesma tal como entendida pelos educadores marxistas brasileiros – teria representado um freio aos anseios socialistas de educação.

O que acaba se destacando como mais essencial da posição apresentada por Nosella é que para ele não interessam os conteúdos que se traduzem pelos conceitos, mas apenas o confronto entre os últimos como embalagens vazias. Talvez por se fixar demasiadamente na discussão filológica de Manacorda, Nosella não se preocupe em verificar a distinção que Marx faz entre as duas propostas de politecnia – a do capital e a do proletariado – em que se confrontam pressupostos, princípios e propostas diferentes. A crítica de Nosella não destaca devidamente o fato de que na proposta de Marx o que se opõe radicalmente à perspectiva burguesa são os pressupostos (concepção de história, de homem, de trabalho, de formação, de sociedade etc.), o "programa" de educação como um todo e a perspectiva da emancipação social.

Tanto na perspectiva burguesa quanto na proposta de Marx estão presentes a ideia da polivalência, da formação multifacetada. Todavia, a formação polivalente da proposta de politecnia do capital na verdade tratava de treinamento da força de trabalho e objetivava a satisfação das demandas da produção de mercadorias. Já a formação polivalente no conceito de politecnia de Marx buscava efetivamente articular teoria e prática e os diversos conteúdos do ensino a outras dimensões formativas, sem falar no fato de que seu objetivo era a formação do sujeito social revolucionário na perspectiva da emancipação social.

Afora isso, a proposta marxiana em si não se opõe radicalmente à concepção burguesa de politecnia, pois incorpora sua ideia central, que, inclusive, motiva seu nome: a noção da formação polivalente. Entretanto, Marx submete a concepção burguesa de politecnia à crítica dos seus fundamentos desmistificando os interesses do capital e rechaçando as concepções de homem, de trabalho, de sociedade e de formação a ela subjacentes.

Marx parte da noção mesma da polivalência presente na proposta burguesa de politecnia e compreende a polivalência como uma necessidade objetiva da indústria moderna, mas empreende uma crítica radical dessa noção de formação precisamente porque ela reduz o homem a força de trabalho produtora de mercadorias.

Como é próprio do método marxiano, o ponto de partida são sempre as condições concretas, objetivas da realidade imediata. É perante essa realidade que Marx se coloca e é a partir daí que elabora suas propostas, justamente para que sejam factíveis e não pareçam meras utopias. Assim, Marx reconhece que na ordem social fetichizada do capital os trabalhadores são força de trabalho e, como tal, esses trabalhadores precisam, antes de tudo, ser (estar) empregados – eis o dado mais imediato da realidade inescapável dos trabalhadores.

Portanto, a polivalência imposta pela dinâmica da indústria moderna não pode simplesmente ser negada como ideia. Todavia, é necessário ultrapassar a concepção reducionista e pensar a formação da força de trabalho polivalente também na perspectiva da formação da classe social revolucionária avançando contra a reificação. Além disso, a ideia de formação multifacetada em Marx é incorporada ao lado de outros elementos e, na medida em que compõe um "programa" de educação, uma concepção de sociedade e se articula a uma nova perspectiva histórica, adquire sentido inteiramente diferente.

Assim, a politecnia em Marx representa a reunião de diversos elementos de formação dentro dos quais a ideia de formação polivalente do conceito burguês de politecnia passa a ser apenas um componente re-significado. Além disso, e retomando o que vinha sendo discutido nos tópicos anteriores, a própria proposta de educação politécnica de Marx aparece como um componente de um "programa", de uma perspectiva de educação que ultrapassa em muito os momentos formais do trabalho abstrato e das instituições formais de educação.

Por isso, a utilização do termo politecnia não parece um problema, ainda que esteja afastado da formulação original, como observa Manacorda e Nosella. Não parece forçoso que a recusa dos pressupostos burgueses da proposta de politecnia ou formação pluriprofissional implique, obrigatoriamente, na condenação perpétua do termo. Por outro lado, a adoção do termo não implica obrigatoriamente na adoção do seu conteúdo, isto é, Marx não corre o risco de se confundir com a filantropia burguesa adotando o termo politecnia, pois as diferenças entre sua concepção e aquela outra foram exaustivamente debatidas nos fóruns operários.

A proposta marxiana de politecnia tem como ponto de partida a ideia da polivalência presente na proposta burguesa. Ela ainda incorpora essa ideia; contudo, submete-a a uma articulação com outros elementos como a união de teoria e prática, de ensino geral e de ensino dos diversos processos produtivos, somados à ginástica e aos exercícios militares. Menos importante é definir a partir de uma investigação filológica se esse conteúdo proletário que Marx opõe ao conteúdo burguês vai se traduzir como "tecnologia" ou "politecnia".

Um dos argumentos apresentados por Nosella para recusar a utilização feita pelos marxistas do conceito de politecnia é que esse conceito nem em Marx, nem nos dicionários, nem entre o senso comum letrado possui o sentido que os educadores marxistas atribuem.

Poder-se-ia indagar em que corrente teórica, dicionário ou círculo de pesquisadores o termo "tecnológico" de fato se traduz como a "possibilidade de uma plena e total manifestação de si mesmo, independentemente das ocupações específicas da pessoa"? Não teria essa visão da tecnologia um caráter apologético extremado para ser atribuído a Marx? Como seria possível, no contexto atual de crise regressivo-destrutiva do capital à qual se associa a instrumentalização da razão, identificar a tecnologia com "a manifestação de si mesmo", como "germe do futuro"?

Identificar no termo "tecnológico" "a unidade de teoria e prática, o caráter de totalidade ou omnilateralidade do homem" parece um inteiro despropósito. Ora, em Marx a tecnologia, até que se dê a superação da alienação e do estranhamento, é produto do trabalho abstrato, do trabalho alienado, é um tipo de expressão das relações sociais estranhadas, assim como representa apropriação capitalista (material e espiritual) dos produtos do trabalho. A tecnologia é justamente uma das formas através das quais se manifesta a separação capital e trabalho, a divisão entre trabalho intelectual e trabalho manual e a alienação. Por sua vez, a formação onilateral, de acordo com o que já foi exposto, de maneira alguma poderá ser pensada senão como momento da superação da alienação/estranhamento, o que o ensino tecnológico, por sua vez, não alcança.

Outro problema importante que se coloca no quadro dessa discussão proposta por Nosella é o que se relaciona com uma reflexão desenvolvida ao longo destas páginas. Trata-se do seguinte: o debate em torno do conceito de politecnia recoloca a tendência dos educadores/pesquisadores marxistas do campo da educação supervalorizarem o mundo formal/institucional do trabalho e da escola desprezando ou atribuindo importância secundária aos processos de educação desenvolvidos fora daqueles espaços no mundo da práxis político-educativa.

No final de seu texto Nosella se aproxima da conclusão de que o "programa" marxiano de educação é mais completo, ou seja, de que ele não se reduz a uma proposta particular e que como uma totalidade deve ser compreendido. Nosella considera que "a bandeira da 'politecnia' os tem levado (os educadores marxistas) preferencialmente a desenvolver estudos sobre a escola média e profissional. Com isso, o trabalho como princípio educativo sofreu entre nós certo reducionismo".[109] Entretanto, afora a aproximação pela ideia do risco do reducionismo, essencialmente, a conclusão do professor Nosella vai numa direção bem diferente da tese defendida aqui, pois estabelece uma relação circunstancial associando a preferência pela escola média e profissional ao uso inadequado do termo politecnia como motivo

---

[109] *Op. cit.*, p. 23.

do reducionismo. Já de acordo com o que se procura estabelecer nestas páginas a própria centralização ou absolutização do trabalho como princípio educativo – ainda que o princípio educativo do trabalho seja uma das formulações mais caras ao marxismo – representa em si mesma um tipo de reducionismo.

A proposta de politecnia em Marx está fortemente vinculada ao mundo do trabalho abstrato e ao mundo das instituições formais de educação. Portanto, cabe àqueles educadores perceberem que uma vez reduzida a esses aspectos institucionais a concepção marxiana de educação perderia seu vigor, o qual reside justamente na tentativa de articular as várias dimensões da práxis no cotidiano proletário como um amplo processo formador: escola, trabalho, autoformação política nas organizações de classe, nos movimentos sociais e no tempo de não trabalho.

Quando o foco é centralizado no conceito de politecnia ou, que seja ensino tecnológico, tende-se a esquecer ou secundarizar os demais momentos ou espaços formadores. Essa concepção acaba sendo cômoda para aqueles marxistas pouco afeitos ao envolvimento direto com o trabalho organizativo-educativo da/com a massa trabalhadora. No capítulo seguinte busca-se estabelecer as relações de consequência dessa concepção no atual momento regressivo-destrutivo do capital – crise do trabalho abstrato, desemprego crônico etc.

Por outro caminho analítico e com diferentes propósitos – cujo mérito não cabe discutir aqui – e referindo-se a uma questão particular, Nosella corrobora a ideia de que a centralização exagerada de alguns elementos pode gerar uma visão reducionista do "programa" ou da perspectiva marxiana de educação. O autor aponta que "nos anos 1990, o termo politecnia operou semanticamente como um freio à reflexão sobre a proposta educacional socialista. Pouco a pouco, nós educadores marxistas aceitamos de nos tornar especialistas do ensino médio profissional".[110] Sem entrar no mérito da questão específica levantada por Nosella, destaca-se a constatação importante que reforça – involuntariamente – a ideia desenvolvida

---

[110] NOSELLA, *op. cit.*, p. 17-18.

ao longo destas páginas: a supervalorização do princípio educativo do trabalho, reduzido às experiências do trabalho abstrato e somado às experiências nas instituições formais de educação, pode significar um "freio" às aspirações socialistas se não forem considerados os variados elementos que compõem o "programa" marxiano de educação.

Nosella tem absoluta razão em afirmar que a politecnia não é uma proposta de educação socialista, mas é preciso entendê-la como uma proposta proletária, antes de tudo preocupada em enfrentar as agruras do trabalho alienado e da sociedade estranhada na perspectiva da emancipação social.

Como é de domínio geral entre os interessados nesta matéria, a politecnia tem suas primeiras inspirações ligadas à distante proposta de união trabalho e ensino formulada pelos socialistas utópicos. Posteriormente é defendida pelos "economistas filantropos" antes de adquirir outro sentido com Marx quando se situa no interior de um "programa" cuja perspectiva é a emancipação social. A politecnia, por fim, é uma formulação ligada à dimensão do trabalho abstrato com o propósito de enfrentar as adversidades impostas pela realidade dessa forma de trabalho.

Pelos argumentos expostos acima é que não se considera aqui um debate vital para a educação marxista a discussão terminológica proposta por Nosella. A adoção do termo "educação tecnológica" em vez de "politecnia" traduzindo o mesmo conteúdo poderia resgatar, segundo Nosella e Manacorda, uma relação de fidelidade com a formulação original de Marx. Todavia, essa adoção teria de enfrentar o desgaste de uma associação daquele termo – tecnologia – não só com o horizonte burguês em geral, mas ainda com uma tendência produtiva e científica extremamente desgastada e combatida: a denominada "razão instrumental".

Para concluir este tópico: o trabalho teórico de Manacorda no qual se baseia Nosella é admirável e a contribuição que presta à tarefa de atualização do marxismo é grandiosa. Isso, todavia, não impede que se façam algumas considerações a propósito de contribuição ao debate. A despeito da importância da contribuição de Manacorda para os devidos esclarecimentos filológicos sobre a proposta marxiana de educação politécnica ou educação tecnológica, como prefere aquele autor, os argumentos apresentados especialmente por Nosella não parecem suficientes para justificar a recusa do termo "politecnia". De igual modo, não parece convincente a relação em cadeia que Nosella procura estabelecer entre o equívoco inicial da tradução para o alemão, a manutenção desse equívoco sob responsabilidade direta de Lenin – sobre a qual Nosella levanta fortes suspeitas – e as consequências danosas para a concepção marxista da educação. As consequências apontadas por ele e consideradas danosas – o reducionismo da perspectiva marxiana de educação – são possibilidades colocadas pela compreensão em si da proposta e não pela terminologia adotada.

Outro ponto de discordância entre o que se defende aqui e o que é posto por Manacorda e Nosella diz respeito ao conceito de onilateralidade. Aqueles autores não estabelecem claramente a distinção entre a formação pluriprofissional – termo adotado por Manacorda para designar a proposta burguesa de politecnia – e a onilateralidade. Assim, o conceito de onilateralidade representaria uma formação mais ampla, mas claramente articulada ao horizonte da vida social estranhada, do trabalho abstrato, do trabalho alienado. Manacorda argumenta que "existem no *O Capital* algumas páginas, novas em relação aos Grundrisse, nas quais Marx fala da tecnologia teórica e prática, com o objetivo de formar um homem omnilateral, isto é, não só capaz de lidar com as transformações advindas dos desenvolvimentos tecnológicos da indústria, mas também em condição de desenvolver todas as possibilidades culturais pessoais, de estudo e também de diversão, de jogos, de participação na vida social".[111]

Ora, se esse for o conceito marxiano de onilateralidade, Marx então estará se referindo apenas ao cidadão burguês em sua expressão mais elevada, pois esses atributos são possíveis para qualquer indivíduo burguês instruído que tenha acesso às elaborações da cultura universal, que trabalhe e esteja bem inserido na civilização burguesa, isto é, que tenha atingido o "nível mais elevado da cultura existente". Desse modo o conceito perde todo o vigor, praticamente se torna indistinto da "boa formação" burguesa.

---

[111] MANACORDA, apud, SOARES, *op. cit.*, p. 4.

Essa perspectiva de onilateralidade apontada por Manacorda não é mais do que a correspondência com aquilo que o próprio Manacorda apontava com respeito à aspiração gramsciana de escolarização: "Para Gramsci, que vem da Sardenha, isto é, de uma população camponesa inculta imersa em um folclore antiquado, e, posteriormente, viveu em Turim a experiência de uma classe operária moderna, o problema fundamental, no que diz respeito à formação das jovens gerações, é o de alçar toda a população ao nível mais elevado da cultura existente, isto é, o de superar o senso comum, a linguagem particularista".[112] Ou seja, tanto o que aspira Gramsci a respeito da educação e da escola quanto ao que se refere Manacorda como sendo supostamente a perspectiva marxiana de onilateralidade não são mais do que a realização entre as classes trabalhadoras do processo "civilizatório burguês" em plenitude.

Nesse sentido, o conceito de onilateralidade defendido nestas páginas vai numa direção diametralmente oposta, pois ele se define como uma formação ampla que ultrapassa todas as restrições da vida social estranhada, ou seja, que não se limita a alcançar e dominar os avanços e progressos da "civilização burguesa".

A onilateralidade, nesse sentido (e uma vez mais), representa um desenvolvimento amplo das mais diferentes possibilidades humanas como um todo nos planos da ética, das artes, da técnica, da moral, da política, da ciência, do espírito prático, das relações intersubjetivas, da afetividade, da individualidade etc. Quanto a essa objeção levantada a respeito da concepção de onilateralidade de Manacorda, pode-se dizer que ela vale também para Saviani uma vez que acolhe e aceita os termos da concepção de Manacorda.

O professor Saviani é um dos educadores/pesquisadores marxistas aos quais Nosella se refere na sua crítica. Essa crítica, por sua vez, foi refutada pelo professor Saviani seguindo uma linha de argumentação cujo eixo principal, semelhante ao que é defendido aqui, é a consideração de que a discussão terminológica não é vital para a problemática da educação em

---
[112] Idem, ibidem, p. 4.

Marx. Segundo ele "não será o uso ou não de determinado termo que as colocará em confronto [as análises formuladas por Nosella e as de Saviani]. Se assim for, posso proclamar sem hesitação: abrirei mão do termo politecnia, sem prejuízo algum para a concepção pedagógica que venho procurando elaborar".[113] Saviani não considera de grande importância a questão terminológica, por outro lado, acredita que as suas análises e as de Nosella e Manacorda são semelhantes: "creio poder afirmar que as análises formuladas por Nosella e aquelas por mim desenvolvidas não se chocam, mas, ao contrário, se complementam e se enriquecem mutuamente".[114]

De fato, em alguns aspectos, a respeito dos quais se estabelecem divergências entre a tese desenvolvida aqui e as análises de Nosella e Manacorda, Saviani apresenta posição de concordância com aqueles autores. Um desses aspectos é justamente o conceito de onilateralidade em relação ao qual Saviani não apresenta nenhuma objeção à concepção defendida por Manacorda e Nosella.

Outro ponto de colisão entre a tese que vem sendo defendida aqui e o ponto de vista comum daqueles três autores é quanto à importância da politecnia ou do princípio de união trabalho e educação dentro do "programa" de educação marxiano. Para eles, a politecnia ou formação tecnológica teórica e prática assim como o princípio de união trabalho e ensino são centrais na formulação marxiana. Mesmo quando afirma que "sua concepção global de educação não se expressa por meio do termo 'politecnia', mas pela denominação 'histórico-crítica'"[115] Saviani apenas sinaliza algo diferente, pois, na verdade, o que ele pretende aí é unicamente negar a centralidade, nem tanto da formulação da politecnia, mas apenas da discussão sobre o termo que a denomina.

---

[113] SAVIANI, D. *Trabalho e educação: fundamentos ontológicos e históricos*. Trabalho encomendado pelo GT 9 - Trabalho e educação. 29ª Reunião anual da ANPED, Caxambu 2006, p. 20.
[114] Idem, ibidem.
[115] *Op. cit.*, p. 19.

1.11. O problema da relação sociedade-Estado-educação

Marx não chegou a formular uma teoria do Estado, nem realizou nenhum estudo sistematizado especificamente sobre essa temática. Sabe-se que manifestara o propósito de prosseguir sua Crítica da Economia Política com um estudo sobre as classes sociais e sobre o Estado,[116] o que, de fato, não veio a se concretizar. Entretanto, toda a trajetória de Marx como pensador e ativista do movimento operário esteve absolutamente associada às questões da política, do poder social e do Estado, o que lhe exigiu o enfrentamento teórico e prático das questões referentes àqueles temas.[117] Além disso, embora Marx não tenha elaborado uma teoria do Estado, sua obra condensa elementos importantíssimos para que se afirme uma concepção marxiana do Estado. Dessa ideia compartilha Ruy Fausto, que, a partir de um estudo sobre o problema do Estado na obra *O Capital*,

---

[116] Era o projeto de Marx realizar estudo sobre o Estado tal como indicado em suas correspondências a F. Engels (02/04/1858): "lo que sigue es um breve bosquejo de la primera parte. Todo se dividirá en seis libros: I. Capital; II. Propiedad de la tierra; III. Trabajo asalariado; IV. Estado; V. Comercio internacional; VI. Mercado mundial." (Carlos Marx e Frederico Engels, 1973: 93-94); assim como a F. Lassalle (de 22/02/1858) e a J. Weydemeyer (de 01/02/1859), presentes no mesmo volume.

[117] Até mesmo a vida privada, familiar, de Marx esteve determinada pela luta política e pelos embates com o poder de Estado, uma vez que teve de mudar-se de país em país por motivo de perseguição política. Os temas da política e do Estado estiveram presentes nas preocupações de Marx desde a juventude quando dos artigos da Gazeta Renana em que defendia a liberdade de imprensa ("Los debates sobre la libertad de prensa y la publicación de los debates de la Dieta", Marx e Engels, 1987, p. 173-219) ou quando se insurgiu contra a lei que reprimia a coleta de lenha realizada pelos camponeses pobres, que era uma demonstração clara do Direito a favor da propriedade privada ("Debates sobre la ley castigando los robos de leña", Idem, ibidem, p. 248-283) etc., passando pela discussão sobre a emancipação política com os jovens hegelianos. Estiveram presentes ainda nos debates marxianos sobre as revoluções francesas e a Comuna de Paris; sobre a independência dos Estados Unidos da América; a questão irlandesa; a questão polonesa; e a questão do domínio britânico sobre a Índia e sobre a China etc.; além da questão da emancipação social; enfim, todos esses embates e muitos outros, foram travados a partir de uma concepção de política, de Estado, assim como oferecem farto material para se afirmar uma concepção marxiana de Estado.

afirma que "as categorias de 'O Capital' contêm implicitamente, isto é, pressupõem (no sentido em que o posto se opõe ao pressuposto como o explícito ao implícito, qualquer que seja o lugar desse último na ordem da apresentação) uma teoria do Estado".[118]

Ao longo de sua trajetória teórica e prática Marx enfrentou, em diferentes ocasiões, diversas concepções sobre o Estado. É possível encontrar nesses debates situações em que o acento da discussão de Marx está posto no destaque dos avanços do Estado burguês, quando se posiciona perante os conservadores do *ancien régime*; noutras situações, manifestando-se contra o pensamento burguês, o acento é colocado na tarefa de desvendar o caráter classista do Estado. Essas duas direções presentes na argumentação de Marx, que compõem sua concepção de Estado, se apresentam na redação do Manifesto do Partido Comunista de 1848.

Por um lado, a ordem burguesa avança na construção de novas relações políticas, centraliza o poder e impõe a sua civilização: "Províncias independentes, ligadas até então por débeis laços, mas com interesses, leis, governos e aduanas diversos, foram reunidas em *uma* só nação, com apenas *um* governo, *uma* legislação, *um único* interesse nacional de classe e *uma* só fronteira aduaneira" (grifos dos autores).[119] A ordem burguesa "cria um mundo à sua imagem e semelhança" e "finalmente conquista o domínio político exclusivo no Estado representativo moderno".[120]

Por outro lado e concomitantemente é obrigada – pelas lutas sociais e por seus próprios postulados liberal-democráticos – a enfrentar a realidade na qual "os trabalhadores começam a formar associações contra a burguesia [e] fundam organizações permanentes",[121] no seio do mundo que a burguesia cria a sua imagem e semelhança, ou seja, é sob a democracia burguesa que os trabalhadores passam a se organizar como classe e a atuar politicamente como tal.

---

[118] FAUSTO, R. *Marx – Lógica e Política*. São Paulo: Brasiliense, 1987, t. II, p. 287-288.
[119] MARX e ENGELS, 1998: 12.
[120] MARX e ENGELS, 1998: 12.
[121] Idem, ibidem: 16.

Entre a diversidade de correntes teóricas e políticas que Marx enfrenta na discussão sobre o Estado, encontra-se a filosofia de Hegel,[122] os postulados dos jovens hegelianos, Proudhon e sua negação do Estado burguês, o anarquismo de Bakunin, Lassalle e a "fé servil" no Estado capitalista etc.

As discussões travadas com essas correntes guardam particularidades que dizem respeito à situação discursiva que as conforma. São aspectos próprios – teóricos, políticos, conjunturais – que se colocam nos embates específicos e que determinam as características dos textos marxianos: uns apresentam caráter filosófico mais destacado, como em *A questão judaica* ou na *Crítica da filosofia do Direito de Hegel*; outros são eminentemente políticos, desenvolvidos no interior dos acalorados debates operários, como no caso do enfrentamento a Proudhon e a Bakunin nos debates da AIT; ou ainda histórico-políticos como nos textos sobre as lutas sociais e processos políticos na França (*A guerra civil na França, O dezoito de Brumário de Luís Bonaparte*) ou sobre a situação política na antiga Prússia (*A burguesia e a contrarrevolução*).

Essa diversidade de situações discursivas – os determinantes temporais e espaciais, os tipos de interlocutores a quem se dirigem os textos em cada situação, os objetivos e as estratégias discursivas adotados etc. – faz

---

[122] Em 1843 Marx empreende uma revisão crítica da filosofia política de Hegel – o que fará, em grande medida, influenciado pelo materialismo naturalista de Feuerbach – assim como investe em leituras sobre a Revolução Francesa e sobre o problema do Estado, que envolviam Rousseau, Montesquieu, Maquiavel etc. A partir de então, e pela contribuição da aproximação – que aos poucos se transformará em engajamento efetivo – com as lutas sociais travadas na Europa do século XIX e pelos estudos de economia política, Marx avança na consolidação das bases de seu pensamento, seguindo o processo de superação de suas principais referências originais: Hegel e Feuerbach. Já na "Crítica da filosofia do Direto de Hegel", segundo Engels, "Marx llegaba a la conclusión de que la esfera en que debe buscarse la clave para comprender el proceso histórico del desarrollo de la humanidad no es el Estado, que Hegel considera como la 'coronación del edificio', sino más bien la 'sociedad civil', colocada por él en segundo plano" (MARX e ENGELS, 1987: 719).

com que o estudo das proposições marxianas exija uma cuidadosa contextualização.[123] Não seria adequado, por exemplo, tomar a famosa expressão do Manifesto – "neste regime o governo do Estado não é senão um comitê para gerir os interesses comuns de toda burguesia"[124] – como se resumisse toda uma concepção marxiana do Estado, como se ela esboçasse o resultado de todo seu trabalho teórico.

A maneira como Marx se manifesta sobre a questão do Estado num texto de pretensão científica como *O Capital*, num escrito filosófico, num artigo jornalístico ou num manifesto político obedece ao caráter e à situação discursiva de cada texto. Isso é um imperativo analítico que vale para qualquer estudo de qualquer autor que tenha uma

---

[123] Uma análise contextualizadora não pode deixar de considerar que Marx se propôs tarefas determinadas em situações particulares. Observe-se, por exemplo, que inicialmente (início da década de 1840), sua tarefa se destinava a combater as variadas formas de mistificação do Estado, destacando: "a) a sociedade civil como fundamento do ser social; b) a natureza contraditória da sociedade civil; c) a dependência ontológica do Estado em relação à sociedade civil; d) a natureza essencialmente opressora do Estado" (p. 67), entre outros pontos assinalados por Ivo Tonet num estudo sobre as "Glosas Críticas" (TONET, I. "Marx e a política: prefácio ao 'Glosas Críticas...' de Marx", in: *Práxis*, out-dez, n. 5. Belo Horizonte, 1995, p. 45-91). Já na situação específica do debate no seio do movimento operário, uma de suas tarefas mais importantes era combater a concepção de Estado anarquista: "como o proletariado, durante o período de luta para revolucionar a velha sociedade, ainda atua sobre a base dessa velha sociedade e, portanto, ainda se move dentro de formas políticas que pertenceram, mais ou menos, a ela, durante esse período de luta ele ainda não adquiriu a sua constituição definitiva e utiliza meios para a sua libertação que, depois que esta ocorrer, serão abandonados; de onde o senhor Bakunin conclui que não se deve fazer absolutamente nada... a não ser esperar pelo dia da liquidação geral – do juízo final" (MARX, 2003: 155). Noutra situação, quando da "Crítica ao Programa de Gotha", aqui enfrentando outra vertente do movimento operário, Marx pretendia, principalmente, refutar o que ele chamava de fé cega e servil da seita lassalliana no Estado: "mesmo a democracia vulgar, que vê na República democrática o reino milenar e não tem a menor ideia de que é precisamente nesta última forma de Estado da sociedade burguesa onde se irá travar a batalha definitiva da luta de classes; até ela mesma está mil vezes acima desta espécie de democratismo que se move dentro dos limites do autorizado pela polícia e vedado pela lógica" (MARX, [1988]: 222).
[124] MARX e ENGELS, 1998: 18.

obra vasta e diversificada como a obra marxiana: observar a situação discursiva e a natureza de cada documento, ou seja, aplicando-se ao caso em questão, isso implica em buscar uma compreensão contextualizada dos debates e buscar analisá-los à luz de uma visão global da obra. Esse é um cuidado que se deve adotar nas análises, porém, sem eximir nenhum autor examinado de possíveis críticas pelo que escrevera em situações determinadas.

Não se pretende fazer uma investigação exaustiva e pormenorizada a cerca da problemática do Estado em Marx, mas discutir as contribuições de Marx a respeito do Estado que se articulam ao problema da educação. Embora muitos estudos já tenham sido feitos sobre esse tema, ele merece ser revisitado primeiro porque ajuda a compor a análise do problema da educação em Marx, que é a pretensão desta obra; segundo porque, a despeito da quantidade de estudos realizados, ainda persiste como interpretação dominante aquela que acusa Marx de adotar uma perspectiva instrumentalista do Estado, ou seja, uma interpretação segundo a qual a crítica marxiana do Estado burguês estaria irremediavelmente associada e reduzida à recusa total das lutas imediatas e da formulação de reivindicações específicas.[125]

Pretende-se justamente colocar em questão esse tipo de interpretação a partir da demonstração de que, no campo da educação, as intervenções de Marx a respeito do Estado são verdadeiramente

---

[125] Ver, entre outros, CODATO, Adriano N. e PERISSINOTTO, Renato M. "O Estado como instituição: uma leitura das 'obras históricas' de Marx", in: *Crítica Marxista* n. 13. São Paulo: Boitempo, 2001, p. 9-28: "Pretendemos demonstrar que esse autor possui uma concepção de Estado que leva em conta a sua dinâmica institucional interna sem, entretanto, abrir mão da perspectiva classista. Dessa forma, ao introduzir, em suas análises políticas, os aspectos institucionais do aparelho estatal capitalista, Marx estaria apresentando uma concepção de Estado ao mesmo tempo mais sofisticada do que a defendida pela perspectiva 'instrumentalista' – presente tanto na obra de alguns marxistas, quanto, igualmente, de alguns críticos do marxismo –, e menos formalista que as interpretações 'institucionalistas'" (p. 4).

dialéticas e importantes para se pensar na atualidade a problemática do Estado.[126]

O grande mérito de Marx frente a todo o pensamento anterior, no que respeita ao problema do Estado, foi ter compreendido que o fundamento do Estado são as relações sociais de produção. Isso significa que as relações de produção, o fundamento da vida social, nas quais se insere o Estado, merecerão atenção especial, por serem exatamente o lócus onde se colocam as questões fundamentais da liberdade, como busca e possibilidade, e da não liberdade, como realidade que se quer transformar.

O Estado moderno surge como um elemento pertencente ao movimento contraditório da ordem social do capital, e assim ele não pode resumir em si toda importância da problemática social, nem jamais ser tomado como instância em que se resolvem as contradições das classes sociais antagônicas, pois não é o Estado que põe as relações sociais, mas, ao contrário, ele é apenas mais uma instância na qual se apresentam as contradições fundamentais da vida social estranhada, ao mesmo tempo em que interfere na configuração dessas contradições.

Para Marx, o Estado, assim como a sociedade de classes, é uma construção histórica. As relações sociais de produção baseadas no antagonismo de classes não são um dado universal na história da humanidade, mas resultado

---

[126] O artigo de Yamauti também reforça a ideia de que Marx apresenta em *O Capital* uma concepção que desfaz as acusações de visão restrita de Estado: "Os capítulos de *O Capital*, que abordam a história do desenvolvimento capitalista na Inglaterra, nos transmitem a impressão de que a existência de um arcabouço político e institucional composto por Estado, ordenamento jurídico, Parlamento, eleições, partidos e opinião pública, associado, inclusive, ao desenvolvimento da sociedade civil, é que contribuiu decisivamente para o estabelecimento de uma legislação trabalhista no berço do capitalismo moderno. O trabalho dos inspetores de fábricas e dos comissários de saúde, enquanto exercício de funções de Estado, o trabalho de parlamentares em comissões de inquérito, enquanto exercício de representação política da sociedade civil, e a ação da imprensa, enquanto porta-voz da opinião pública, tudo é revelado por Marx como a força dinâmica que estabelece barreiras à ação predatória e destruidora do capital e do mercado, pelo menos na Inglaterra." (159). (YAMAUTI, N. N. "As concepções de Estado e de Direito em *O Capital* de Karl Marx", in: *Acta Scientiarum. Human and Social Sciences*. Maringá, v. 26, n. 1, p. 151-168, 2004).

de determinado movimento histórico, do mesmo modo que o Estado, que aparece como necessidade da sociedade baseada naquele antagonismo.

Antes da posição do Estado moderno, nas formas sociais precedentes à ordem social burguesa, encontram-se as chamadas entidades comunitárias, cuja função era estabelecer os parâmetros para a vida social, organizar minimamente as sociedades em que não eram conhecidas ainda a separação entre o homem e as condições de produção e a exploração do trabalho alheio.

Todavia, Marx não considera essas entidades comunitárias como legítimos embriões do Estado burguês exatamente porque nelas está ausente o caráter antagônico da luta de classes. Porém, percebe-se que quando Marx fala das formas precedentes da sociedade burguesa, na obra *Grundrisse*, essas entidades aparecem como organismos de grande importância exatamente porque cumprem a função de mediar as relações sociais nas quais estão inseridas e das quais se originam.

Essas entidades comunitárias possuem leis próprias, características definidas, formas específicas e cumprem papel de definir questões como: as formas de propriedade e suas relações; os critérios para a divisão dos frutos do trabalho; a organização do trabalho e sua divisão social; a mediação das relações de hierarquia, de comando entre tribos, famílias, grupos sociais; a organização dos exércitos; a definição e instituição das autoridades militares, religiosas, etc[127].

---

[127] Pode-se ver com clareza a maneira como Marx define a existência e o papel dessas entidades comunitárias nos *Grundrisse*, observando o desenvolvimento das formas sociais precedentes à forma burguesa, especialmente comparando a denominada formação social antiga e a denominada formação social germânica. Na forma antiga, para ser considerado proprietário o indivíduo precisava antes de tudo pertencer à comunidade. Mas, aqui, diferentemente do que se passava na forma asiática, o pertencimento à comunidade não se define mais como um dado natural, mas como relação entre indivíduos iguais e livres. Outra característica dessa forma social é a existência da propriedade privada ao lado da propriedade coletiva, mas sendo a primeira posta pela segunda. A manufatura surge como atividade secundária à agricultura e é realizada pelas mulheres. Aqui o excedente é propriedade da comunidade, mas a expansão da comunidade e do território através das conquistas cria as condições para a superação dessa forma social. Já a forma germânica se constitui de microorganismos dispersos em vastas extensões de terra e a comunidade não é pressuposto para a propriedade. Aqui a entidade comunitária tem como principal tarefa organizar e gerir a autonomia dos grupos dispersos. Nesses casos, tomados como exemplo, é nítida a presença de entidades comunitárias que, através de formas diversas e assumindo papéis distintos, auxiliam na tarefa da reprodução social. (SOUSA JR. J. 1994).

Portanto, quando Marx afirma que o Estado não é próprio de toda e qualquer sociedade humana, mas nasce a partir da necessidade de mediar relações entre classes sociais antagônicas, ele não está negando definitivamente a existência anterior de entidades comunitárias que surgiam no interior de sociedades em que todos eram livres e a propriedade era comum, que tinham função de organizar a vida social como expressão de uma vida comunitária sem antagonismos de classes.

Segundo essa perspectiva, pode-se mesmo discutir a própria tese de definhamento gradual do Estado a partir da ditadura do proletariado até sua completa extinção no comunismo. A tese da extinção do Estado apagaria por completo a necessidade de algum tipo de organização coletiva do tipo das entidades comunitárias que cumprissem o papel histórico de organizar a nova vida social, consequentemente sem refletir qualquer tipo de antagonismo de classe?

Pelo que Marx expõe nos *Grundrisse*, pode-se especular sobre a possibilidade de no comunismo, após a extinção do Estado, persistir a necessidade de algum tipo de "entidade comunitária" que responda pela organização da vida social. Essa entidade, obviamente, seria absolutamente desprovida de qualquer função de dominação e controle como a que é própria ao Estado, mas cumpriria um papel de organização da vida comunitária livre de acordo com a complexidade da forma superior da nova sociedade.

Não é forçoso que esteja descartado em Marx um qualquer tipo de organização comunitária que cumpra com as necessidades básicas de organização da sociedade humana livre. Por esse caminho de análise, poder-se-ia dizer ainda que comunismo e anarquismo distinguir-se-iam tanto nos meios, como também nos fins, pois o primeiro não seria apenas uma sociedade de indivíduos livres sem nenhuma forma de organização coletiva, mas uma nova forma de vida social baseada na liberdade individual e numa organização coletiva radicalmente democrática. A partir de Tonet, poderíamos dizer que "o argumento de que a extinção do Estado significa a anarquia é desprezível, pois se baseia na crença de que só é possível haver organização com base na dominação. O mesmo seja dito em relação à questão da autoridade".[128]

O Estado é, para Marx, antes de tudo, uma entidade que existe no interior de relações entre classes sociais de interesses antagônicos; que é próprio das sociedades marcadas por esse antagonismo; que em cada momento histórico, de acordo com a maneira como se apresenta esse antagonismo, corresponde uma forma de poder materializada no Estado que, em última instância, tem a função de reproduzir as relações sociais nas quais se insere – de dominação de classe.

Um aspecto que se torna extremamente relevante e que precisa ser destacado no universo das discussões sobre o Estado em Marx é a importância que ele atribui às lutas imediatas no interior da sociedade burguesa, frente a um Estado que não é meramente uma propriedade do capital. O Estado capitalista é, para Marx, em última instância, um poder contra os interesses históricos dos trabalhadores, mas é inevitável que os trabalhadores se deparem com a fatalidade de, antes de poderem destruí-lo, terem de enfrentá-lo.

Do mesmo modo que se destaca a necessária extinção do Estado como estrutura de dominação e controle de classe, impõe-se, concomitantemente, a necessidade de enfrentá-lo no plano da realidade mais imediata. Os trabalhadores são obrigados, então, a discutir as questões que lhes afligem mais imediatamente como a jornada de trabalho, o nível dos salários, o direito à educação, à saúde, os direitos políticos etc. Nesse caso deparam-se inevitavelmente com o Estado e, provavelmente, com sua incapacidade momentânea de superá-lo. Por isso é preciso ter uma posição perante esse poder enquanto realidade imediata e saber elaborar plataforma de reivindicações que possam ser implantadas ainda na sociedade de classes.

A posição de Marx relativa ao Estado, constituída também dessa preocupação com as questões imediatas, manifestada em diversos momentos, inclusive quando da discussão sobre o problema da educação, ficou reduzida à ideia de que o Estado burguês é contrário aos interesses do proletaria-

---

[28] TONET, *op. cit.*, p. 68.

do e que precisa ser destruído. Provavelmente porque essa ideia foi preciso se levantar contra os que insistiam em nutrir ilusões quanto a uma pretensa possibilidade de ampliação irrestrita dos alcances democráticos do Estado burguês, como Lassalle.

Por outro lado, Marx defendia com a mesma força, contra os adeptos das ideias de Proudhon, por exemplo, a necessidade de enfrentar os problemas presentes também através do Estado, inclusive considerando as possibilidades concretas de se avançar com as conquistas das classes trabalhadoras como, por exemplo, na luta pela diminuição da jornada de trabalho e pela regulação das jornadas de trabalho das crianças e jovens. No prefácio à primeira edição d'*O capital*, Marx refere-se aos avanços ingleses, inclusive à atuação de certos segmentos do Estado apontando que "comparada com a inglesa, é precária a estatística social da Alemanha e dos demais países da Europa Ocidental. Apesar disso, chega para descerrar o véu, o suficiente para que se pressinta, atrás dele, um rosto de medusa. Estremeceríamos diante de nossa própria situação, se nossos governos e parlamentos, como ocorre na Inglaterra, constituíssem comissões de inquérito periódicas sobre as condições econômicas, dando-lhes plenos poderes para apurar a verdade, e se se conseguissem, para esse fim, homens competentes, imparciais, rigorosos, como os inspetores de fábrica da Inglaterra, seus médicos informantes sobre saúde pública, seus comissários incumbidos de investigar a exploração das mulheres e das crianças, as condições de habitação e de alimentação etc.".[129]

A dupla face da posição de Marx em relação ao Estado burguês – que ele considera como poder sobre os trabalhadores a ser destruído, mas que é, ao mesmo tempo, parte do processo da luta dos trabalhadores pela emancipação, que se deve reconhecer como realidade imediata e enfrentado como tal – é uma reflexão dialética que se mostra bastante clara quando Marx discute as questões da educação. A propósito, numa intervenção feita em seção da AIT de 1869, em preparação para o Congresso de Basileia, Marx afirma que "de una parte es necesario que cambien las condiciones sociales para crear un sis-

---

[129] MARX, 1989: 5.

tema de instrucción congruente y, de outra parte, este sistema de instrucción congruente es necesario para hacer cambiar las condiciones sociales".[130]

Marx estabelece, à semelhança do que apresenta na terceira tese sobre Feuerbach,[131] uma relação dialética entre as circunstâncias e a educação: a mudança das circunstâncias – dentro das quais se podem incluir mudanças na esfera do Estado – é necessária para a mudança da educação, ao mesmo tempo em que a mudança da educação é necessária para que haja mudança das circunstâncias.

Marx está certo de que no limite das condições vigentes sob as relações de produção capitalistas, de maneira nenhuma os trabalhadores conquistarão um ensino radicalmente crítico e universal, absolutamente livre das mistificações burguesas e das relações fetichizadas. O Estado, todavia, não deixa de ser o interlocutor das reivindicações mais imediatas dos trabalhadores, pois é o mediador do embate entre as classes. Os trabalhadores deverão arrancar do Estado, senão o ensino de acordo com suas aspirações históricas, pelo menos melhores condições de instrução minimamente necessárias para seu fortalecimento como sujeito social revolucionário.

1.12. Os embates em torno do problema Estado-educação no interior da AIT

De todas as polêmicas levantadas no seio da AIT, a mais forte é a que diz respeito aos limites e possibilidades do Estado burguês oferecer uma educação que realmente contemple as aspirações dos trabalhadores.

---

[130] MARX e ENGELS, 1988: 547.
[131] "A teoria materialista de que os homens são produtos das circunstâncias e da educação e de que, portanto, homens modificados são produtos de circunstâncias diferentes e de educação modificada, esquece que as circunstâncias são modificadas precisamente pelos homens e que o próprio educador precisa ser educado. Leva, pois, forçosamente, à divisão da sociedade em duas partes, uma das quais se sobrepõe à sociedade (como, por exemplo, em Robert Owen). A coincidência da modificação das circunstâncias e da atividade humana só pode ser apreendida e racionalmente compreendia como <u>prática transformadora</u>" (Grifo do autor) (MARX, K. [1988], v. 3, p. 208).

No Congresso de Genebra de 1866, enfrentaram-se dois grupos de trabalhadores franceses com posições divergentes, um dos quais o grupo majoritário, de orientação proudhoniana. Ao Congresso foi enviado previamente documento no qual se expunham as ideias e propostas dos dois grupos opostos. O confronto entre as posições desses dois grupos representa o eixo da polêmica que irá perpassar todos os congressos seguintes.

O citado documento era contrário à proposta de instrução pública, gratuita e obrigatória. A obrigatoriedade era contestada por, em oposição, se defender o direito da família de decidir sobre a educação dos filhos. A obrigatoriedade era vista como uma interferência do poder de Estado nas decisões que dizem respeito à família.

Já a gratuidade era recusada sob o argumento de que seria uma grande hipocrisia do Estado burguês proclamar ensino gratuito quando, na realidade, o ensino é sustentado pelos tributos pagos pelos indivíduos e, sobretudo, porque o auxílio do Estado terminaria financiando a instrução das classes sociais que não precisam desse auxílio; o que, consequentemente, acabaria se transformando numa injusta política social. Por isso, o documento propunha uma espécie de seguro mútuo que garantisse o acesso ao ensino dos desprovidos de recursos.

O caráter público, por sua vez, era contestado por ser considerado uma forma de negar as especificidades, as particularidades, as diferenças e por sufocá-las em nome de uma universalidade opressora.

Já o grupo minoritário contesta esses argumentos expostos pelo grupo dos proudhonianos justamente porque se ancora na defesa das bandeiras do ensino público, gratuito e obrigatório. Segundo a opinião da minoria, a sociedade deve assumir a responsabilidade do ensino, o que, de outra feita, sob o controle da família, geraria toda sorte de desigualdades. Na consideração da minoria, a proposta do grupo majoritário fomenta as desigualdades sociais.

No ano seguinte, em 1887, no Congresso de Lausanne persistiu o grande dilema com relação ao Estado. Por um lado, entre os trabalhadores se reconhece a necessidade premente de se construir um sistema de ensino que favoreça o fortalecimento das classes trabalhadoras ou que, pelo menos, atenue os malefícios causados pela divisão do trabalho. Por outro lado, há uma desconfiança geral, e em grande medida positiva, quanto às possibilidades de educação dos trabalhadores sob o Estado capitalista.

O relatório desse Congresso resultou bastante ambíguo. Ele propõe o ensino público, obrigatório e gratuito, mas por desacreditar da possibilidade de inclinação do Estado burguês a oferecer a educação que seria do interesse dos trabalhadores, se coloca uma ressalva: a liberdade do ensino como estratégia alternativa para a educação dos trabalhadores.

Essa liberdade do ensino poderia se materializar através de cooperativas de ensino organizadas pelos próprios interessados. O relatório do Congresso de Lausanne recebeu ainda um adendo da ala proudhoniana que reafirma sua posição diante da gratuidade do ensino considerando-a um contrassenso. Esse adendo estabelece a limitação do papel do Estado no sentido de assegurar apenas os subsídios às famílias que eventualmente não pudessem arcar com as despesas do ensino.

Em Bruxelas, 1868, o debate perpetua o mesmo dilema e se realiza a partir do confronto entre três teses: a dos encadernadores de Paris, a da seção de *Liége* (proudhonianos) e a dos genebrenses. Os primeiros se levantam contra as resoluções de Lausanne, portanto, a favor da publicidade, da obrigatoriedade e da gratuidade do ensino. Apostam na luta que deve exigir do Estado o cumprimento da tarefa de oferecer ensino igual para todos, ou, diante da inviabilidade de se atingir tal resultado, pelo menos diminuir as incontestadas diferenças do acesso ao ensino.

Já os proudhonianos avançam suas teses contra a obrigatoriedade apoiados no direito das famílias sobre os filhos; em relação ao caráter público, caso se viabilizasse, possibilidade na qual eles não acreditavam, os proudhonianos o negavam porque ele estaria sempre irremediavelmente comprometido com os interesses dominantes, além de ser um modelo de instrução de custo mais elevado.

A terceira vertente, a dos genebrenses, também é defensora do ensino público, obrigatório e gratuito e da instrução de todos como meio para se evitar as grandes desigualdades, pelo menos no campo da instrução. Os genebrenses propõem ainda, como medida auxiliar ao princípio da obrigatoriedade, que o Estado ofereça as condições necessárias ao sustento das crianças para as famílias mais necessitadas, na forma de subsídios.

Esse é, portanto, o contexto das discussões na I Internacional em que Marx se encontrava. Todas essas posições são merecedoras de atenção, pois estão envoltas no dilema fundamental de como enfrentar o Estado e partem de um pressuposto muito positivo, que é a desconfiança legítima dos trabalhadores para com o Estado burguês, e, acima de tudo, elas são o conjunto de ideias com o qual Marx se defrontava.

Já no Manifesto, Marx e Engels haviam esboçado suas ideias sobre o problema do ensino em relação com o Estado, a sociedade e a família defendendo: "Educação pública e gratuita para todas as crianças. Supressão do trabalho fabril de crianças, tal como praticado hoje. Integração da educação com a produção material etc.".[132]

Nesse texto se coloca a defesa direta da publicidade e da gratuidade do ensino. A expressão "de todas as crianças" parece remeter à obrigatoriedade, à tutela da sociedade, no que respeita ao ensino, sobre as crianças. Na redação de Engels,[133] que serviu de base para a posterior e definitiva redação de Marx, havia ainda a determinação: "a partir do momento em que possam prescindir dos primeiros cuidados maternos" e que foi suprimida por Marx na sua redação final.

A formulação de Engels é bem mais precisa que a de Marx no que diz respeito à determinação de que somente a partir de certo estágio deverão as crianças ser submetidas à educação fora da família. Isso pode ter parecido desnecessário para Marx ou por não considerar a fase inicial da formação das crianças como sendo necessariamente atribuição da família, ou simplesmente por considerar matéria tranquila e consensual a existência de um período inicial anterior à escola sob os cuidados das famílias ou das

---

[132] Marx e Engels, 1998: 28.
[133] "Educação de todas as crianças, a partir do momento em que podem passar sem os primeiros cuidados maternos, nas instituições nacionais e a expensas da nação. Educação e trabalho produtivo serão paralelos" (Marx e Engels, 1978: 107).

mães. Daí, talvez, a razão para a supressão da ressalva de Engels. O que de fato é mais relevante aqui é a consideração de que o Estado[134] aparece como instância superior à família em que devem ser postos os conflitos quanto à obrigatoriedade da educação, muito embora se trate do Estado da hegemonia proletária. Outro dado a se observar é a colocação da proposta da abolição do trabalho infantil, tal como é praticado, como tarefa a ser realizada pelo Estado proletário.

Nesse trecho pode-se notar a clareza e a força da argumentação de Marx e Engels contra a possível objeção de que os comunistas dissolveriam as relações familiares e subtrairiam aos pais o direito de educar os filhos, atribuindo à sociedade ou ao Estado essa responsabilidade.

Ora, o que está em jogo é a situação real de vida a que está submetido o proletariado, na qual as crianças são forçadas, muitas vezes pelos próprios pais, a trabalhar desde cedo a fim de aumentar a renda familiar e invariavelmente não têm acesso ao mínimo de instrução; bem como a discussão de uma alternativa que supere tal situação.

A situação do trabalho infantil é debatida por Marx baseado em relatórios oficiais dos "inspetores de fábricas ingleses", no oitavo capítulo do livro 1 de *O Capital*. Marx atesta a degradação da família proletária pelas condições reais de vida e chama de exploração familiar a permissão do trabalho infantil por parte dos pais, de modo que, no caso, não cabia de forma nenhuma a defesa hipócrita da burguesia em relação à família.

---

[134] A defesa do ensino público como atribuição do Estado acima dos interesses particulares da família aparece ainda mais claramente noutra passagem do mesmo escrito:
"Vocês afirmam, porém, que queremos abolir os vínculos mais íntimos, na medida em que propomos substituir a educação doméstica pela social.
Mas a sua educação também não é determinada pela sociedade? Por acaso vocês não educam através de relações sociais, através de ingerência direta ou indireta da sociedade, com ajuda das escolas etc.? Os comunistas não inventaram a interferência da sociedade na educação; eles apenas modificam seu caráter e tiram a educação da influência da classe dominante.
O palavrório burguês sobre família e educação, sobre a relação estreita entre pais e filhos, torna-se tanto mais repugnante quanto mais a grande indústria rompe todos os laços familiares dos proletários e as crianças são transformadas em simples artigos de comércio, e instrumentos de trabalho" (MARX e ENGELS, 1998: 28).

Mas o ponto forte da reflexão marxiana está primeiro em reconhecer, mesmo na educação burguesa, a carga da influência determinante do conjunto dos fatores sociais, ou seja, que a sociabilidade burguesa não só determina a educação escolar, conforma – claro que numa relação dialética – o trabalho educativo da escola e a dita educação familiar, como também ela mesma atua decisivamente na formação dos indivíduos.

Em segundo lugar, como se trata, no Manifesto, de propostas para a sociedade da hegemonia política do proletariado, da mesma forma Marx aponta a totalidade das relações sociais como o fundamento, como a base na qual acontecem a educação escolar e familiar.[135] A influência do conjunto das relações sociais sobre a educação parece um fenômeno que Marx não só admite e fomenta no Manifesto, referindo-se ao socialismo, mas reconhece como determinante na própria sociedade burguesa. A escola se articula com as demais esferas da sociedade por um feixe de inúmeros fios e é justamente através desses inúmeros fios que a escola interfere na dinâmica social, mas, acima de tudo, é através deles que a escola se conforma ao movimento tenso da luta de classes. Através desses fios a dinâmica mais geral da sociedade, com todas as suas contradições, conforma o funcionamento da educação formal, institucional.

Marx defende como atribuição da sociedade (sociedade civil e Estado), acima da família, a proteção dos filhos dos trabalhadores perante as condições adversas de trabalho impostas pela grande indústria, portanto, tratando-se agora do enfrentamento das questões colocadas pelo modo de produção capitalista[136]. Essa posição Marx confirma baseando-se em relatório da "Children's Employment Commission" inglesa, o que indica, por sua vez, reconhecimento de alguma possibilidade seja de regulamentação,

---

[135] Essa posição marxiana lembra a de Mészáros referida páginas atrás sobre a relação escola & mediações de segunda ordem. Aliás, certamente, aquela deve ter servido de referência para essa última.

[136] "A força dos fatos, entretanto, compeliu a que se reconhecesse finalmente que a indústria moderna, ao dissolver a base econômica da família antiga e o correspondente trabalho familiar, desintegrou também as velhas relações familiares. O direito das crianças tinha de ser proclamado" (Marx, 1989: 560).

seja de fiscalização por parte do Estado contra as condições provocadas pela exploração capitalista.[137]

No entanto, em seguida, Marx esclarece que esses problemas não são um mero resultado moral dos abusos do poder paterno, mas, ao contrário, eles se colocavam como parte do próprio desenvolvimento do modo capitalista de produção que, naquele contexto, fazia degenerar a autoridade paterna e a conduzia a excessos abusivos. Por isso, se fazia e se faz necessária uma estrutura ou instância política em que tais questões se elevem a uma esfera de discussão pública, coletiva, na qual o proletariado organizado possa exercer sua ação política como força unificada, como classe social. Nessa esfera é que se supera a dimensão privada, na qual a questão está colocada na base da dispersão das famílias, em que cada uma enfrenta o problema com particularidade.

Esse posicionamento de Marx é interessante porque demonstra não ser determinado por uma recusa absoluta e apriorística do Estado burguês na qual não teria lugar qualquer reivindicação imediata e em que só caberia a sua negação e destruição.

Para Marx, o reconhecimento dos embates frente ao Estado representava um avanço no sentido de se transformarem as questões privadas em questões sociais e de classes. Sobretudo essa questão que ora tratamos, que é própria da luta de classes, deve ser tratada como tal, como questão que diz respeito ao proletariado enquanto classe frente à exploração do capital.

Tratava-se, então, de acreditar que em se transformando essas questões em questões classistas, e sob a reivindicação do proletariado organi-

---

[137] "Infelizmente", diz o relatório final da "Chil. Empl. Comm." de 1866, "ressalta da totalidade dos depoimentos que as crianças de ambos os sexos precisam ser protegidas principalmente contra seus pais". O sistema da exploração sem limites do trabalho infantil em geral e do trabalho a domicílio em particular é "mantido pelos pais que exercem sobre seus novos e tenros rebentos uma autoridade arbitrária e nefasta, sem freio e sem controle... Os pais não devem possuir o poder absoluto de transformar os filhos em simples máquinas de produzir por semana determinada quantia em salário... Crianças e jovens têm um direito à proteção da lei contra os abusos do poder paterno, os quais destroem prematuramente sua força física e os degrada intelectual e moralmente" (Apud MARX, 1989: 560).

zado, poderia-se avançar com as conquistas. De todo modo, mesmo que não se avançasse tanto na conquista de resultados objetivos, nada seria pior do que a dispersão dos núcleos familiares isolados, cada qual cuidando de maneira particularizada da situação de trabalho e instrução dos filhos. Isso é o que fica bem claro quando Marx enfrenta no debate sobre o Estado os proudhonianos ou os anarquistas.

Essa posição se confirma quando Marx se refere especificamente à burguesia. Na passagem já referida do "Manifesto", como foi constatado, sua posição se define em face de uma nova estrutura social, diferentemente do trecho que se encontra no documento redigido para o Congresso da AIT de 1866, intitulado "Instrução aos Delegados", no qual a preocupação maior é para com a questão da ação política do proletariado perante o Estado burguês, tendo como eixo central o problema da educação.[138]

Com efeito, se não for entendida no interior do debate aqui apresentado, aquele posicionamento pode parecer exacerbadamente otimista. No entanto, ela parece bastante precisa ao reconhecer no Estado, que é posto pela sociedade civil, uma estrutura que pode curvar-se, ainda que parcialmente e temporariamente, diante da organização dos trabalhadores, ao mesmo tempo em que expõe por toda parte os limites do Estado enquanto órgão do poder de classe.

---

[138] "Es necesario proteger el *derecho* de los niños y de los jóvenes, que no están en condiciones de obrar por sí mismos. Es deber de la sociedad, por tanto, intervenir por ellos. (…)
El obrero individual no es libre en sus actos. En muchos casos, es incluso demasiado ignorante para poder entender los verdaderos intereses de sus hijos o las condiciones normales del desarrollo humano. Pero la parte más ilustrada de la clase obrera sabe muy bien que el futuro de su clase, y con él el futuro de la humanidad, depende enteramente de la educación de la generación obrera que está creciendo. Sabe que a nadie hay que amparar tanto contra los efectos perniciosos del sistema actual como a los niños y a los trabajadores jóvenes. Y ello solo puede lograrse mediante la transformación de la *visión social* em um *poder social*, lo que, bajo las circunstancias dadas, solo puede llegar a ser realidad mediante *leyes generales* implantadas por el Estado. Con la imposición de tales leyes, la clase obrera no fortalece en modo alguno el poder del gobierno. Por el contrario, convierte esse poder, empleado ahora en contra suya, en su propio servidor. Logra por médio de uma ley general loque en vano trataría de conseguir mediante una pluralidad de esfuerzos individuales aislados." (grifos de Marx) (MARX e ENGELS, 1988: 18).

O Estado, nesse caso, aparece como força através da qual o proletariado pode manifestar-se de uma forma unificada e arrancar reivindicações dentro dos limites do modo de produção capitalista. Encontra-se uma explicação sobre a redação desse documento, em carta de Marx a Kugelman, datada de 9 de outubro de 1866: "Lo restringi deliberadamente a aquellos puntos que permiten um acuerdo inmediato y una acción concertada de los obreros, y dan un contenido y um impulso inmediatos a las exigencias de la lucha de clases y a la organización de los obreros en clase".[139] Aí o autor recoloca o problema da necessidade de se contextualizar as proposições analisadas. No caso em pauta, Marx justifica a redução das formulações pela necessidade de propiciar a união dos trabalhadores para uma ação consistente e unificada. O fato de ser um discurso de caráter político e não científico, e de ter como objetivo a união das classes trabalhadoras, justifica o caráter propagandístico do estilo que quase sugere ser possível que os operários ponham como seu agente o poder do Estado burguês.

Mas, se a partir da discussão levantada, é possível demonstrar que Marx se coloca favorável à elevação do Estado acima da família como instância reguladora do trabalho e da instrução das crianças (e até dos adultos, como ele mesmo diz), subtraindo aos pais o direito de decidir arbitrariamente sobre o destino dos seus dependentes, já com relação à publicidade e à gratuidade a questão não parece tão simples.

No "Manifesto", referindo-se a uma etapa futura da sociedade, quando cabe aos comunistas a adoção do seu programa, etapa transitória na qual se caminha para a extinção das classes, o mesmo ensino é proposto para toda a sociedade: união trabalho e ensino para todas as crianças indiferenciadamente.

Já nas "Instruções aos Delegados", de 1866, documento redigido para o Congresso de Genebra, Marx elabora sua proposta de educação determinando-a segundo dois aspectos fundamentais:

1º) trata-se de uma proposta dirigida reconhecidamente ao Estado burguês com pretensões limitadas ao momento atual da luta de classes;

---

[139] MARX e ENGELS, 1973: 180.

2º) observa especificamente a situação dos trabalhadores perante os processos de trabalho da grande indústria, isto é, nasce de uma preocupação exclusiva para com os trabalhadores buscando uma instrução que atenda aos anseios dos trabalhadores.

As "Instruções aos Delegados" consistem numa análise rápida da situação dos trabalhadores na produção capitalista e apontam para a proposta de um sistema de ensino capaz de evitar ou amenizar os danos causados aos trabalhadores pela divisão do trabalho. Aqui Marx demarca muito claramente sua perspectiva histórica: "sin embargo, aquí nos ocupamos solamente del contraveneno indispensable para contrarrestar las tendencias de un sistema social que degrada al obrero, convirtiéndolo en mero instrumento para la acumulación de capital y hace de los padres, por la fuerza de la miseria, esclavistas y vendedores de su propios hijos".[140] Essa perspectiva aponta para um interesse com um ensino voltado especificamente para a realidade dos trabalhadores e que deveria ser oferecido pelo Estado. Quanto ao problema do controle estatal, isto é, de as escolas passarem a servir aos interesses do Estado, Marx não o discute nesse escrito, mas nele deixa a sugestão de certa autonomia da escola, inclusive financeira, quando coloca que "los gastos de las escuelas politécnicas podrían costearse, em parte, por la venta de sus productos".[141]

Em 1869, Marx profere exposição no Conselho Geral da AIT[142] em que tem a oportunidade de aprofundar a discussão sobre as atribuições do Estado: "En los congresos se ha planteado el problema de si la instrucción debe correr a cargo del Estado o ser privada. La cultura estatal se considera puesta bajo el con-

---

[140] Marx e Engels, 1988: 18.
[141] Idem, ibidem. Aqui cabe um comentário: a historicidade dessa formulação reside no fato de que se afasta bastante do que defendem os marxistas atualmente. Em geral, especialmente nessa época de domínio neoliberal, os marxistas defendem que o Estado assuma os custos da educação e se opõem à ideia de as próprias escolas adotarem estratégias econômico-financeiras para se autossustentarem, o que tem sido proposto pelos chamados setores neoliberais, inclusive pelos organismos internacionais como o Banco Mundial, cuja política é duramente criticada pelos marxistas.
[142] Vale uma observação sobre esse texto: ele não foi escrito por Marx de próprio punho, mas resulta das anotações feitas por Eccarius, registradas nas atas do Conselho Geral.

trol del gobierno, pero esto no es incondicionalmente necesario. (...) La instrucción pude ser estatal sin necesidad de hallarse bajo el control del gobierno. Este puede nombrar inspectores que tengan como deber el velar por la observancia de las leyes, pero sin que les corresponda el derecho de inmiscuirse ellos mismos en la enseñanza; del mismo modo que los inspectores fabriles velan por el mantenimiento de las leyes en las fábricas".[143] Essa exposição de Marx tem como antecedente toda a polêmica dos Congressos anteriores. Contra os proudhonistas – que temiam toda e qualquer possibilidade de o Estado assumir o sistema de educação formal por ser o Estado um poder classista e porque fatalmente acabaria impondo a esse sistema a visão de mundo da classe dominante – Marx propõe uma educação sob a responsabilidade do Estado, mas limitando essa responsabilidade ao financiamento e à nomeação de inspetores e, ao mesmo tempo, recomendando autonomia do ensino propriamente dito.

Já na "Crítica ao Programa de Gotha", escrito em 1875, encontram-se mais elementos sobre essa questão.[144] E a respeito desse texto é importante

---

[143] MARX e ENGELS, 1988: 547.
[144] "O Partido Operário Alemão exige, como base espiritual e moral do Estado:
1. *Educação popular* geral e *igual* a cargo do Estado. Assistência escolar obrigatória para todos. Instrução gratuita."
Educação popular igual? Que se entende por isto? Acredita-se que na sociedade atual (que é a de que se trata) a educação pode ser *igual* para todas as classes? O que se exige é que também as classes altas sejam obrigadas pela força a conformar-se com a modesta educação dada pela escola pública, a única compatível com a situação econômica, não só do operário assalariado, mas também do camponês?
'Assistência escolar obrigatória para todos. Instrução gratuita'. A primeira já existe, inclusive na Alemanha; a segunda na Suíça e nos Estados Unidos, no que se refere às escolas públicas. O fato de que em alguns Estados deste último país sejam 'gratuitos' também os centros de ensino superior, significa tão somente, na realidade, que ali as classes altas pagam suas despesas de educação às custas do fundo dos impostos gerais. (...)
O parágrafo sobre as escolas deveria exigir, pelo menos, escolas técnicas (teóricas e práticas), combinadas com as escolas públicas.
Isso de *'educação popular a cargo do Estado'* é completamente inadmissível. Uma coisa é determinar, por meio de uma lei geral, os recursos para as escolas públicas, as condições de capacitação do pessoal docente, as matérias de ensino etc., e velar pelo cumprimento destas prescrições legais mediante inspetores do Estado, como se faz nos Estados Unidos, e outra coisa completamente diferente é designar o Estado como educador do povo! Longe disto, o que deve ser feito é subtrair a escola a toda influência por parte do governo e da Igreja." (MARX, [1988]: 222-223).

ressaltar que há uma grande diferença entre ele e aqueles dos Congressos da AIT de 1866 e 1869, em que Marx se defronta com a posição majoritária, marcada pela recusa do ensino público e gratuito. Neste caso, contrariamente, ele tem como preocupação essencial o combate às ideias de Lassalle e a possibilidade de o Partido Operário Alemão fazer daquelas ideias a base de seu programa, o que, para Marx, representaria um grande prejuízo para a organização dos trabalhadores.

Marx situa-se no limite entre o convencimento dos trabalhadores de que era preciso se exigir do Estado um ensino que pudesse minimizar o embrutecimento dos trabalhadores pelos processos de trabalho da grande indústria e, por outro lado, desvendar o caráter reacionário do programa de Lassalle, sobre o qual ele afirma: "em que pese a toda sua fanfarronice democrática, o programa está todo ele infestado até a medula da fé servil da seita lassalliana no Estado".[145]

Na parte IV do mesmo texto, ao criticar as reivindicações do Programa da facção lassalliana, Marx coloca que "quando não são exageradas a ponto de ver-se convertidas em ideias fantásticas, já estão realizadas". E em seguida coloca ainda que "mesmo a democracia vulgar... está mil vezes acima desta espécie de democratismo que se move dentro dos limites do autorizado pela polícia e vedado pela lógica".[146]

Por aí se vê a grande diferença entre a proposta de Marx para a educação e a proposta democrática jacobina de ensino público e gratuito para todos. Marx não tem ilusão de que o Estado capitalista estabeleça um único sistema de ensino em que têm assento todas as classes sociais; por outro lado, Marx acredita que o Estado é a instância em que devem ser postas as questões da educação geral e do trabalho, pois aí elas se elevam sobre as particularidades das famílias ao mesmo tempo em que se coloca a possibilidade da atuação do proletariado como classe, da forma mais avançada. Dependendo das circunstâncias, se coloca até a possibilidade de reformas que podem ser úteis à caminhada histórica dos trabalhadores.

---

[145] Idem, ibidem, p. 223.
[146] Idem, ibidem, p. 222

Marx reconhece as enormes limitações do ensino público quanto a sua contribuição para a educação do sujeito social potencialmente revolucionário. Além disso, tem convicção de que as classes dominantes não devem nada da sua formação ao sistema público. Acredita que jamais seriam forçadas a – nem teriam interesse de – frequentar instituições públicas de ensino juntamente com os trabalhadores. A reivindicação cabível seria, então, que esse ensino fosse adequado às condições de vida e trabalho do proletariado, unindo trabalho e ensino, o que é a principal reivindicação dos trabalhadores para a educação pública.

Cabe uma questão às formulações marxianas expostas nos textos anteriores ao citado acima: o ensino proposto deve ser colocado pela escola pública, ou é instrução paralela a essa escola? Marx propõe aqui a combinação das "escolas técnicas (teóricas e práticas) com as escolas públicas". O que se constitui, todavia, num ensino especial para os trabalhadores, e passa a levantar, por sua vez, uma outra questão: o ensino especial adequado às condições de vida e trabalho não acabaria por perpetuar os trabalhadores como classe fadada à inferioridade na sociabilidade burguesa?

No texto de 1866 há uma resposta negativa a esta questão. Caso a proposta se reduzisse ao ensino de conteúdos técnicos, específicos da profissão do trabalhador, aí sim, seria uma proposta reducionista e reacionária. A proposta de Marx, que ele mesmo considera que "elevará a classe operária bem acima do nível das classes burguesa e aristocrática", consiste em combinar o conteúdo técnico de todos os processos produtivos ao ensino geral, além de ginástica etc.

Além disso, não se esqueça que o programa marxiano de educação traz a dimensão da práxis político-pedagógica, elemento que distingue fundamentalmente a proposta marxiana e que qualifica, do ponto de vista revolucionário, a proposição em questão.

Com respeito às atribuições do Estado, Marx amplia sua posição em relação à colocada em 1869: no texto de 1875 ele atribui à responsabilidade do Estado a garantia dos recursos necessários ao funcionamento do sistema de ensino; a garantia das condições de capacitação dos professores; a determinação das matérias de ensino; e a fiscalização do funcionamento do sistema através de inspetores do Estado. Naquele outro escrito, ele se limitava a atribuir ao Estado o dever de nomear inspetores que deveriam verificar o cumprimento das leis gerais do ensino, semelhante ao modo como atuavam os inspetores de fábrica ingleses.

Uma questão que salta aos olhos e que pode motivar interpretações divergentes é a maneira como Marx posiciona-se contra outros socialistas mais céticos, bem como contra os anarquistas em relação ao Estado. Ele defende uma regulação do trabalho que seja capaz de coibir abusos e que adeque a jornada de trabalho das crianças às suas condições de desenvolvimento físico e mental etc. Se Marx era tão contrário ao Estado capitalista por acreditar que "gerenciava os interesses do capital", como imaginaria que esse mesmo Estado poderia vir a ser um aliado contra os "abusos" da exploração excessiva do capital?

Como já foi colocado anteriormente, mesmo reconhecendo os rígidos limites na possibilidade de o Estado poder controlar e regular a dinâmica econômica capitalista, Marx admitia essa possibilidade ainda que limitada. Para ele, a dinâmica sempre expansiva do capital, baseada na extração de trabalho não pago, não conhece nenhum poder acima da sua lei fundamental, a lei da acumulação. Isso vale também para o sistema de ensino, no sentido de que só se colocará completamente a serviço dos interesses dos trabalhadores sob uma nova hegemonia.

A Inglaterra era, para Marx, a expressão mais acabada do movimento de avanço material e espiritual do capitalismo. E quando Marx se mostrava crente nas possibilidades de avanços políticos e sociais no capitalismo, ele o fazia a partir de uma compreensão do movimento objetivo e também subjetivo – relações econômicas, lutas políticas, Estado, classes etc. As análises que Marx fazia sobre o estabelecimento e generalização das leis de fábrica inglesas, as quais ele reputava como de grande importância, demonstram bem como o autor avaliava em conjunto as condições econômicas, a correlação de forças das classes em luta e as possibilidades de conquistas sociais. Ele observava que "Duas circunstâncias têm sido decisivas para a generalização da lei fabril: primeiro, a experiência sempre repetida de que o capital, quando fica sujeito ao controle do Estado, em alguns pontos da esfera social procura compensar-se nos demais da maneira mais desmesurada; segundo, o clamor dos próprios capitalistas pela igualdade das condições de concorrência, isto é, o estabelecimento de barreiras iguais para todos que exploram o trabalho".[147]

Portanto, não se trata de acreditar ou não no potencial democrático do Estado como uma natureza dada, mas de observar a realidade da dinâmica econômica, a correlação de forças sociais e descobrir possíveis contradições no processo real. Pelo exemplo acima se percebe que Marx identificava dois elementos objetivos que poderiam ser favoráveis no caso em particular da generalização das leis fabris: a certeza do capital de que possui meios de contra-arrestar derrotas parciais, o que facilita arrancar do capital determinadas concessões, e o próprio movimento da concorrência.

Há que se destacar a mais, a posição de Marx sobre a gratuidade do ensino superior. Ao referir-se aos Estados Unidos da América como exemplo de Estado que oferece ensino público e gratuito, Marx adota uma posição desconfiada semelhante a dos proudhonianos. Ele avalia a existência nalguns Estados daquele país também do ensino superior gratuito indicando que isso significa apenas mais um privilégio das classes dominantes – únicas a terem acesso a esse nível de ensino –, pois pagam sua formação superior com os impostos gerais de todos os cidadãos. Daí sua proposta ser contrária ao ensino superior gratuito, pois na Europa – onde a maior parte dos países estava aquém dos EUA em termos de oferta de educação – mais que nos Estados Unidos da América, esse nível de instrução seria exclusivo das classes dominantes. Essa posição, obviamente, deve ser entendida como proposta tática, elaborada para um contexto particular, e que de maneira alguma pode ser entendida como uma questão de princípios contra o ensino superior gratuito.

Já em relação ao tema da laicidade do ensino, não havia tanta polêmica, pois, em princípio, todo o movimento operário, isto é, todas as tendências que vimos polemizar veementemente sobre o problema

---

[147] MARX, 1989: 561-2.

do Estado, é a favor da escola laica e do Estado laico, inclusive a própria burguesia, por princípio, é a favor da separação entre o Estado e a religião e, consequentemente, de retirar o ensino público da influência religiosa.

Desde os escritos de juventude que Marx esboça suas ideias a favor do Estado emancipado, isto é, da emancipação política do Estado secularizado, ideal que surge com a própria sociedade burguesa. É o que se encontra, por exemplo, em *A Questão Judaica*, escrito de 1843, em que Marx critica Bruno Bauer, um dos jovens hegelianos, afirmando que "el error de Bauer reside, por su parte, en que somete a crítica solamente al 'Estado cristiano', y no al 'Estado em general', en que no penetra en la relación existente entre la emancipación política y la emancipación humana, lo que le lleva a poner condiciones que sólo pueden explicarse por la confusión, exenta de todo espíritu crítico, de dos cosas distintas: la emancipación política y la emancipación humana general".[148]

Na consideração de Marx o Estado norte-americano se mostrava como uma forma superior à forma prussiana exatamente porque naquele país as questões cruciais adquiriam feições de natureza política, social, econômica e frente a elas o Estado se apresentava como ente histórico-político. Portanto, o autor ao mesmo tempo em que põe em relevo a superioridade histórica do Estado burguês em relação ao Estado feudal, devido à emancipação política, lembra que o Estado enquanto tal deve ser criticado sob a perspectiva da emancipação humana.[149]

---

[148] MARX e ENGELS, 1987: 466.
[149] Nesse período da formação do pensamento marxiano o tema da emancipação ainda não havia adquirido os contornos definitivos que se consolidariam depois. Vázquez (*op. cit.*: 119) afirma que em 1843 "Marx justifica a missão do proletariado filosoficamente, assim como de um ponto de vista histórico estreito, e não de uma posição histórico-científica, objetiva, já que ainda desconhece a lei que rege a produção material capitalista, as relações de classe na sociedade burguesa, a natureza e função verdadeiras do Estado burguês. Falta-lhe, particularmente, uma concepção da história que lhe permita fundamentar a necessidade da revolução do proletariado".

A posição de Marx frente à religião mesma, bastante divulgada na forma de uma aversão irremediável, por muitas vezes não foi bem entendida e serviu para justificar a hostilidade dos religiosos para com o pensamento marxiano.[150]

Para Marx a religião é um tipo de representação que o homem cria e que exerce a função de satisfazer o espírito diante de situações concretas de vida em que o homem não se afirma como sujeito histórico. A necessidade da religião nasce da vida real. Marx propõe, então, uma crítica da realidade em que se faz necessária a ilusão religiosa. A religião, portanto, atua de forma extremamente prejudicial para o homem na medida em que transfigura a realidade e impossibilita, enquanto autoalienação, que o homem se reconheça enquanto tal, como sujeito de sua história.

Contudo, Marx jamais fizera da religião a questão central da sua crítica. Até porque essa tarefa já havia sido realizada por Feuerbach, sobretudo através da obra a "Essência do Cristianismo" de 1841. Marx reconhece os méritos de Feuerbach nesse feito, mas o crítica, assim como também aos jovens hegelianos (sobretudo esses últimos, de "Straus a Stirner") por terem tentando explicar a "consciência política, jurídica e moral como consciência religiosa ou teológica, e o homem político, jurídico e moral – em última instância, 'o homem' – como religioso".[151]

---

[150] "La lucha contra la religión es, por tanto, indirectamente, la lucha contra *aquel mundo* que tiene en la religión su *arma* espiritual.
La miseria *religiosa* es, por una parte, la expresión de la miseria real y, por outra, la *protesta* contra la miseria real. La religión es el suspiro de la criatura agobiada, el estado de alma de um mundo desalmado, porque es el espíritu de los estados de alma carentes de espíritu. La religión es el opio del pueblo.
Sobreponerse a la religión como la dicha ilusoria del pueblo es exigir para éste una dicha *real*. El pugnar por acabar con las ilusiones acerca de uma situación, significa *pedir que se acabe con una situación que necesita de ilusiones*. La crítica de la religión es, por tanto, *en gérmen, la crítica de este valle de lágrimas que la religión rodea de un halo de santidad*.
La crítica no arranca de las cadenas las flores ilusórias para que el hombre soporte las sombrías y desnudas cadenas, sino para que se desembarace de ellas y broten flores vivas. La crítica de la religión desengana al hombre para moverlo a pensar, a obrar y a organizar su sociedad como hombre desenganhado que há entrado em razón, para que sepa girar en torno a si mismo y a su yo real. La religión es, simplemente, el sol ilusório que gira en torno al hombre mientras este no se decide a girar en torno a si mismo." (MARX e ENGELS, 1987: 491-492).
[151] MARX e ENGELS, 1981: 21.

Segundo Marx, a tarefa da filosofia é fazer a crítica da autoalienação em sua forma não sagrada transformando a "crítica do céu... em crítica da terra, a crítica da religião em crítica do direito, e a crítica da teologia em crítica da política". Marx recusa as questões postas pela religião e a ela mesma, como falsas questões para o projeto socialista: o problema da criação da vida, de um ser superior ao homem e à natureza, é recusado de princípio, pois ao se colocar, de antemão, nega o homem como ser que se autoconstrói e que deve a si mesmo sua existência.[152]

Disso resulta que Marx enfrenta o problema da interferência da religião sobre a educação como herança do *ancien régime* que deve ser superada pelo Estado burguês. Marx é bastante incisivo ao considerar os assuntos religiosos como matéria privada, portanto, sem lugar no âmbito do Estado e das instituições oficiais de ensino. Ele acha que o ensino público deve primar, sobretudo, pelas ciências naturais e rechaça qualquer interferência religiosa no ensino oficial.

Ele não chega a se referir à educação religiosa oferecida pelas próprias igrejas, assim como não há qualquer indicação de que o Estado liberal devesse abolir as instituições religiosas e o direito de exercerem sua educação em institutos próprios. Todavia, em sua intervenção no congresso de 1869 da AIT, Marx solicita que o Congresso adote como resolução a proposta da Sra. Law – segundo ele, da maior importância política – que recomenda a expropriação do patrimônio da Igreja (no singular) para que seja utilizado no ensino geral.

Analisando o caso da Comuna, isto é, tratando das medidas adotadas pelo poder operário, portanto, diferente de quando elaborou propostas para a realidade imediata, Marx avalia que as medidas educacionais

---

[152] Para Marx "el ateísmo, en cuanto negación de esta inesencialidad, carece ya de sentido, pues el ateísmo es la negación de Dios y estatuye, con esta negación, la existencia del hombre; ahora bien, el socialismo, en cuanto tal socialismo, no necesita ya de semejante mediación; comienza con la conciencia teórica y práctica sensible del hombre y de la naturaleza como la esencia" (MARX e ENGELS, 1987: 626).

contra os poderes religiosos e clericais foram iniciativas que apontavam para a emancipação intelectual do povo.[153]

Essa é, portanto, a posição de Marx a respeito do ensino religioso no âmbito da hegemonia proletária: para se consolidar, a hegemonia proletária precisa destruir todas as formas de controle burgueses e clericais, tanto os materiais como os espirituais, entre os quais estão a religião e o ensino religioso. Como se observa, a posição de Marx não se confunde com uma mera radicalização liberal, pois distingue as tarefas do Estado liberal e do Estado proletário e encontra neste último a possibilidade da superação definitiva de todas as formas de controle antecedentes.

---

[153] Sobre isso Marx afirma que "una vez eliminados el ejército permanente y la polícia, instrumentos del poder material del viejo gobierno, la Comuna procedió inmediatamente a acabar con el instrumento de represión espiritual, com el poder de los curas; decretó la disolución e expropiación de todas las iglesias, en cuanto corporaciones patrimoniales. Los curas fueron relegados al retiro de la vida privada, obligados a vivir en él, a ejemplo de sus antecesores, los apóstoles, de las limosnas de sus fieles. Todos los establecimientos de enseñanza fueron abiertos gratuitamente al pueblo, a la par que se los liberaba de la injerencia del Estado y de la Iglesia. Con ello, además de hacer la instrucción escolar asequible a todos, se libraba a la ciencia de todas las trabas que antes le imponían el prejuicio de clase y el poder del gobierno. (MARX e ENGELS, 1988: 185).

Capítulo 2

Trabalho e educação na ordem regressivo-destrutiva do capital

Quais seriam neste quadro de início de novo século os maiores desafios impostos à reflexão marxista pela nova realidade do trabalho e da educação? De que maneira se colocam na atualidade as possibilidades contraditórias e emancipacionistas do mundo do trabalho e da educação?

O dado mais relevante deste momento histórico de mudança de século talvez seja o das profundas mudanças que se processam no mundo do trabalho ao lado das incríveis conquistas tecnológicas que encantam o mundo fetichizado do consumo.

As análises marxistas, todavia, encaram essas mudanças nos campos do trabalho e da educação (e da relação entre ambos) em busca da compreensão desse quadro de novidades com uma postura firmemente assentada numa perspectiva histórica, tentando justamente apreender o lastro daquilo que se tem pretendido como absolutamente novo.

Outra questão que se impõe na análise marxista é a localização da investigação das mudanças no mundo do trabalho no interior de uma investigação sobre a própria dinâmica mais global da ordem socioeconômica.

A transição do segundo para o terceiro milênio é a época em que o capital financeiro – hegemônico na atual fase da acumulação – movimenta-se pelo mercado mundial sem obstáculos, favorecido pelos avanços tecnológicos e pelas políticas de desregulação; época em que as novidades científicas e tecnológicas se superam em velocidade surpreendente;[154] época de incríveis avanços nos processos de comunicação e informação; época em que se tornou possível a espetacularização das ofensivas militares mais brutais, através da cobertura midiática global, em tempo real; nesta época se verifica a predominância de teorias e ideologias que defendem a ideia de que tudo o que se fez na sociedade humana teve fim com o século XX e que agora se vive uma realidade inteiramente nova;[155] é um tempo em que o sentimento cotidiano das pessoas parece frustrado se não for preenchido diariamente por novidades instantâneas.

Com efeito, a análise dos fenômenos sociais, para o desgosto de quem tem obsessão por novidades, depara-se com um quadro frustrante: a despeito das incríveis novidades tecnológicas e científicas, a sociedade humana, infelizmente, não pode ser vista como um reluzente mercado de novidades inesgotáveis e sem lastro – como se não fosse depositária de toda uma pesada carga de acúmulo histórico.

---

[154] Chaui (CHAUI, M. "A universidade pública sob nova perspectiva". Conferência de abertura da *26ª Reunião Anual da ANPED*, Poços de Caldas, 2003) questiona a chamada "explosão do conhecimento" nos seguintes termos: "o conhecimento levou 1.750 anos para duplicar-se pela primeira vez, no início da era cristã; depois, passou a duplicar-se a cada 150 anos, depois a cada 50 anos e estima-se que, a partir de 2000, duplicará a cada 73 dias e afirma-se que a cada quatro anos duplica-se a quantidade de informação disponível no mundo". Esse novo conhecimento ou informação não implica, na maioria das vezes, em nenhuma modificação epistemológica fundamental, além de estar ligado muitas vezes a uma atitude submissa e conservadora.

[155] "À fragmentação econômica, social e política, imposta pela nova forma do capitalismo, corresponde uma ideologia autonomeada pós-moderna. Essa nomenclatura pretende marcar a ruptura com as ideias clássica e ilustradas, que fizeram a modernidade. Para essa ideologia, a razão, a verdade e a história são mitos totalitários; o espaço e o tempo são sucessão efêmera e volátil de imagens velozes e a compressão dos lugares e instantes na irrealidade virtual, que apaga todo contato com o espaço-tempo enquanto estrutura do mundo; a subjetividade não é a reflexão, mas a intimidade narcísica, e a objetividade não é o conhecimento do que é exterior e diverso do sujeito, e sim um conjunto de estratégias montadas sobre jogos de linguagem, que representam jogos de pensamento" (CHAUI, M. "A universidade operacional". *Folha de S.Paulo*, Caderno Mais, 9 de maio de 1999).

Em compasso diferente do empobrecimento que representa a negação de toda uma herança do pensamento, materialmente, a sociedade segue reproduzindo práticas sociais arcaicas ou que se presumiam superadas, de modo que, no mercado das novidades aparecem artigos de antiquário como o trabalho escravo, a exploração do trabalho infantil,[156] o estado de miséria de milhões de pessoas no mundo, que morrem de inanição ou acometidas por doenças cujas condições para erradicação já foram dadas há décadas.

Pensar o novo em termos da relação trabalho e educação é, antes de tudo, tentar compreender o real significado das metamorfoses recentes do mundo do trabalho no interior de um percurso histórico e no interior do processo histórico de atualização da contradição capital x trabalho.

Tendo como base o desenvolvimento do capítulo anterior, neste pretende-se discutir:

a) A relação trabalho e educação como tema integrante da problemática da educação do sujeito social potencialmente revolucionário, cuja finalidade é a emancipação social.

b) As implicações sobre a educação das massas trabalhadoras das principais mutações pelas quais tem passado o sistema do capital e o mundo do trabalho.

c) A importância da retomada das elaborações marxistas para a educação em sua radicalidade.

O ponto de partida para esta reflexão é o entendimento de que a sociedade contemporânea não pode ser compreendida senão como pertencente a uma linha de desenvolvimento histórico, que não é outra coisa senão o desenvolvimento do metabolismo socioeconômico do capital[157] – um todo complexo, de características dinâmicas, mutantes, mas que tem

---

[156] De acordo com a ONU, os casos mais graves estão concentrados nos países africanos e asiáticos. Na América Latina, a estimativa é a de que 7,6 milhões de menores de 10 a 14 anos trabalhem, representando 14,9% da população dessa faixa etária. Os números definem a diferença entre cada país na região. No Equador, 30% das crianças trabalham e no Chile e Uruguai, 2%. O Brasil assinou recentemente o convênio 138 da Organização Internacional do Trabalho, que estabelece a idade mínima de 16 anos para o acesso ao trabalho. (http://www.ajuris.org.br/boletins/bol174.htm).

[157] MÉSZÁROS, 2002.

como fundamento último o processo de produção de mercadorias com suas complexas contradições.

A perspectiva de análise aqui empreendida afirma como pontos fundamentais para a discussão da relação trabalho e educação, em primeiro lugar, a consideração da validade teórica da categoria trabalho; e, em segundo lugar, a consideração da luta de classes como o palco em que aquela se realiza.

2.1. O fundamento do sociometabolismo capitalista

Na contramão das tendências que apostam na mais profunda e radical ruptura pós-moderna com tudo o que se fez até meados do século anterior, aqui se defende, em primeiro lugar, que a base sobre a qual se ergue o edifício das mais incríveis novidades contemporâneas é mais sólida e estável do que se imagina. A base inelutável de todo o desenvolvimento histórico sobre o qual repousa a sociedade contemporânea, o fundamento dos mais avançados métodos, instrumentos ou objetos (mercadorias) produzidos hoje – e do qual não se pode fazer pouco caso – é o processo histórico de criação de trabalhadores livres, processo cuja forma clássica se realizou no berço do capitalismo industrial.[158]

Marx descreve como um processo histórico violento[159] aquele através do qual as relações capitalistas nascentes operaram ações para criar um exército de trabalhadores livres – condição para a produção de valor em larga escala e para a consolidação do sociometabolismo do capital.

A liberdade em questão equivalia à condição segundo a qual os indivíduos se colocam inteiramente desprovidos de qualquer outra possi-

---

[158] Marx analisa esse processo em *O capital*, no capítulo intitulado "A chamada acumulação primitiva".
[159] "A força é o parteiro de toda sociedade velha que traz uma nova em suas entranhas. Ela mesma é uma potência econômica" (MARX, 1989: 869).

bilidade de garantir sua subsistência que não seja pela sua exposição no mercado como força de trabalho disponível.[160]

Nas análises dos *Grundrisse* o capital aparece como resultado desse processo histórico cuja base consistiu precisamente na separação do trabalhador das condições objetivas de produção. Tratava-se, através dessa separação, de colocar o trabalhador diante das condições objetivas de trabalho, como capital, como algo separado, como poder estranho e separado dele.

Analisando o caso inglês, Marx se apoia na literatura e nos dados da época para descrever os diversos modos, essencialmente violentos, através dos quais as novas relações lograram o êxito da separação entre o homem e as condições de reprodução. Um violento modo de expropriação econômica, mas, acima de tudo, um violento modo de destruição cultural das comunidades de pequenos proprietários. Segundo descreve Marx em *O Capital*, esse processo lançou milhares de indivíduos e famílias na mendicância, na vadiagem, perambulando pelas vilas e cidades numa situação social de extrema penúria e total dependência de eventuais formas de vender sua força de trabalho.[161]

É interessante notar como, além do movimento material de expropriação, no âmbito do Direito, a Inglaterra criou estratégias – estas não foram exclusividades britânicas, ocorreram de maneira semelhante noutras partes da Europa – específicas e rígidas para lidar com a população expropriada

---

[160] "O sistema capitalista pressupõe a dissociação entre os trabalhadores e a propriedade dos meios pelos quais realizam o trabalho. Quando a produção capitalista se torna independente, não se limita a manter essa dissociação, mas a reproduz em escala cada vez maior. O processo que cria o sistema capitalista consiste apenas no processo que retira ao trabalhador a propriedade de meios de trabalho, um processo que transforma em capital os meios sociais de subsistência e os de produção e converte em assalariados os produtores diretos. A chamada acumulação primitiva é apenas o processo histórico que dissocia o trabalhador dos meios de produção. É considerada primitiva porque constitui a pré-história do capital e do modo de produção capitalista" (Marx, 1989: 830).

[161] "Desses seres erradios compelidos a roubar, segundo o depoimento de Thomas Morus, '72.000 foram enforcados como ladrões grandes e pequenos no reinado de Henrique VIII. Na época de Elizabeth 'vagabundos foram enforcados em série e geralmente não havia um ano em que 300 ou 400 não fossem levados à forca'. Ainda segundo *Strype*, em *Somrsetshire*, num único ano, foram enforcadas 40 pessoas, ferreteadas 35, flageladas 37…" (Idem, p. 853).

sempre com a pretensão de discipliná-la para as relações assalariadas: nos reinados de Henrique VIII (1530), Eduardo VI (1547), Elizabeth (1572) e Jaime I (citados em *O capital*) foram aprovadas leis que previam castigos para as pessoas que aparecessem nas ruas sem ocupação definida. Eram consideradas vadias e ficavam passíveis da força da lei, que previa toda sorte de castigos como açoites, flagelação, marcação a ferro, decepamento de membros, cárcere e forca.

Indivíduos acusados de vadiagem poderiam até ser escravizados por uma pessoa ou por uma comunidade (era o caso do estabelecido no reinado de Eduardo VI, 1547). Seus filhos poderiam ser tomados como aprendizes por um mestre e, caso se recusassem a trabalhar, poderiam ser escravizados por esses mesmos mestres. A forca era sempre um castigo final que se destinava a inúmeras pessoas que se recusassem ou não se adaptassem ao trabalho ou simplesmente não encontrassem quem as tomasse como empregadas.

Em segundo lugar, destaca-se como outra característica desse desenvolvimento histórico, que busca atualizar-se e renovar-se constantemente através de formas diversas, o fato de que, ao lado do processo violento de expropriação para a constituição de uma força de trabalho disponível, o capital precisou desenvolver sempre mecanismos de controle e submetimento da força de trabalho bem como, e especialmente, de apropriação do saber desenvolvido nos processos de trabalho e acumulado pelos trabalhadores.

Historicamente, o sistema produtor de mercadorias experimentou diversas formas de produção que representaram diversos modos de controle e gestão da força de trabalho. Em *O capital*, Marx analisa as características e o modo de superação dessas diversas formas (cooperação simples, manufatura e grande indústria) e aponta como tendência dominante daquele desenvolvimento o aperfeiçoamento dos mecanismos de controle da força de trabalho e a busca constante pela apropriação crescente do saber desenvolvido nos processos de trabalho, através de um processo social de subsunção formal do trabalho ao capital e, numa escala ainda maior, com a subsunção real do trabalho ao capital.

O controle dos processos produtivos assente fundamentalmente na posse dos meios de produção e na consequente sujeição dos trabalhadores ao capital faz com que as mercadorias produzidas, assim como o saber produzido, sejam constantemente apropriados pelo capital.[162]

Em todos os grandes momentos de superação das formas de organização da produção, o fator que impulsionou esse movimento de superação foi o aperfeiçoamento dos processos de controle e gestão da força de trabalho, assim como dos processos produtivos como um todo para promover o aumento da produtividade, da massa de mais-valia obtida e da reprodução do capital.

Outra característica desse sistema econômico-social é que o desenvolvimento das forças produtivas do capital apresenta a tendência da predominância da mais-valia relativa em relação à mais-valia absoluta. O que não significa, de modo algum, o desaparecimento desta, justamente porque o capital faz conviver sempre as mais diversificadas formas de exploração do trabalho, desde as mais avançadas às mais arcaicas.

No momento em que reúne coletivos de trabalhadores sob um único comando, centralizado e rigidamente hierarquizado, o capital descobre uma enorme potência extra de produção de valor através da cooperação. A cooperação é uma forma histórica de organização do trabalho que articula as ações de trabalhadores postos para trabalhar em grupos sob um único comando e que se repõe em cada fase de desenvolvimento do capitalismo.

A cooperação cria a figura do trabalhador coletivo, desenvolvida com a crescente socialização da produção, um ente que apenas surge com as relações assalariadas, que é posto pelo capital, que trabalha sob seu comando, sendo essa uma forma de potencializar o trabalho, de elevar a produtividade.

De um modo geral, a superação da cooperação simples pela manufatura e a superação da manufatura pela grande indústria seguiram a ten-

---

[162] Muito embora essa apropriação não seja absoluta, nem aconteça sem a resistência dos trabalhadores e até com algumas pontuais vitórias desses. Ver, entre outros, SCHWARTZ, Y. "Trabalho e uso de si", in: *Proposições*. Vol. 1, n. 5 (32), julho/2000, p. 34-50; e SCHWARTZ, Y. "Trabalho e gestão: níveis, critérios, instâncias", in: FIGUEIREDO, M. et. Al. (Orgs.). *Labirintos do trabalho* – interrogações e olhares sobre o trabalho vivo. Rio de Janeiro: DP & A Editora, 2004.

dência geral de relativa desqualificação dos postos de trabalho e dos trabalhadores;[163] crescente parcelamento das tarefas; maior protagonismo do instrumental de trabalho relativamente à participação do trabalhador, ou seja, do dado objetivo sobre o dado subjetivo, o que Marx coloca como a tendência posta pelo desenvolvimento das forças produtivas de aumento relativo do trabalho morto em relação ao trabalho vivo; crescente controle do capital sobre o trabalho.

Os trabalhadores, portanto, passam por um processo de expropriação material e ideal em que tende a predominar a mais-valia relativa e a se generalizar o controle do capital através da subsunção real do trabalho ao capital.

2.2 O sociometabolismo do capital: da criação dos trabalhadores livres à produção crescente de um exército de lázaros[164]

Até o período dominado pelo padrão de desenvolvimento fordista-taylorista pode-se dizer que o desenvolvimento científico-técnico e das formas de controle e gestão da força de trabalho seguiram, em linhas gerais, as tendências descritas acima, especialmente de relativa desqualificação do trabalho e de relativa padronização dos processos produtivos.

Mas a principal característica daquele padrão de desenvolvimento situava-se no modo como levou a termo a expansão do sistema, provocando

---

[163] A tese da tendência irreversível da desqualificação do trabalho (BRAVERMAN, H. *Trabalho e capital monopolista: a degradação do trabalho no séc. XX*. 3ª. ed. Rio de Janeiro: Editora Guanabara, 1987.) já foi exaustivamente discutida. Aqui se ratifica a desqualificação do trabalho como uma das fortes tendências presentes no desenvolvimento das forças produtivas.

[164] A "camada de lázaros da classe trabalhadora" compõe, para Marx (1989:747), "o mais profundo sedimento da superpopulação relativa (que) vegeta no inferno da indigência, do pauperismo". Aqui a expressão é usada para se referir ao conjunto complexo de trabalhadores dispensados pelo movimento regressivo do capital e que sobrevive em relações econômicas marginais, embora nem sempre no "inferno da indigência".

forte impacto no processo "civilizador" do capital, no campo da absorção de força de trabalho, de criação de amplas possibilidades de consumo e de dinamização de todo um circuito de relações sócio-histórico-culturais, inclusive no campo da educação.

No período da "era de ouro", o capital forjou a implementação de modificações nos processos produtivos no sentido de assegurar ou de retomar maior controle sobre a força de trabalho, que encontrava então condições mais favoráveis à sua organização. Essas modificações eram relativas tanto ao âmbito estrito da produção, quanto ao plano da ordem sócio-econômica do *welfare state,* ou, ainda, ao plano internacional com a "guerra fria".

As modificações ocorridas no âmbito da produção deram-se através da intensificação dos desenvolvimentos científicos e tecnológicos aplicados à produção e de novos métodos de controle e gestão da força de trabalho – que viriam modificar o quadro das ocupações e dos empregos –, assim como do conjunto das relações de produção e de consumo.

Outras modificações ocorreram, àquelas articuladas, no âmbito econômico geral, como a consolidação do processo de financeirização da economia, que ganhou impulso com o fim do acordo de *Breton Woods* – o que também provocou graves implicações sobre o quadro econômico geral, pois representou um relativo recuo da produção industrial frente aos investimentos financeiros.

No plano econômico-político também houve redefinições quanto à organização e ao papel do Estado. O neoliberalismo modificou a relação entre o Estado e a economia indicando uma nova direção na qual se expressava um incrível fortalecimento hegemônico dos setores economicamente mais poderosos e política e ideologicamente mais conservadores, assim como, consequentemente, o ataque a toda ordem social, econômica e política que guardasse qualquer inspiração no Estado de bem-estar social.

As metamorfoses ocorridas, se traduzidas pelo conceito de subsunção real, reforçam a constatação de que as experiências humanas, não só as mais diretamente vinculadas ao mundo produtivo, mas em geral, cada vez mais se subscrevem e/ou são determinadas pelo movimento de valorização do capital.

Com efeito, no cume do processo de subsunção real do trabalho ao capital coloca-se a grande contradição do sistema capitalista e que se configura na verdadeira novidade destas últimas décadas e na mais dramática questão contemporânea: no mesmo movimento em que se aprofunda o processo de subsunção real do trabalho ao capital, ou seja, em que se universaliza o submetimento das mais diversas experiências humanas ao processo de valorização do capital, se cria, num ritmo crescente, um contingente humano relativamente desnecessário ao processo capitalista nuclear de produção e consumo de mercadorias.

Noutras palavras, isso implica na constatação do fim da linha ascendente e progressiva do sistema do capital, sustentada até a chamada "era de ouro", que perseguiu, até então, um padrão de desenvolvimento em que a universalização da produção de valor implicava numa integração crescente de braços, corações e mentes ao movimento de produção e consumo, que colocava implicações próprias ao metabolismo socioeconômico em geral de crescente integração e que representava um poderoso movimento "civilizador" do capital.

Nesta nova etapa da acumulação do capital a tendência dominante é a imposição do reverso "civilizador" do capital, isto é, o processo de valorização passa a prescindir de quantidades, em proporções crescentes, de trabalho vivo de modo que o capital exercita seu processo "civilizador" virado pelo avesso, realizando a anticivilização, realizando o oposto das suas promessas, "desfazendo o que desfez", negando sua *raison d'être*: a sociedade do trabalho passa a negar o trabalho, passa a prescindir dele; a sociedade que precisou criar o trabalhador livre como sua condição fundante passa a negar o trabalho.[165]

No âmbito mais estreito dos processos de trabalho colocam-se outras metamorfoses que têm sido interpretadas ideologicamente como uma inteira ruptura com as formas de organização e gestão da força de trabalho predominantes até o período de apogeu fordista.

---

[165] A negação do trabalho não é absoluta, mas relativa, assim como os trabalhadores se tornam prescindíveis apenas relativamente. Além do mais, está-se falando especificamente de trabalho abstrato e nunca da abolição do trabalho em geral.

Numa visão ideologizada, a chamada acumulação flexível estaria baseada numa nova forma de organização e de gestão da força de trabalho[166] em que esta adquiriria autonomia. Na acumulação flexível os trabalhadores ocupariam posição inteiramente diferente da que ocupavam no passado, pois não seriam mais apêndices da máquina, mas trabalhadores integrais; desempenhariam funções mais complexas no nível intelectual e prático; seriam dotados de competências e habilidades superiores; participariam da gestão da produção e não estariam mais submetidos a comandos rígidos e hierarquizados, nem a relações heterônomas de produção.[167]

---

[166] Analistas (entre tantos, BRAGA, Ruy. "Sociedade pós-fordista e trabalho cognitivo: grande transformação ou fetichismo tecnológico?", in: GALVÃO, A. et al. (Org.). *Marxismo e socialismo no século 21*. Campinas-SP: UNICAMP/IFCH, Xamã, 2005) têm identificado nas novas formas de organização e gestão do trabalho (toyotismo) elementos de continuidade e de ruptura com as formas precedentes. O toyotismo segue sendo mais uma forma de racionalização do trabalho, buscando maior produtividade; todavia, mantendo elementos como a parcelização e a repetitividade, traz como novo, por exemplo, a captura mais profunda da subjetividade do trabalhador.

[167] Há toda uma gama de interpretações sobre as metamorfoses recentes ocorridas no sistema capitalista que vão desde as que afirmam o fim da sociedade do trabalho, a perda de centralidade da categoria trabalho (HABERMAS, J. *A nova intransparência – a crise do Estado de Bem-Estar e o esgotamento das energias utópicas*. Novos Estudos CEBRAP. São Paulo, n. 18, 1987, p. 103-114; OFFE, C. (org.). *Trabalho e sociedade: problemas estruturais e perspectivas para o futuro da Sociedade do trabalho*. Rio de Janeiro: Tempo Brasileiro, 1989; KURZ, R. *O colapso da modernização*. Rio de Janeiro: Paz e Terra, 1992; entre outros); às que apontam para a superação da heteronomia seja pelas novas formas de gestão e pelos desenvolvimentos científico-tecnológicos, seja pelo aumento relativo do tempo livre, tempo do ócio em face do tempo de trabalho, permitindo ao trabalhador o exercício da liberdade e da autonomia (SCHAFF, A. *A sociedade informática*. São Paulo: Brasiliense, 1991; GORZ, A. *Adeus ao proletariado – Para além do socialismo*. 2ª. ed. Rio de Janeiro: Forense-Universitária, 1987; GORZ, A. *Misérias do presente, riqueza do possível*. São Paulo: Annablume, 2004.); há ainda outras que afirmam o fim das classes, da luta de classes, o fim do fetichismo da mercadoria, do valor, da teoria do valor (entre outros, OLIVEIRA, Francisco de. "O surgimento do antivalor". *Novos Estudos Cebrap*, n. 22, São Paulo, out. 1988; OLIVEIRA, Francisco de. "A economia política da social-democracia". *Revista USP* n. 17, São Paulo, mar/abr/maio/1993; OLIVEIRA, Francisco de. "Globalização e antivalor: uma anti-introdução ao antivalor", in: FREITAS (org.). *A reinvenção do futuro*. São Paulo, Cortez Editora, 1996; OLIVEIRA, Francisco de. "Entrevista (por Fernando Haddad)", in: *Teoria e Debate*, São Paulo, n. 34, mar/abri/mai 1997.) etc.

Seguindo direção oposta à crítica de Braverman,[168] da tendência à desqualificação do trabalho, definem-se correntemente as metamorfoses do mundo do trabalho pela pretensa universalização da tendência de qualificação do trabalho, o que provocaria a demanda generalizada de trabalhadores qualificados, cuja consequência para a educação, por sua vez, seria a exigência de atendimento das novas necessidades de qualificação elevada.

A grande questão que se põe para a relação trabalho e educação, e para a problemática da emancipação social em geral, é justamente o fato de que os padrões produtivos e de consumo não se assentam mais na massificação, nem na demanda de um exército de trabalhadores com padrões de qualificação semelhantes, que cumpririam funções semelhantes e razoavelmente simples nos processos produtivos. Os novos padrões produtivos e de consumo se assentam numa nova composição orgânica do capital, baseada no crescimento relativo do capital constante frente ao capital variável, no crescimento relativo do trabalho morto em relação ao trabalho vivo.

No plano do consumo, alijadas as massas, o capital lançou mão da intensificação do consumo entre os setores dotados de maior capacidade para tanto, o que tornou desnecessária a expansão no plano horizontal dessa capacidade. Mercadorias sofisticadas são consumidas intensivamente num círculo relativamente pequeno de indivíduos sem que seja imprescindível aumentar o número de consumidores daquelas mercadorias. Além disso, o próprio tempo de vida útil das mercadorias tende a diminuir para que o consumo seja intensificado.[169]

Os setores produtivos avançados baseiam-se na utilização em escala crescente de recursos tecnológicos, científicos e instrumentais operados por uma quantidade relativamente pequena de trabalhadores que precisam apresentar qualificações técnicas, organizacionais e subjetivas em geral superiores em relação ao período fordista-taylorista.

---

[168] *Op. cit.*
[169] Mészáros (2002) elabora essa questão nos termos do conceito da "taxa de utilização decrescente das mercadorias".

Todavia, essa realidade de modo algum se apresenta como única, nem tampouco quantitativamente hegemônica – sua hegemonia é econômica. A realidade da desqualificação é insubestimável. Ela está presente tanto no mundo formal de trabalho – pois nem todas as empresas e ramos produtivos operam com processos produtivos complexos e sofisticados – como é corrente, obviamente, no submundo do trabalho, isto é, no mercado informal, no subemprego, no mundo da precariedade produtiva.

Como consequência disso, a educação formal dos trabalhadores – educação profissional incluída – não é mais, senão para pequena parcela das classes trabalhadoras, o meio de qualificação para as relações assalariadas formais e estáveis, tal como se colocaram até às portas do século XXI. Para a grande maioria, ela representa a antessala para o mundo das incertezas, para as ocupações efêmeras, desregulamentadas, não oficiais, que compõem um mundo subalterno – o sub-solo da civilização do capital –, sem qualquer garantia e sem as mesmas possibilidades de constituição de uma classe-para-si como o mundo formal do trabalho capitalista apresentava outrora.

A forma como o sistema faz surgir novos instrumentos, tecnologias, cria novos produtos (mercadorias), adota novos métodos de produção e, acima de tudo, cria novas necessidades de consumo, convive com a adoção de velhas práticas ou com a retomada de velhos métodos produtivos cujo objetivo é baratear os custos com a força de trabalho.[170]

---

[170] Sob a aparentemente progressiva autonomização do trabalho, que estaria rompendo com a heteronomia do capital, como imaginam Schaff (*op. cit.*), Gorz (*op. cit.*), entre outros, o capital (re)cria formas antigas de exploração do trabalho como são a terceirização, o pagamento por peças etc, que são apresentadas à sociedade como formas mais livres de existência e realização do trabalho. Maria da Conceição Tavares, em "Capitalismo regressivo e ideologia". *Folha de São Paulo*, 24/10/99, coloca que "no Brasil – depois de partilharmos com os Estados Unidos e demais países da periferia do Centro capitalista inglês do Séc. XVIII e XIX o 'feito' de reintroduzir a escravidão à 'modernidade' da acumulação capitalista – estamos agora conseguindo 'aplicar' praticamente todas as formas de exploração e submissão do trabalho já inventados pela 'Humanidade', em muitos séculos de pretensão civilizatória. Assim o sistema carcerário norte-americano, 'adaptado' às condições locais, é uma das formas mais perversas de, a pretexto de controle social, diminuir o 'desemprego aberto'.

Assim é que se constata o crescimento da realidade do "desemprego crônico"[171] provocado justamente por um conjunto de fatores que representam o misto da criação do novo[172] com a intensificação dos velhos fundamentos produtivos capitalistas.

Por força das 'restrições orçamentárias', depois de treinamento rápido e 'eficiente' nos horrores de nossas 'casas de correção', soltamos no 'mercado informal de trabalho', da droga e dos assaltos, milhares de jovens que, como nos EUA, não aparecerão nas 'estatísticas do desemprego' mas sim nas de 'trabalhadores por conta própria'. Também estamos reinventando a servidão post-moderna de múltiplas maneiras. Com recursos financeiros estatais e internacionais e algumas ONG's 'sem fins lucrativos', estão sendo recriados os *putting-out-system* de mulheres e crianças da velha manufatura. Aquela que Marx achava que estava condenada a desaparecer com o surgimento da 'grande indústria' e do trabalho assalariado que se tornariam dominantes. Ora, direis, mas o que querem que façam com 'nossos pobres', para não falar nos 'inempregáveis' pelo sistema? Chegamos tarde ao banquete do 'primeiro mundo' e as engrenagens do 'Estado de Bem Estar' e do 'keynesianismo' estão gastas; adaptai-vos aos novos ares do mundo ou perecei! dizem os 'cínicos' ou os 'crentes' post-modernos".

[171] O último relatório da OIT demonstra o persistente aumento das taxas de desemprego no mundo, especialmente entre os jovens de 15 a 24 anos, grupo que compõe metade do universo dos desempregados. O Diretor Geral da OIT, Juan Somavia, preocupado com a situação e constatando que o crescimento econômico, por si, não é capaz de reverter o quadro, alerta: "Estamos enfrentando uma crise mundial do trabalho de proporções enormes, e um déficit de trabalho decente que não vai ser resolvido sem que se faça alguma coisa. São necessárias novas políticas e ações para enfrentar estes problemas". O relatório chama atenção para situações alarmantes como o fato de que "dos mais de 2,8 bilhões de trabalhadores no mundo em 2005, há 1,4 bilhão que não ganham ainda o suficiente para elevar sua situação e de suas famílias para acima da linha de pobreza de 2 dólares diários, situação que perdura há 10 anos". (Organização Internacional do Trabalho. *Global employment trends*. Janeiro de 2006).
Com respeito ao trabalho infantil, as estatísticas apontam para a existência no mundo de cerca de 400 milhões de crianças trabalhando. No Brasil, são cerca de 43 milhões, sendo que 5,4 milhões trabalham de forma irregular. Cerca de 2 milhões de crianças trabalhadoras sequer são remuneradas e em 90% dos casos a remuneração não atinge o salário mínimo. Ver: INESC. "O problema do trabalho infantil no Brasil". *Nota Técnica*. N. 012, outubro de 2005.
[172] Os desenvolvimentos científicos e tecnológicos realizados nas últimas décadas são, inegavelmente, alguns dos fatores que contribuem, se vistos dentro da lógica da produção do valor, para o fenômeno do "desemprego crônico", este, por sua vez, uma novidade destes tempos. Porém, há autores que contestam a ideia de que se haja dado passos tão significativos no campo dos desenvolvimentos científicos e tecnológicos. Um desses autores é Nilson Araújo de Souza, que, em "No capitalismo, nunca houve tanta estagnação". In: GALVÃO, A. et al. (Org.). *Marxismo e socialismo no século 21*. Campinas-SP: UNICAMP/IFCH, Xamã, 2005, recusa, sobretudo, a expressão "terceira revolução industrial". Para ele, nunca houve tanta estagnação tecnológica no capitalismo.

Outro exemplo de como na atualidade do mundo do trabalho o novo se põe como renovação do velho, e ainda confirmando a tese de que esse processo visa a aumentar a produtividade do trabalho em detrimento das condições sociais dos trabalhadores, é o retorno à cooperação simples atualizada como cooperação complexa.

Se a cooperação simples significava a criação do trabalhador coletivo, posto pela socialização do trabalho e como resultado das operações coletivas articuladas, a cooperação complexa significa a colocação da figura do trabalhador coletivo sobre a figura do trabalhador individual, chamado a realizar várias tarefas do processo de trabalho, ele mesmo, como indivíduo.[173]

Esse procedimento de organização do trabalho, a cooperação complexa, tende a enxugar os processos de trabalho, ao mesmo tempo em que, consequentemente, intensifica o ritmo de trabalho e aumenta o número e a variedade das tarefas realizadas pelos empregados.

2.3. A ordem regressivo-destrutiva do capital e o princípio da união trabalho e ensino

O dado fundamental que se colocou com força desde a segunda metade do século XX a respeito das metamorfoses do trabalho não são as novidades tecnológicas, a telefonia portátil, os computadores, as máquinas digitais nem a robotização de determinados processos produtivos apenas, mas, essencialmente, a acentuação da dimensão destrutiva do sistema produtor de mercadorias e do seu caráter regressivo.

---

[173] O trabalhador "não mais existe como unidade de diferentes trabalhos, realizados por distintos trabalhadores ligados entre si pelas malhas invisíveis da divisão técnica de ocupações. O novo trabalhador coletivo combinado existe agora na figura de cada trabalhador particular que, ao lado dos demais, encarna e realiza a unidade das diferentes fases do processo produtivo. Noutros termos, cada trabalhador individual é um trabalhador coletivo combinado" (p. 86). (TEIXEIRA, F. J. S. "O capital e suas formas de produção de mercadorias: rumo ao fim da economia política". In: *Crítica Marxista*, n. 10. São Paulo: Boitempo Editorial, 2000, p. 67-93).

Esse é o dado que traz as implicações mais importantes para a reflexão sobre a educação das massas trabalhadoras, pois coloca aquilo que não aparece – e nem poderia aparecer senão como potencialidade anunciada[174] – nas formulações marxianas que é a inversão do sentido integrador, ou civilizador, embora contraditório, do trabalho e do metabolismo social do capital como um todo.

O princípio da união trabalho e ensino, por exemplo, é uma formulação que pressupõe a expansão das realidades do trabalho e da escola como momentos da reprodução social que traziam no seu bojo os elementos explosivos necessários para a formação do sujeito social potencialmente revolucionário: a criação de uma imensa massa assalariada sob o comando do capital, que partilhava as mesmas agruras do trabalho alienado/estranhado, que se aglomerava sob semelhantes condições de existência em bairros operários, que criava suas próprias formas e instrumentos de autoeducação e de luta política como sindicatos, partidos etc. e dividia a mesma realidade de educação em instituições formais de ensino etc.

Tal era o panorama da experiência histórica predominante das massas trabalhadoras no final do século XIX, no berço do capitalismo, panorama que se encontrava em franca expansão. O desemprego, o lumpemproletariado, o analfabetismo e as formas variadas de degradação social eram presentes então. Todavia, predominava a tendência expansiva do processo

---

[174] Tanto Marx quanto Engels estiveram atentos para a potencialidade destrutiva e regressiva do sistema do capital. Eles compreendiam essa potencialidade como um dado constituidor do sistema do capital, como elemento da contradição desse sistema social, mas não vivenciaram a realização dessa potência com a força como ela tem se colocado nas últimas décadas. As formulações de Marx e Engels sobre educação estão inteiramente associadas ao processo "civilizador" da sociedade produtora de mercadorias que se realiza através do trabalho abstrato, do Estado, da escola etc. Ou seja, suas formulações estão ocupadas em descobrir as possibilidades contraditórias desse processo civilizador em sua fase expansiva. A expansão vigorosa do capital e a forma explosiva como se apresentavam suas contradições, além do crescimento das organizações proletárias, colocavam em relevo justamente as possibilidades de superação do sistema pelas suas próprias contradições com muito mais força do que a possibilidade da curva descendente, regressivo-destrutiva do processo civilizatório burguês, isto é, a barbárie.

civilizador do capital, ou seja, a tendência expansiva da mundialização das relações assalariadas, da urbanização e da industrialização, do acesso mínimo que fosse ao consumo capitalista, à instrução, rudimentar que fosse, aos direitos políticos da democracia burguesa formal, por mais controlada que fosse.[175]

Mais do que isso, muitos setores, inclusive dos trabalhadores organizados, tinham a convicção segundo a qual a tendência dominante seria de que o desenvolvimento das forças produtivas e das lutas sociais impulsionasse o processo civilizador do capital na superação do analfabetismo, universalização do trabalho assalariado formal e industrial e a universalização e ampliação dos espaços democráticos formais, ao mesmo tempo em que seria sempre crescente a força política e o poder de pressão dos sindicatos e partidos operários.

Quando formula o princípio da união trabalho e ensino e adota o conceito de politecnia, segundo sua perspectiva emancipacionista, Marx está sob as determinações históricas da sociedade do capital, cuja expansão, objetivamente, se achava em marcha. A realidade que se presentificava para Marx era a realidade contraditória do trabalho, da escola e do metabolismo social do capital em fase progressiva, como um todo.

A atualização do princípio da articulação entre trabalho e educação em tempos de crise do trabalho abstrato e da escola e de exacerbação do caráter regressivo e destrutivo do capital, todavia, traz novas complicações e enormes desafios para a reflexão marxista da educação.

A perspectiva metodológica adotada por Marx para formular o princípio da união trabalho e ensino permanece como referência importante.

---

[175] Sabe-se como Marx foi crítico quanto a esse "processo civilizador", identificando nele desde sempre a dimensão contraditória da barbárie. Mas não deixava de apostar nas potencialidades contraditórias desse processo civilizador. Porém, havia na tradição operária desde Lassalle, Kautski, Bernstein e, segundo alguns críticos, até no próprio Engels no final de sua existência, passando por toda tradição operária dos países centrais no século XX – ressalvadas as honrosas exceções –, uma fé inabalável – ou senão a resignação que Mészáros (2002) chama de política defensiva – nas possibilidades expansivas do sistema e na expansão das conquistas das classes trabalhadoras tanto no plano político quanto no plano econômico.

Marx parte das condições dadas, observa o estado da organização da produção, a correlação de forças entre capital e trabalho, observa o nível de organização e o poder de pressão dos trabalhadores e formula propostas para a realidade imediata dos trabalhadores.

As propostas marxianas, como a citada acima, estão fundamentadas em princípios inolvidáveis, como o da união teoria e prática, por exemplo, e orientadas por uma perspectiva de futuro dos trabalhadores: a emancipação social e a formação do homem onilateral.

Por sua vez, o sentido geral do princípio da união trabalho e ensino também permanece atual: enfrentar a realidade estranhada do trabalho abstrato que mutila o sujeito trabalhador em seu processo de formação; acrescentar elementos fundamentais a partir da própria realidade contraditória do trabalho abstrato para a formação do sujeito social potencialmente revolucionário.

Ora, de antemão já se observa que, muito embora se mantenha e até se aprofunde mais perversamente a realidade da alienação e do estranhamento das relações capitalistas, pode-se afirmar que, sobretudo na perspectiva dos trabalhadores, o mundo do trabalho abstrato neste início do século XXI aparece como uma realidade bem distinta daquela vivenciada na segunda metade do século XIX. Com efeito, se Marx procurou partir da compreensão dos elementos da realidade mais imediata em seu tempo, seu método indica que a atualização da formulação do princípio da união trabalho e ensino deverá também buscar partir da consideração da realidade presente.

Os processos de trabalho atualmente estão relacionados à dinâmica socioeconômica na qual se destacam aspectos como a tendência da desindustrialização relativa, da desintegração dos padrões mais ou menos homogêneos do período fordista no âmbito da produção, do consumo e da constituição da classe proletária. Diferentemente do que se passava no século XIX, quando o assalariamento industrial ameaçava se tornar a base universal da socialização global e como de fato se tornou forma absolutamente hegemônica com apogeu no período fordista.

Atualmente, como foi demonstrado, combinam-se realidades muito diversas, desde a existência de processos produtivos extremamente elaborados, sofisticados, baseados na mais alta tecnologia, que requerem trabalhadores altamente qualificados, passando pela realidade – majoritária – da precarização, da desqualificação, da desregulamentação, até de realidades mais dramáticas como a do trabalho escravo, trabalho infantil etc.

Sendo assim, o princípio da união trabalho e ensino permanece de fundamental importância, sobretudo porque se preocupa com as mutilações realizadas no sujeito trabalhador. Todavia, essas mutilações aparecem hoje sob outras formas ainda mais degradadas.

Os próprios caminhos a se perseguir para a formação do sujeito social revolucionário estavam razoavelmente traçados pelas próprias contradições do sistema social e bem esclarecidos pelas análises e propostas marxianas: havia uma massa explorada pelo capital, a qual atuava em processos de trabalho ao mesmo tempo extenuantes, alienados/estranhados; esses processos de trabalho, por sua vez, apresentavam a potencialidade transformadora; havia instituições de educação formal a serem expandidas (e em expansão) e havia os instrumentos de luta política e autoeducação dos proletários – também em construção/expansão – cujo poder de pressão era crescente. Esses elementos unidos adquiriam o caráter explosivo que de fato se verificou no mundo do capital durante toda a fase progressiva do metabolismo do capital.

Atualmente, os elementos explosivos – não menos inflamáveis do que se mostravam outrora – devem ser buscados ou construídos perante a diversa e fragmentada constituição do sujeito potencialmente revolucionário, na realidade multifacetada, mas não menos degradada do que antes, do trabalho e da escola, que parece ter descarrilado de vez dos trilhos das promessas liberal-democráticas.

A atualização do princípio da união trabalho e ensino passa pela análise social do cenário do desemprego, do subemprego, da precarização do trabalho, e do crescimento assustador da chamada "populación superflua", ou seja, trata-se de indagar: como se coloca hoje o princípio da união trabalho e ensino se a realidade do trabalho abstrato, estranhada e alienante, em que permanecem apartadas as dimensões intelectual e prática e que mutila o trabalhador, não é mais a realidade padrão e mais ou menos homogênea de tempos atrás?

Recolocando o problema noutros termos: se as condições do processo de formação do sujeito potencialmente revolucionário estavam dadas pelas próprias potencialidades contraditórias do sociometabolismo do capital na sua fase progressiva no trabalho abstrato, na escola e nos espaços democráticos formais em expansão, como se colocariam essas condições para o exército de Lázaros expulsos, dos processos centrais de produção e circulação de mercadorias – para os quais são úteis apenas como recicladores das matérias descartadas – tratados como indivíduos de segunda ordem pelas instituições da sociedade burguesa estando fora do alcance, inclusive, dos instrumentos formais de luta como os sindicatos?

Na compreensão de Marx, construída dentro das condições de uma época, esse contingente composto pelo lumpemproletariado, pelo exército de reserva, a camada de Lázaros e até o campesinato tomaria parte no processo revolucionário guiado, conduzido pelo proletariado industrial, ou seja, pela classe que era portadora das melhores condições objetivas e subjetivas para conduzir as lutas sociais. Seria hoje o proletariado industrial a vanguarda capaz ainda de conduzir toda essa imensa massa superoprimida pela ordem regressiva do capital? Em que condições e circunstâncias e através de que instrumentos dar-se-ia o processo político-pedagógico de transformação em classe-para-si não mais de um proletariado industrial numericamente majoritário e hegemônico entre as classes trabalhadoras, mas de uma camada social heterogênea sob muitos aspectos e dentro da qual se destaca uma imensa camada de lázaros?

Pode-se retomar um questionamento feito no primeiro capítulo aplicando-o ao contexto da exacerbação regressivo-destrutiva do metabolismo social: se no primeiro capítulo, portanto, numa análise desvinculada da materialidade sistêmica contemporânea, o princípio da união trabalho e ensino já era questionado como o princípio pedagógico fundamental de Marx, no quadro da nova realidade da exacerbação do caráter regressivo e destrutivo do capital, ainda mais esse princípio deve ser relativizado quanto ao seu estatuto de princípio pedagógico fundamental.

Em grande medida o sentido daquele princípio marxiano[176] era amparado pela condição integradora do trabalho e da escola. Esse sentido integrador do trabalho abstrato – ao qual a escola sempre esteve associada – já não está mais colocado. Desse modo, para que o princípio da união entre trabalho e ensino readquira sentido dentro da caminhada transformadora dos "de baixo", impõe-se a necessidade de se garantir o sentido integrador do trabalho, o que não parece mais possível sob a condição de mercadoria.

A possibilidade da atualização do princípio da união trabalho e ensino passa pela existência do trabalho como fundamento integrador da sociabilidade e apenas como tal pode ele sustentar uma educação radicalmente democrática ou mesmo a escola que realize as promessas liberal-democráticas.

A ideia da retomada ou refundação do caráter integrador do trabalho pode ser vista a partir de duas perspectivas: uma seria a que acredita na retomada desse sentido integrador do trabalho como trabalho abstrato mesmo, isto é, mesmo sob a forma mercadoria, no interior do sociometabolismo do capital; outra seria a concepção que se defende aqui segundo a qual a refundação do sentido integrador do trabalho viabilizar-se-ia apenas pela superação do trabalho sob a forma mercadoria e pela superação do sistema do capital em sua fase de exacerbação da tendência regressiva e destrutiva.

---

[176] O princípio da união do trabalho e ensino, segundo a elaboração marxiana, como já foi discutido no primeiro capítulo, se colocava em duas perspectivas diferentes: uma se referia à articulação da educação com o trabalho sob a forma mercadoria, como trabalho abstrato, portanto, sob as determinações históricas da sociedade capitalista; a outra se referia à realidade em que o trabalho se configuraria efetivamente como atividade vital do "reino da liberdade" e não mais como uma atividade estranhada e alienante. Obviamente, está-se tratando aqui do primeiro plano. Ver Sousa Jr. J., 1999.

As correntes social-democratas ou neokeinesianas em geral, ou ainda a chamada esquerda propositiva, têm plantado a ideia de que é possível combater o neoliberalismo,[177] retomar o crescimento econômico, consequentemente,[178] dividir melhor os resultados da produção social, estabelecer novos e bons padrões de emprego e consumo sem realizar grandes transformações sociais e econômicas.

Segundo aquelas correntes, até mesmo no que diz respeito aos métodos, a democracia representativa, sem qualquer sobressalto, poderá perfeitamente atingir aquele objetivo de maior crescimento com justa divisão dos resultados sem amplas mobilizações de rua, isto é, sem a educação política e a mobilização das massas. Nesse contexto teórico-político parece perfeitamente possível a retomada do sentido integrador do trabalho sem qualquer consideração sobre a tendência regressiva e destrutiva do capital, algo como se ela não existisse ou como se fosse uma tendência superficial facilmente contornável ou superável.

Com a tendência da crise do trabalho abstrato formal e diante da impossibilidade de se retomar o sentido integrador do trabalho sob a forma mercadoria no contexto regressivo e destrutivo do capital, cabe aos "de baixo" buscar

---

[177] Nesses casos o neoliberalismo é visto como epifenômeno, como políticas de Estado que podem simplesmente ser trocadas de acordo com os programas dos partidos. Ele não teria raízes mais profundas que a política e o aparelho de Estado. Noutras palavras, para aquelas correntes o combate ao neoliberalismo dispensa qualquer questionamento à ordem econômica mundializada, por isso, na maioria das vezes, os programas de esquerda baseiam sua oposição ao neoliberalismo explícita ou implicitamente numa nostalgia keynesiana.

[178] Nos programas da chamada esquerda propositiva o crescimento econômico – nos padrões burgueses mesmos – virou a grande e principal aspiração sem que a este crescimento se oponha qualquer questionamento social, político, econômico, ecológico etc. Não só o crescimento virou a grande bandeira da esquerda – ressalvadas as exceções retumbantemente minoritárias – como o bem-estar das classes trabalhadoras e tudo o mais aparece possível apenas como resultado dele. A esquerda governista sonha em ser reconhecida por realizar um programa que crie as condições adequadas para se alcançar altos índices de crescimento, bons níveis de emprego e de consumo dos trabalhadores sem nunca questionar a viabilidade da universalização desse programa, seu sentido para as aspirações históricas das classes trabalhadoras ou os impactos ecológicos dos padrões produtivos da chamada "economia competitiva".

reconstruir o sentido progressivo e emancipador do princípio da união trabalho e ensino dentro da nova realidade do trabalho e da educação.

Como aponta Frigotto, a necessidade da transformação do trabalho em atividade social livre não mais como trabalho abstrato é uma condição cuja efetivação não dispõe de formulação acabada. Frigotto coloca como uma das possibilidades de reorganização do trabalho a construção de uma nova cultura do trabalho, o processo de auto-organização dos trabalhadores.[179]

O próprio autor se pergunta sobre o "alcance global destas alternativas e o que há de romantização ou efetivamente novo em termos de relações econômicas e cultura do trabalho". Não só parecem pertinentes as questões do autor como também é preciso desconfiar da capacidade desse tipo de iniciativa de superar efetivamente a crise do trabalho assalariado e o sentido regressivo e destrutivo do capital enquanto permanecerem como iniciativas isoladas que não questionem o próprio metabolismo social do capital como um todo. De todo modo, as experiências alternativas precisam ser feitas, pois não há receita pronta de como se fazer o trabalho solidário e emancipado.

Existem atualmente diversas formas através das quais se busca lograr aquele objetivo. É preciso, no entanto, que elas se coloquem como parte de um corpo programático em que seja questionado o metabolismo social do capital como um todo (ou "continuaremos trabalhando sem alegria para um mundo caduco, onde as formas e as ações não encerram nenhum exemplo...").[180]

O mais novo e importante desafio que tem de enfrentar a perspectiva emancipacionista da educação, ou qualquer teorização sobre educação preocupada com as condições históricas das classes trabalhadoras, sobretudo na periferia do sistema do capital, é justamente o fato

---

[179] "A auto-organização dos excluídos mediante uma organização alternativa do trabalho, uma nova cultura do trabalho. Esta realidade vem sendo cunhada com nomes diferentes e com sentidos diversos. Economia solidária é um deles. (...) Mas também encontramos os conceitos de economia popular, economia de sobrevivência e, mais amplamente, de mercado informal" (FRIGOTTO, G. *Educação e a crise do capitalismo real*. São Paulo: Cortez, 1995, p. 11).

[180] Do poema "Elegia 1938". ANDRADE, C. Drummond de. *Poesia e prosa*. Rio de Janeiro: Nova Aguilar, 1983.

de que o papel que cumpre hoje à massa de trabalhadores para a reprodução do sociometabolismo do capital é significativamente diferente das fases em que o processo de acumulação implicava num processo "civilizador" progressivo.

Esse fato coloca novos desafios para as elaborações a respeito da relação trabalho e educação. As elaborações que são marcantes no horizonte emancipacionista, como a proposta de união trabalho e ensino e de politecnia desde Marx até a proposta de escola unitária de Gramsci, desenvolveram-se a partir de análises sobre um sistema sociometabólico que estava longe de esgotar suas possibilidades "civilizatórias"[181] e que se caracterizava pela necessidade da crescente incorporação dos trabalhadores ao mundo contraditório do trabalho abstrato, o que, aliás, é o fundamento desse processo "civilizador". O princípio e a inspiração dessas formulações são imprescindíveis para o enfrentamento das questões atuais, mas elas precisam ser atualizadas, sobretudo, no que diz respeito ao aspecto da "ativação dos limites absolutos do capital".[182]

Na periferia do sistema do capital criam-se enormes complicações de sociabilização para uma imensa massa de trabalhadores, pois já não são amplas as possibilidades do intercâmbio econômico na forma clássica, isto é, através da venda da força de trabalho, e essa continua sendo uma condição fundamental para definir o modo de inserção dos sujeitos trabalhadores nos processos de socialização.

Na Inglaterra de Henrique VIII, os trabalhadores livres, isto é, a força de trabalho disponível, era conduzida, constrangida a estabelecer relações assalariadas de trabalho sob pena de sofrer pesados castigos em caso de recusa. Mas essas relações de fato se constituíam no meio de inserção no intercâmbio social burguês dos desvalidos, estavam em expansão e

---

[181] Nem por isso, é importante afirmar, esses autores deixaram de apreender as profundas contradições do sistema do capital, como já se afirmou antes.
[182] Esse repensar para a atualização daquelas formulações citadas é proposto por inspiração na proposta de reelaboração programática discutida por François Chesnais em "Propostas para um trabalho coletivo de renovação programática", in: *Trabalho necessário* – revista eletrônica do NEDDATE, n. 1. Disponível em www.uff.br/trabalhonecessario. Acesso em 04/06/2004.

realmente absorviam grande parte da massa de trabalhadores. O trabalho assalariado era a única forma que restava aos "deserdados da terra" para fugirem aos grilhões, aos castigos e à forca.

Na atualidade, definitivamente, as relações assalariadas formais já não são capazes de absorver grande parte da massa dos "deserdados da terra", que padecem nas margens sociais. Porém, as forças dominantes da atualidade se utilizam de outros métodos não mais para obrigar os despossuidos a se tornarem trabalhadores assalariados, mas para desenvolverem estratégias de educação e ocupação como forma de controle social.

Cria-se, portanto, na periferia do sistema, uma "população supérflua"[183] que se integra ou que se encontra no sociometabolismo do capital como uma população desnecessária para o circuito central da produção e do consumo.[184] Trata-se de uma população crescente que vive das sobras produzidas pelo circuito central de realização socioeconômica. Trata-se de uma população que vive entre as sobras, trabalha com as sobras e consome sobras, ou seja, que tem sua história vinculada aos (e que praticamente se esgota nos) processos de reciclagem.

A educação dos trabalhadores desde o ponto da preparação teórica e prática para o trabalho, para a realização do processo de produção de mercadorias, se vista a partir da consideração dessa nova realidade, passa a exigir das elaborações vinculadas ao horizonte da emancipação social novos desdobramentos, novos esforços de atualização.

No caso brasileiro, o que é uma realidade universalizada entre os países da periferia do sistema e, em diferente medida, até mesmo do centro do sistema, grande parcela da população, cerca da metade da

---

[183] STEFFAN, Heinz. Dieterich. "Globalización y educación en América Latina", in: *Educação & Sociedade*, ano XVI, n. 52, dez/95, p. 515-545.
[184] O relatório "A Cilada da Desigualdade" (ONU. *Investindo no desenvolvimento: um plano prático para atingir os objetivos de desenvolvimento do milênio*. Nova York, 2005. Acessado em www.pnud.org.br/milenio/arquivos/ResumodoProjeto.pdf, 2006), mostra que 86% de todo o consumo global é feito pelos 20% mais ricos do mundo e que os 20% mais pobres são responsáveis por apenas 1% do consumo global.

força de trabalho, luta pela sobrevivência na órbita da informalidade, da precarização, da desqualificação.[185] A maioria dos trabalhadores pode contar a seu favor com argumentos do tipo dos elaborados pelos organismos internacionais que defendem a universalização da educação, sendo que essa defesa, seguindo a trajetória regressiva do sistema, não se apoia nas bases liberal-democráticas clássicas, mas em noções que se fundamentam no pressuposto da naturalização das condições sócio-históricas regressivas atuais. Desse modo, a educação – vista como treinamento – seria o modo de ajudar a esses trabalhadores, que compõem a chamada "população excedente", a viver criativamente com o que lhes resta – inclusive atendendo às preocupações socioambientais e contribuindo para o equilíbrio ecológico – no mundo da reciclagem, isto é, transformando as matérias descartadas, reutilizando, dando vida nova às mercadorias que virariam lixo.

Assim, a educação para o trabalho, isto é, o treinamento dedicado aos que são lançados no mundo das incertezas e da feroz competitividade, passa a se distanciar cada vez mais da formação de razoável qualificação vinculada ao emprego formal e estável. Esse tipo de educação para o trabalho, atualizado pelas circunstâncias do capital mundializado e financeirizado, na periferia capitalista, se estriba numa concepção de formação, ou melhor, de treinamento – de acordo com as exigências do mercado,[186] ou seja, ainda nos velhos termos definidos pelos economistas filantropos – cujas características fundamentais têm de ser a diversificação, o aligeiramento, a superficialidade, a flexibilidade e a continuidade.

---

[185] "Hoje, 60% dos novos postos estão no mercado informal, que já representa 46% do total da força de trabalho. Nos últimos 20 anos, o salário mínimo também perdeu 70% de seu valor. E enquanto os defensores do neoliberalismo diziam que a política econômica estava diminuindo a pobreza, o quadro, segundo a Cepal, é de que 40,6% da população latina vive na pobreza e 16%, na indigência" (http://agenciacartamaior.uol.com.br/templates/materiaMostrar.cfm?materia_id=10055&editoria_id=4).

[186] A categoria mercado tem aparecido com maior frequência nos textos críticos desde a década de 1990, depois de também aparecer abundantemente em documentos oficiais e textos de apologia da ordem do capital. Via de regra, essa categoria carece de maior preci-

Se fosse possível algum paralelo com o século XIX – posto que se verifica atualmente uma situação socioeconômica extremamente perversa, com a agravante de que na perspectiva do capital não parece haver possibilidades de reversão das tendências regressivas – poder-se-ia dizer que aquelas tais exigências do mercado se assemelham, isto é, atualizam aprofundando, àquilo que Marx apontou na sua crítica ao conceito de politecnia dos economistas filantropos: a formação dos trabalhadores para um número maior de funções apenas para que estejam prontos para atender às eventuais necessidades produtivas.[187]

Porém, para a desgraça da maioria dos trabalhadores atuais, diferentemente do século XIX, sua importância, segundo a forma como se organiza o processo de acumulação do capital, se resume a (re)trabalhar a incrível quantidade produzida de materiais descartados – ou, sem subterfúgios, do lixo propriamente dito – para que esses materiais não entulhem as cidades e provoquem ainda maiores desequilíbrios ecológicos. Esses trabalhadores mesmos precisam ser treinados para que não venham a ser um estorvo ain-

---

são: ela é demonizada pela esquerda e endeusada pelo capital, porém, em ambos os casos define-se de modo extremamente indeterminado, quase como um ente fantasmagórico (lembrando as analogias d'*O Capital*). Mas o mercado não é um bureau deliberativo homogêneo que define facilmente os rumos socioeconômicos da sociedade (sobretudo na era da mundialização). Ele representa o conjunto complexo das relações de troca capitalista. Portanto, o mercado não é um ente manipulador da vida social, mas um conjunto complexo de relações econômicas cujo fundamento é a oposição capital x trabalho. Com efeito, quando Smith (SMITH, A; RICARDO, D. *Investigação sobre a natureza e as causas da riqueza das nações / Princípios de economia política e tributação*, 2ª. ed. Os pensadores. São Paulo: Abril Cultural, 1979, v. 28.) fala da "mão invisível" do mercado ele pretende indicar que não um ente, mas um princípio fundante, orienta os rumos econômicos: a soma geral das ações particulares dos proprietários de mercadoria, atuando egoisticamente, conduziria ao progresso e ao bem comum. Na crítica marxiana, contrariamente, compreende-se a condução desse princípio como uma anarquia destrutiva que necessariamente concentra e centraliza riquezas.

[187] Para Giovanni Alves (ALVES, G. *Dimensões da globalização*: o capital e suas contradições. Londrina: Práxis, 2001), a polivalência operária, tal como se exige atualmente, não está associada a uma maior qualificação, mas a um processo de "desespecialização", um processo de esvaziamento de conteúdos concretos do trabalho.

da maior para a sociedade, para que não se tornem, eles mesmos, o próprio desequilíbrio, um lixo sem lugar de depósito.[188]

Em tintas carregadas, o que se defende aqui é que a grande novidade posta pelo sociometabolismo do capital é o progressivo crescimento do número de trabalhadores descartados pelos processos nucleares de produção e de consumo da sociedade contemporânea, o que coloca para as discussões sobre a realidade do trabalho, dos trabalhadores e da educação na periferia do sistema a necessidade dramática de atualização das formulações emancipacionistas sobre educação (o princípio da união trabalho e ensino, o conceito marxiano de politecnia e a proposta da escola unitária) no contexto da ordem regressiva do capital, considerando a radicalidade dos princípios daquelas formulações e recusando decisivamente as ilusões a respeito das possibilidades progressistas ou de humanização do capital.

Segundo as referências emancipatórias do campo marxista que debatem a relação trabalho/educação ou o problema da educação profissional como questão específica, a análise desses temas passa necessariamente pela discussão da vinculação entre ensino profissional e geral, dos diversos conteúdos e das perspectivas do mundo do trabalho articuladas ao saber literário, científico etc., em geral, e articulados ainda à dimensão da formação política do sujeito revolucionário.

---

[188] Ugá (UGÁ, Vivian D. "A categoria 'pobreza' nas formulações de política social do Banco Mundial". In: *Revista de Sociologia e Política*. Nº 23, Curitiba, nov/2004. Disponível em: http://www.scielo.br/pdf/rsocp/n23/24621.pdf) refere-se a como o Banco Mundial divide a força de trabalho entre os que têm empregabilidade e os "incapazes", que devem receber cuidadosa atenção: "Esse modelo de sociedade tem um formato bastante simples e seu 'mundo do trabalho' é composto por dois tipos de indivíduos: o competitivo e o incapaz. O competitivo é aquele capaz de atuar livremente no mercado, uma vez que tem competitividade (empregabilidade) para conseguir um emprego, assegurar que não vai perder o que tem ou, ainda, se acontecer de perdê-lo, conseguir um novo emprego. O indivíduo incapaz é aquele que não consegue nada disso. Ele não tem empregabilidade, nem é competitivo, uma vez que não pôde (ou não quis) investir em seu próprio 'capital humano'".

Esse princípio, portanto, não pode se perder diante dos limites postos pelas contingências das questões mais imediatas, e essas questões, por sua vez, devem estar submetidas às definições estratégicas de classe. No caso brasileiro[189], o debate acontecido no Governo Lula da Silva expressou, de certo modo, como um posicionamento de princípio se mostrou de some-

---

[189] Setores representativos dos interesses dos trabalhadores, entidades sindicais, entidades de pesquisadores, intelectuais, etc. estiveram desde o início do Governo Lula da Silva organizados e atentos na perspectiva de atuar no campo da disputa hegemônica visualizando reformas que avançassem na democratização da educação profissional. Esses setores levantaram algumas questões importantes a respeito da educação profissional que giravam em torno da necessidade de o novo governo levar à frente as discussões que a esquerda fazia há tempos. Uma delas era fortalecer o setor público num diálogo com o chamado sistema "S", que deveria recolocar o problema do financiamento das ações de formação desenvolvidas por aquele sistema, assim como exigir transparência na gestão dos recursos e no processo de realização da educação profissional como um todo. Outra questão dizia respeito ao Decreto Lei 2.208/97, que colocava a educação profissional como modalidade de ensino retirando-a do âmbito da educação básica e separando, portanto, ensino médio e ensino profissional. Aquele Decreto provocou inúmeras reações dos setores representativos dos trabalhadores justamente porque rompia com um princípio caro à tradição emancipacionista e/ou marxista da união trabalho-ensino e porque colocava a formação profissional cada vez mais atrelada imediatamente ao movimento sinuoso das demandas do mercado. Tanto a primeira questão quanto a segunda não avançaram no Governo Lula da Silva. No primeiro caso, foram abortados os primeiros ensaios de enfrentamento dos problemas existentes no âmbito da relação entre setor público & setor privado – sistema "S". No segundo caso, o Governo Lula revogou o Decreto 2.208/97, em meados de 2004, mas editou um novo (5.154/04) que resguardava a possibilidade de articulação entre ensino médio e profissional, mas admitia a existência do modelo anterior. De fato aí, mais uma vez, o Governo Lula da Silva mostrava sua vigorosa disposição para a conciliação. Esse embate foi mais um capítulo, entre tantos, em que se desestimularam muitos dos envolvidos em buscar a disputa hegemônica no atual governo. Intelectuais, educadores, sindicalistas criticaram o modo de condução da questão por parte do governo bem como o método encontrado para resolver a questão por meio de Decreto, assim como o próprio conteúdo da solução que não avançou em nada, apenas procurou atender interesses conflitantes. Ver, entre outros: RODRIGUES, J. "Quarenta anos adiante: breves anotações a respeito do novo decreto da educação profissional". In: *Trabalho Necessário*. Ano 3, no. 3, 2005 (Disponível em http://www.uff.br/trabalhonecessario/Jose%20Rodrigues%20TN3.htm. Acesso em: 03/03/2006, e FRIGOTTO, G., CIAVATTA e RAMOS, M. "A gênese do decreto 5.154/2004: um debate no contexto controverso da democracia restrita". In: *Trabalho Necessário*. Ano 3, no. 3, 2005 (Disponível em http://www.uff.br/trabalhonecessario/MMGTN3.htm. Acesso em 03/03/2006).

nos importância, uma vez que é proposto em separado do conjunto da concepção a que se vinculava, diante de um quadro dramático do sistema de educação e do mundo do trabalho (baixos índices de escolarização, altas taxas de desemprego, informalização, precarização etc.).

A simples lavratura de uma peça de lei – tal como se deu com os Decretos 2.208/97 e 5.154/04 – estabelecendo a união ou a separação das modalidades de educação não tem significado relevante a menos que se discuta profundamente o tipo de educação e qual seu papel numa perspectiva estratégica, dentro de um projeto de sociedade.

No bojo das formulações clássicas do campo emancipacionista, a educação profissional ou formação para o trabalho – a educação mais diretamente vinculada ao momento da produção – sempre foi colocada no âmbito da educação como um todo, e tinha como preocupação imediata combater os malefícios da divisão do trabalho. Quando Marx formulou o princípio da união trabalho e ensino, ele tinha como objetivo imediato permitir que os trabalhadores, tomados até aqui como força de trabalho, construíssem melhores condições de sobrevivência no sistema; além disso, ele pensava num modo através do qual os trabalhadores fossem dotados das possibilidades de exercer maior poder no interior dos processos produtivos por meio da posse do "saber produtivo" e geral; mas, acima de tudo, Marx vislumbrava o processo de educação desses trabalhadores na perspectiva da sua formação como sujeito social potencialmente revolucionário.

Marx imaginava, por fim, formular uma proposta que contemplasse um processo ambicioso de formação técnica, geral (literária, científica etc.) e política, inclusive acrescentando o desenvolvimento físico e os exercícios militares, segundo a qual os proletários elevar-se-iam acima das demais classes.

Na proposta de Marx há uma preocupação em enfrentar as questões mais imediatas que estavam postas no debate de então no seio da Associação Internacional dos Trabalhadores (AIT), inclusive as teses proudhonianas a respeito da obrigatoriedade do ensino, do papel da família e do papel do Estado.

Com efeito, estão presentes também, ao lado das preocupações imediatas, as formulações de princípio, das quais se destaca a indissociabilidade entre as dimensões de educação (manual, intelectual, técnica, geral etc.)

que almejavam contribuir para o processo de formação da classe-par-si. A finalidade da educação para Marx era, em última instância, fortalecer as classes exploradas, teórica e praticamente, para torná-las capazes de protagonizar o processo de superação do capital.

Quando se afirma aqui a necessidade de atualização das formulações emancipacionistas que debatem a educação dos trabalhadores (educação geral, educação profissional etc.), pensa-se na necessidade de atualizá-las dentro do quadro da "ativação dos limites absolutos do capital" que problematiza o trabalho, a educação, as classes, a emancipação etc. Uma indagação que os adeptos da tradição emancipacionista precisam se colocar é: como se põe no atual estágio do metabolismo socioeconômico do capital o princípio educativo do trabalho?

Como indicação, este texto sugere que o caminho da atualização das formulações emancipacionistas que debatem a relação trabalho e educação deve questionar profundamente os princípios – às vezes implícitos – de fé no pressuposto do eterno movimento progressivo do capital.

No fundo, muitas das elaborações sobre a educação dos trabalhadores acreditam que a boa formação é aquela que se esmera no aperfeiçoamento técnico, capaz de melhorar os índices de produtividade, competitividade e emprego, o que, consequentemente, desencadearia um processo de crescimento econômico e social de elevação da oferta de empregos, do nível de consumo dos trabalhadores, por fim, incrementando todo um ciclo de prosperidade econômica. Algo como um resgate "esculpido em carrara" das ideias dos economistas clássicos de cerca de três séculos atrás.

Parte significativa da tradição marxista, especialmente a que esteve sob a influência direta da experiência soviética stalinista, seguiu um caminho interpretativo e de "aplicação" das elaborações marxianas que acabou operando certas distorções conceituais e impropriedades políticas e práticas.

Em primeiro lugar, e retomando a discussão sobre o papel pedagógico da revolução social desenvolvido no primeiro capítulo, percebe-se que esse conceito em geral foi reduzido e confundido com meras ações militares e de expropriação. A revolução perdeu seu aspecto mais generoso e apaixonante: seu caráter educativo de ruptura ampla e profunda com a sociabilidade burguesa como um todo, desde as medidas práticas fundamentais contra a propriedade privada dos meios de produção, de controle do Estado, até a fetichização da mercadoria, a reificação, a alienação e o estranhamento.

A dimensão militar de meio passou a fim e as tarefas econômicas[190] acabaram se transformando nas principais questões da revolução social. As ações imediatas pensadas para assegurar as conquistas acabaram engessando o movimento de transformações e tornando-o um processo burocrático e reacionário; transformaram-se em ações opostas às metas ousadas de construção de uma nova sociabilidade e de um novo homem.

Questões que são marcas do sistema do capital como a mercadoria, o salário e a noção capitalista de produtividade, assim como a condução política do Estado com mão de ferro, acabaram sendo exacerbadas na condução do processo revolucionário. Está-se falando do processo revolucionário soviético, que foi o guia das revoluções proletárias, mas isso vale para toda tradição dessas revoluções.

Estes últimos parágrafos foram desenvolvidos para se chegar ao princípio pedagógico do trabalho, que, por sua vez, também sofreu distorções[191] com a tradição das revoluções proletárias.

De um modo geral, o princípio pedagógico do trabalho é destacado do conjunto dos elementos da concepção marxiana da educação e elevado

---

[190] O próprio conceito de economia, talvez devido ao caráter pragmático que se impõe no processo de transformação social, perdeu as dimensões socioexistenciais mais amplas definidas por Marx, o que distinguia profundamente sua concepção de economia da economia burguesa. Em Marx, essas tarefas econômicas não se restringem a uma esfera separada da vida social nem são definidas exclusivamente por técnicos ou especialistas, elas atingem toda a dimensão social, cultural, existencial da coletividade e envolvem toda essa coletividade, que submete o metabolismo social às suas necessidades.

[191] Entenda-se o termo "distorção", na medida do possível, sem o ranço da pretensão e da arrogância. Ele não se refere a uma acusação pretensamente superior de suposta incapacidade de entendimento sobre as formulações de Marx. Refere-se ao reconhecimento de que, em parte, essas "distorções" resultam das limitações históricas da realização das revoluções proletárias, cujos fatores determinantes são bastante complexos. Por outra parte, refere-se ao reconhecimento de que a teoria marxista seguiu rumos que interessavam ao tipo de controle social estabelecido na URSS stalinista. Sobre os problemas da construção revolucionária soviética, ver Mészáros, I., 1987.

a princípio pedagógico fundamental, chegando muitas vezes até a negar ou anular os demais fatores.

Ora, a dimensão do trabalho abstrato, por mais contraditória que seja e ainda plena de potencial educativo, pelas suas próprias contradições, não poderia jamais resumir em si toda a preocupação marxiana quanto à educação ou formação do sujeito social potencialmente revolucionário.

A dimensão da práxis revolucionária, que seria uma construção realizada pelo próprio sujeito social potencialmente revolucionário, buscando realizar essa potência, se constituindo como classe-para-si dentro das condições dadas da sociabilidade em que se insere, foi ou esquecida ou vista como momento secundário em relação ao princípio pedagógico do trabalho.

Esse tipo de compreensão acaba sendo útil e cômodo para os educadores que até respaldam a teoria marxista, mas, por motivos diversos, não se dispõem a atuar organicamente junto aos processos de construção da classe-para-si. Ora, se o momento do trabalho abstrato é, pelas suas próprias contradições, do ponto de vista pedagógico, suficiente para a formação do sujeito social potencialmente revolucionário, então as outras ações, que se desenvolvem ao redor do momento pedagógico do trabalho abstrato, tornam-se desimportantes, desnecessárias ou, no mínimo, secundárias.

Ora, o que se defende aqui é justamente a necessidade de se entender toda preocupação marxiana para com a educação, em primeiro lugar, associada a suas elaborações a respeito da emancipação social; em segundo lugar, sua concepção de emancipação social é, em si mesma, uma concepção de educação; e, por último, os diferentes elementos presentes nas formulações de Marx sobre educação compõem uma totalidade complexa e articulada: trabalho abstrato, processos de autoeducação proletária, escola, locais de moradia, família e todo o cotidiano existencial da classe, por fim.

Outro fator que se apresenta como fundamental para que se amplie a noção de educação em Marx é a própria questão desenvolvida neste item: o dado regressivo e destrutivo do capital que ainda mais relativiza o papel prioritário do trabalho abstrato como formador do sujeito social potencialmente revolucionário.

Marx não precisou viver a época regressiva do capitalismo para recusar toda posição acrítica quanto à dinâmica produtiva do capital e aos pressupostos teóricos da economia clássica. Para ele, as formulações sobre a educação para o trabalho apareciam exatamente articuladas às dimensões da formação política cujo objetivo estratégico geral era a emancipação social.

Repensar a educação para o trabalho na atualidade é enfrentar a discussão que Chesnais[192] propõe, começando pela investigação sobre quem seria hoje o sujeito revolucionário, aquele que movimenta a produção e que é potencialmente o protagonista do processo de superação histórica do capital? Em que condições atua produtiva e politicamente esse sujeito? Como deveria se processar sua formação?

A educação profissional, como parte de uma proposta de educação dos trabalhadores cuja perspectiva é a formação do sujeito revolucionário, desde o momento da preparação da força de trabalho para os processos produtivos, em que prevalece a dimensão técnica, até a preparação política para as lutas sociais, que se faz nessas próprias lutas, precisa considerar a proposição de Chesnais.

As correntes da esquerda que nutriam a ilusão de que as contradições do capitalismo, visto como sistema social em ascensão, por si encaminhariam o processo histórico, ou que defendiam um papel ativo, mas secundário, frente ao imperioso automatismo da objetividade contraditória do sistema, agora precisam desenvolver maior esforço para compreender os "novos" contornos da contradição capitalista em sua fase regressiva, especialmente no campo da educação.

---

[192] Sobre as questões que envolvem esse sujeito revolucionário, Chesnais *(op. cit.)* critica os analistas que sublimam a complexidade dos problemas colocados mais recentemente, quando se referem simplesmente ao operário fabril como se representasse o todo da massa trabalhadora, fazendo, portanto, tábua rasa das incríveis transformações ocorridas no sistema do capital, nos processos produtivos e na constituição das classes trabalhadoras: "Ninguém, excetuando um 'crente laico', pode conformar-se com essa colocação. Ela tem de ser reformulada à luz da história, das mudanças organizacionais do capitalismo (a profunda mutação das fronteiras entre 'trabalho produtivo' – reputado produtor de mais-valia – e "trabalho improdutivo"; a grande desconcentração da produção; a extrema individualização das tarefas que desloca a compreensão do caráter marcadamente social do processo produtivo)".

A fragmentação dos processos produtivos – contraditoriamente ainda mais rigorosamente controlados pelo capital – mais a fragmentação das massas trabalhadoras e dos sistemas educacionais implicam em novos e enormes desafios para a perspectiva emancipacionista da educação.

As formulações marxistas sobre educação, que tinham como finalidade a emancipação social, como já foi colocado, desenvolveram-se na fase progressista do sistema do capital, cujo limite poderíamos situar no fim da "era de ouro" do pós-Segunda Guerra. Essas formulações contavam com o crescimento das relações assalariadas e a crescente incorporação de trabalhadores ao sistema produtivo, com a ampliação dos espaços democráticos formais,[193] com a expansão da escola e com o fortalecimento dos instrumentos de luta política e autoeducação dos trabalhadores.

Poder-se-ia afirmar que até a "era de ouro", apesar das idas e vindas, o sistema do capital perseguiu essa linha ascendente. De modo que o processo de formação das classes trabalhadoras tinha a seu favor uma experiência contraditoriamente construtiva baseada em três processos fundamentais: a experiência das contradições do trabalho abstrato (a experiência do princípio educativo do trabalho); a experiência de educação formal na escola em ascensão; e a experiência nos processos profícuos de autoformação desenvolvidos pelos próprios instrumentos de organizações dos trabalhadores e nas lutas sociais; sem contar com a riquíssima experiência da vida partilhada nos bairros operários e no cotidiano de uma massa trabalhadora assalariada e empregada.

Na atual fase regressiva em que o capital perdeu os viços da juventude e adquiriu as marcas da senilidade, nem o trabalho, nem a escola, nem as organizações de classe – nem mesmo a constituição da própria classe –,

---

[193] Bem entendida, essa colocação não tem nada de Bernsteiniana, nem é devota do Estado burguês. Não tem pretensão de obscurecer as enormes diferenças e particularidades que acompanharam o percurso da democracia burguesa no mundo. Mesmo reconhecendo a correção de Hobsbawm (HOBSBAWM, E. *Era dos extremos: o breve século XX*. São Paulo: Companhia da Letras, 1995), que limita o estado de bem-estar social a um curto período de tempo e a um punhado de países, mesmo observando a recorrência de inúmeros e brutais conflitos imperialistas ao longo desse tempo, é preciso admitir que, formalmente, mesmo sem ser uma trajetória linear, a democracia formal se ampliou ao longo do século 20 e teve seu apogeu no welfare state.

assim como a chamada expansão dos espaços democráticos formais do Estado burguês, não formam mais uma totalidade contraditoriamente construtiva para a constituição, formação e atuação política proletária como outrora foram.

As questões aqui levantadas pretendem fustigar, provocar teoricamente, as reflexões sobre educação que se desenvolvem à sombra das contradições do capital e que não ultrapassam a concepção de que as contradições do capital, como motor da história, funcionam por automatismos posicionando-se passivamente frente a eles. Por fim, essas reflexões não se deram conta da "ativação dos limites absolutos do capital" e da predominância de suas tendências regressivas.

A seguir são enumerados alguns pontos que se colocam como desafios para a reflexão e para a ação emancipatória em educação:

a) Buscar reconstruir a unidade da perspectiva histórica de classe no interior da fragmentação da massa trabalhadora: trabalhadores qualificados, "desqualificados", empregados, desempregados, subempregados, "marginalizados", "população supérflua".

b) Buscar a atualização dos princípios fundamentais das formulações marxistas para educação/emancipação: indissociabilidade dos diversos aspectos e níveis da educação (prático e intelectual – técnico, científico, político, literário etc.) e resgate da dimensão da práxis revolucionária como momento pedagógico fundamental.

c) Buscar compreender a nova configuração do trabalho, da escola, do Estado e das organizações dos trabalhadores e o modo como podem servir aos processos de constituição da classe-para-si.

Capítulo 3

A Mundialização do Capital e a Crise da Escola

A questão que se põe neste ponto da reflexão é: que contribuição se pode extrair das formulações de Marx a respeito da educação, da escola e das lutas proletárias para se pensar o atual contexto da educação e da sociedade contemporânea?

A contribuição marxiana para a educação, que vislumbra a emancipação social, como se tentou demonstrar, se constitui de um programa que inclui dimensões importantes do cotidiano dos trabalhadores, como as experiências vividas no mundo do trabalho, as experiências de autoformação teórico-política da classe, mas também passa pela radicalização democrática do direito de acesso ao saber socialmente produzido. Essa perspectiva representa um paradigma fundamental para balizar as discussões atuais, nestes tempos em que tudo mudou e nada é novidade.

Muitos dos aspectos da contemporânea dinâmica do sociometabolismo do capital são fenômenos que fogem ao alcance das formulações marxianas; outros são fenômenos sobre os quais Marx apresenta alguma contribuição por ter feito projeções razoáveis. O próprio dado do esgotamento ecológico, por exemplo, não foi objeto de preocupação daquele autor, não porque não tivesse consciência do potencial destrutivo inerente ao capital,[194] mas porque acreditava na possibilidade con-

---

[194] Uma demonstração de como Marx (1989: 579) considerava a dimensão destrutiva do capital pode-se perceber numa referência sobre como a grande indústria e o desenvolvi-

creta de a superação do capital acontecer antes da exacerbação daquela potencialidade destrutiva.

Porém, de um modo geral, os grandes traços do desenvolvimento social como a tendência a mundialização das relações produtivas; a constante transformação dos processos de trabalho no sentido da predominância dos recursos científico-técnicos e de instrumental avançado em relação ao trabalho vivo e à crise social do trabalho abstrato, ou seja, do trabalho como atividade produtora de mercadorias; o aprofundamento das contradições sociais e a "barbárie" como resultado do movimento autoexpansivo e destrutivo do capital, além da contradição entre a dinâmica mundializada do capital de um lado e os limites nacionais dos Estados de outro; tudo isso são questões que podem ser mais bem compreendidas através da contribuição teórica marxiana.

A crise da escola, por sua vez, segundo a forma como se apresenta hoje, sob muitos aspectos, se coloca como um desafio à análise de cunho marxista, justamente porque está diretamente associada aos fatores da estrutura em crise da dinâmica regressivo-destrutiva e mundializada do capital. Essa dinâmica, entretanto, a despeito da inegável aparência de novidade, pode, como dissemos acima, ser compreendida com maior profundidade sob a perspectiva teórica de Marx; afinal, sob o véu de novidade da sociedade contemporânea, esconde-se uma alma anciã.[195]

A escola ou a educação formal, desenvolvida em instituições oficiais sustentadas pelo fundo público, desempenhava um papel definido dentro da concepção marxiana de educação, ao lado da dimensão pedagógica do trabalho em geral e do trabalho abstrato em particular e da práxis revolucionária.

---

mento da agricultura capitalista consomem de maneira destrutiva o homem e os recursos naturais: "a produção capitalista, portanto, só desenvolve a técnica e a combinação do processo social de produção, exaurindo as fontes originais de toda riqueza: a terra e o trabalhador".

[195] "No fim sereis sempre o que sois. / Por mais que os pés sobre altas solas coloqueis, / E useis perucas de milhões de anéis, / Haveis de ser sempre o que sois" (GOETHE, J. W. von. *Fausto*. Belo Horizonte: Editora Itatiaia, 1987: 86). Tal como na fala de Mefistófeles, o mesmo pode-se dizer do sistema social produtor de mercadorias.

No contexto da mundialização do capital e da exacerbação do caráter regressivo e destrutivo do capital, o conjunto dos elementos pensados por Marx que compunham sua concepção de educação assume forma bem distinta das que o autor pôde vivenciar: a crise do trabalho abstrato, as modificações na composição do proletariado, nas suas condições de vida, de trabalho, da sua organização como classe, enfim, tudo isso compõe um quadro de mudanças significativas no campo da práxis revolucionária e no plano da escola também.

Neste capítulo o que se põe em relevo é a escola e a crise por que passa, submetidas à reflexão a partir da contribuição marxiana.

3.1. O lugar da escola na perspectiva marxiana da educação

Este item inicia-se retomando resumidamente os principais pontos destacados por Marx, os quais, segundo ele, deveriam compor o conjunto das preocupações proletárias na sua luta por escola.

Segundo o que se verifica nas formulações marxianas, a educação formal, isto é, a escola, ocupa um lugar muito bem definido e desempenha um papel muito claro dentro do que está-se denominando como programa marxiano de educação ao lado da dimensão das experiências no trabalho e nas lutas sociais (práxis político-pedagógica).

A escola, tal como se estrutura na modernidade, é uma instituição burguesa, no sentido de que é nascida do ventre da sociedade do capital, se vincula ao ideário democrático-burguês e toma parte na dinâmica produtiva e reprodutiva dessa sociedade. Portanto, a escola como microestrutura da sociedade burguesa relaciona-se através de redes complexas, tensas e contraditórias com a dinâmica social maior. Toda a autonomia relativa e suas contradições não permitem, todavia, transformar a escola, como sistema nacional de ensino, em instituição antagônica às diretrizes fundamentais do metabolismo social ao qual se vinculada.

No entendimento de Marx, a escola faz parte da dinâmica da sociedade produtora de mercadorias, desse modo, tal como ocorre em todas as microestruturas dessa sociedade, a escola também é perpassada por contradições internas, além das que se colocam nas relações que estabelece com outras esferas da sociedade no bojo da dinâmica social mais abrangente.

A despeito desse caráter de microestrutura indissociável das estruturas da sociedade do capital, a importância da escola para a caminhada emancipatória do proletariado não se desfaz. Essa importância reside justamente no fato de a escola ser o local privilegiado onde as camadas sociais exploradas podem vir a ter acesso a determinados saberes acumulados que podem ser importantes para a formação proletária.

O papel desempenhado pela escola dentro do programa marxiano de educação, como visto no primeiro capítulo, pode ser esboçado tomando como parâmetro a distinção marxiana a respeito dos conteúdos da educação. Aquela distinção, ainda que problemática, tem a vantagem de indicar muito claramente que a escola deve encarregar-se de um determinado tipo de conteúdos, de um determinado tipo de formação, ao passo que aqueles mais diretamente associados ao processo sócio-histórico da emancipação proletária, os mais decisivos para a formação política do sujeito revolucionário, estariam a cargo do processo autoeducativo do proletariado.

Em Marx, o papel da escola se define pela sua limitação e pela característica de papel complementar ao lado dos processos educativos que se desenvolvem em torno das categorias trabalho e práxis. A escola, mesmo sendo uma instituição burguesa, que atende a finalidades colocadas pela dinâmica da sociedade produtora de mercadorias, é uma instituição que, se não é central para o processo de formação das classes revolucionárias, poderia vir a ser um espaço importante de socialização do conhecimento. Pelo menos era o que assim indicavam as reivindicações formuladas por Marx para os Congressos da Associação Internacional dos Trabalhadores (AIT).

Viu-se pelos debates entre marxistas, proudhonianos e lassallianos ocorridos na AIT que Marx acreditava que a disputa política perpassava o todo da vida social: trabalho, sociedade civil, Estado etc., e que a escola poderia desempenhar algum papel positivo, ao lado de outros momentos pedagógicos, em favor da perspectiva emancipatória.

Era importante, segundo Marx, colocar as crianças desde tenra idade na escola, combinando educação e trabalho. Isso porque acreditava na impossibilidade da abolição completa do trabalho infantil à época – até hoje jamais erradicado.[196] Marx defendia ainda a regulação e redução da jornada de trabalho das crianças, bem como o estabelecimento de uma escala de gradação das jornadas de trabalho e estudo das crianças de acordo com a medida do seu desenvolvimento físico, intelectual e subjetivo em geral.

Outra medida fundamental para que a escola cumprisse papel importante na caminhada proletária emancipacionista era justamente a articulação das atividades de trabalho e educação. Segundo Marx, essa articulação elevaria o proletariado acima das classes aristocrática e burguesa, pois a união desde cedo entre trabalho e educação seria um ganho real na formação dos trabalhadores, na medida em que significaria uma unidade entre atividades intelectuais e manuais.

Para o autor alemão, a condição de engajamento dos trabalhadores nos processos produtivos, todo o seu desenvolvimento prático, uma vez aliado ao conhecimento dos fundamentos científicos e tecnológicos da produção, mais o conhecimento de línguas, literaturas, história etc. elevariam o espírito proletário. A complementação desse processo educativo seria dada pela totalidade da práxis revolucionária no cotidiano das lutas e das atividades autoeducativas das lutas sociais.

Como foi demonstrado no primeiro capítulo, Marx defendeu contra os proudhonianos no interior das instâncias do movimento operário a tese de que a escola deveria ser pública, obrigatória e gratuita, que

---

[196] Como foi demonstrado anteriormente, o trabalho infantil foi um dos pontos de divergência entre marxistas e proudhonianos no seio da AIT. Talvez Marx estivesse com a razão quanto ao papel da mão de obra infantil para a produtividade capitalista, pois mesmo no berço do capitalismo o trabalho infantil ainda não foi erradicado: "Na Inglaterra, em 1995 o trabalho temporário abrangia 7% da população ativa. Neste país o trabalho infantil alcançava, no início de 1998, 2,1 milhões de jovens de 6 a 16 anos, dos quais 500 mil tinham menos de 13 anos. Por outro lado, a Inglaterra conseguiu, há não muito tempo, que a Comissão Europeia anulasse uma lei que estabelecia um limite de 12 horas semanais para o trabalho de crianças menores de 14 anos, ampliando este limite para 17 horas" (BEINSTEIN, J. *Capitalismo senil*. Rio de Janeiro: Edições Record, 2001: 68).

deveria ser obrigação do Estado o financiamento, a regulamentação da instrução[197] e reconhecia o Estado como o interlocutor para quem o proletariado deveria dirigir suas reivindicações e exigências.

A compreensão marxiana de escola, que dialeticamente reconhecia nela uma importância determinada, um papel definido ao lado de outras dimensões pedagógicas ao mesmo tempo em que a considerava uma microestrutura da sociedade produtora de mercadorias e submetida a ela, não foi o paradigma que predominou no interior das lutas sociais populares por escola.

Quanto à concepção de escola, ao longo do século XX confrontaram-se duas importantes correntes: uma representada pelas teses que não compreenderam a dialética marxiana e reduziram suas formulações à ideia de que a escola seria uma microestrutura cuja função se resumiria à mera reiteração da dominação do capital sobre o trabalho;[198] e outra, composta de uma série de variantes cujo elemento comum seria a ideia de que a escola deteria uma capacidade de autonomia suficiente para lhe possibilitar um funcionamento antagônico à dinâmica social da qual é parte integrante. Além disso, ainda nessa segunda visão, a escola seria a instituição que concentraria em si o poder de redimir os mais graves problemas e contradições da sociedade capitalista.

---

[197] Está-se referindo aqui à gestão do sistema e não à gestão da escola como unidade isolada e o que está em jogo é o papel do Estado como a instância que se opõe aos interesses privados e que resguarda de alguma maneira o espaço público (por mais que essa ideia possa parecer estranha para algumas linhas de interpretação marxista).

[198] Em geral, essa é a acusação que se faz aos reprodutivistas. Embora não seja descabida nem completamente desproposital essa acusação, via de regra, acaba desconsiderando a contribuição que esses autores deram à reflexão educacional, a qual reside, justamente, na crítica ao caráter classista da escola. Essa contribuição foi de extrema importância, especialmente em contextos em que prevaleciam concepções de educação conservadoras, tradicionalistas que não conseguiam pensar a escola como um espaço de disputas hegemônicas, mas apenas como extensão do lar, e não compreendiam a atividade de ensino como práxis perpassada por elementos políticos e ideológicos, mas como uma vocação cristã, uma ação messiânica.

Os embates entre essas correntes são atuais, embora sem o mesmo viço de décadas atrás, mas o fato é que as lutas sociais por educação ainda as têm como importantes referências. Enquanto a primeira das correntes citadas segue firme como um modo de desqualificar e empobrecer as análises marxistas, a segunda se fortalece cada vez mais a partir das várias contribuições de toda sorte de reflexões não críticas ou pseudocríticas.

Entre as concepções do segundo grupo encontram-se as defendidas pelos setores organizados dos trabalhadores que acreditavam no Estado como instrumento possível de afirmação de políticas sociais democráticas e capaz de se confrontar com o capital.

Entre essas concepções e as formulações marxianas há em comum o fato de que ambas encontravam diante de si uma sociedade em que se expandiam as relações de trabalho assalariado e se fortaleciam os Estados como instâncias de regulação econômica, jurídica, política de caráter nacional nas quais, consequentemente, também se ampliavam as possibilidades da disputa política nos espaços democráticos formais.

Essa ampliação representava possibilidades efetivas de avanços das conquistas políticas e econômicas dos trabalhadores. De fato, nesse período progressista, isto é, dentro dessa linha ascendente do processo civilizatório do capital, os Estados-nacionais detinham um grau de soberania maior relativamente ao que é possível no atual estágio de mundialização econômica.[199]

---

[199] Sem contrariar a tese de Giovanni ARRIGHI ("La globalización, la soberanía estatal y la interminable acumulación del capital". In. *Iniciativa Socialista*, número 48, marzo, 1998), isto é, sem negar a relatividade da autonomia dos Estados, estamos falando de uma conjuntura em que os Estados gozavam de maior margem de manobra que no estágio atual de mundialização do capital. "Se antes disso boa parte dos Estados periféricos tinham um pequeno poder de decisão, a onda neoliberal levou ao colapso ou à drástica retração de numerosas administrações públicas." (BEINSTEIN, J. *Op. cit.*, p. 69).

3.2. A mundialização do capital e a crise da escola

O cenário da crise social[200] contemporânea se caracteriza acima de tudo pela sua amplitude e profundidade. A concentração e centralização crescentes de capital e a possibilidade de os processos nucleares de produção e consumo de mercadorias se realizarem sem a presença das amplas massas sociais, quer dizer, a prescindibilidade dessas massas tanto como produtoras quanto como consumidoras das principais mercadorias, tornam-as desnecessárias como sujeito ativo no circuito central do capitalismo contemporâneo, consequentemente, isso tem gerado fendas cada vez mais significativas no tecido social e múltiplas e significativas consequências sociais.

Amplos setores da vida social refletem os impactos violentos da crise sistêmica, especialmente nos planos mais diretamente vinculados aos processos da reprodução econômica do sistema como os relacionados ao trabalho e ao meio-ambiente. De um modo geral a reprodução social do metabolismo do capital, estruturalmente, mas sobremaneira no que

---

[200] O conceito de crise social aqui se compõe dos elementos estritamente econômicos mais dos aspectos sociais e políticos a eles associados. Assim, elementos como os elevados níveis de concentração e centralização do capital, o "desemprego crônico" ou estrutural, as sucessivas expressões de crise econômica como a mexicana, asiática, russa, argentina acontecidas nas últimas duas décadas, mais a estadunidense/ mundial presente, a crise do trabalho abstrato, a crise dos modelos de Estado providência, a crise ecológica, as guerras do Golfo, do Iraque e do Afeganistão são exemplos de elementos da complexidade social que compõem o conceito. Como evidência dessa crise pode referir-se aos dados do relatório "Investindo no Desenvolvimento: Um Plano Prático para Atingir os Objetivos de Desenvolvimento do Milênio" da ONU (op. cit.), o qual revela dados socioeconômicos como os seguintes: onze milhões de crianças morrem a cada ano de doenças evitáveis; mais de um bilhão de pessoas no mundo vivem com menos de US$ 1 por dia; 840 milhões de pessoas vivem com fome crônica; um bilhão não têm acesso à água potável; mais de 1.200 crianças morrem por hora; onze milhões de crianças morrem antes de chegar aos 5 anos de idade todos os anos (metade desse número ocorre na África Subsaariana); quase 40 milhões de pessoas infectadas pelo HIV; e, por fim, sobre a concentração e centralização das riquezas o relatório aponta que as 500 pessoas mais ricas do mundo conseguem um rendimento superior ao das 450 milhões de pessoas mais pobres do mundo.

tange às amplas massas sociais, demonstra a cratera provocada pela crise social contemporânea.

Noutras esferas, ainda que não se verifiquem chagas abertas consequentes da crise, ou seja, sinais evidentes de crise social e/ou estritamente econômica, no sentido empírico da degradação da vida humana ou quebradeira de corporações econômicas, verifica-se um domínio quase absoluto da lógica da produção de valor sobre as variadas formas de práxis humana, nos campos do fazer científico, artístico, do ensino, da informação, do esporte, do lazer etc.

Dentro desse quadro amplo e complexo de crise social ou de aprofundamento do processo de subsunção real ao capital, destacam-se alguns aspectos que assumem papel determinante para a análise social: a mundialização do capital; a financeirização da economia; o crescimento do fenômeno do desemprego estrutural ou crônico, como aponta Mészáros[201], e a consequente criação da chamada "população supérflua"; a hegemonia ideológica e política conservadora; a crise do trabalho assalariado; e a dita crise dos Estados-nacionais.

Esse cenário de crise, na verdade, representa um novo momento do processo de acumulação capitalista que veio suplantar a chamada "Era de Ouro", a expansão capitalista, o Estado de bem-estar, o padrão de produção e consumo de massa e a própria esperança da universalização da escola nos padrões liberal-democráticos dentro desse marco histórico. Desse modo, as transformações vivenciadas nas últimas décadas realmente se aproximam da indicação de Mészáros segundo a qual o atual estágio representa uma reviravolta na *raison d'être* do sistema capitalista.

Por todo o século XX, até o pós-Segunda Guerra, as lutas por escola tiveram frente a si uma realidade dada em que se encontravam sólidos os pilares da construção da chamada sociedade moderna e da escola, consequentemente. Na sociedade contemporânea, o dado novo que se coloca é justamente a crise desses pilares de sustentação, o que provoca mudanças profundas no próprio sentido da escola.

---

[201] MÉSZÁROS, 2002.

De fato, a crise social, no bojo da qual se acha a crise da escola, que vigora desde a decadência da "Era de ouro", envolve uma dinâmica sócio-histórica bastante complexa, mas que se estriba naqueles que são os dois elementos fundamentais para se pensar a atual crise da escola em particular: a crise do trabalho assalariado e a crise dos Estados-nacionais.

Historicamente, a escola ou os sistemas nacionais de educação guardam uma relação, por que não dizer visceral, com as relações de trabalho assalariado e os Estados-nacionais – elementos estruturantes da sociedade capitalista. As relações de trabalho assalariado são, portanto, um dos pilares, digamos assim, da construção e consolidação da escola liberal-burguesa. O ápice do paralelismo entre a expansão capitalista, o padrão de produção e consumo de massa e a expansão da escola deu-se justamente no período pós-Segunda Guerra. Esse paralelismo tem se redimensionado com a retração dos investimentos produtivos e o crescimento do desemprego crônico provocando a necessidade de reacomodação da escola.

Por sua vez, os Estados-nacionais como estruturas democráticas que poderiam opor o "bem comum" ou o bem-estar social aos interesses diretos do capital são praticamente engolidos pela nova dinâmica mundializada em que as megacorporações ditam as regras econômicas e políticas. A crise dos Estados-nacionais não indica a absoluta desimportância desses, mas indica que o sonho de uma estrutura democrática descolada do movimento econômico do capital e superior a ele, capaz de inibir "excessos" e impor regras em nome dos interesses do bem-estar social fracassou.

A crise dos Estados-nacionais como um dos elementos determinantes da crise da escola indicada aqui segue os apontamentos de Mészáros[202] segundo os quais a crise dos Estados-nacionais se resume na contradição profunda entre a dinâmica econômica mundializada e o caráter regional das estruturas nacionais de controle político. Para Mészáros, o sonho capitalista do Estado mundial não se realiza devido às contradições próprias do sistema e essa impossibilidade cria obstáculos à dinâmica do capital sem fronteiras.

---

[202] MÉSZÁROS, 2002.

A nova situação que se desenha impõe para a perspectiva dos "de baixo" o princípio de que o enfrentamento da crise atual da escola envolve, necessariamente, a discussão da crise do trabalho abstrato, dos Estados-nacionais e de todo o contexto econômico, social, científico e tecnológico em que está situada a escola. Assim, a nova realidade da luta por escola indica que não faz sentido apenas lutar cegamente contra o "neoliberalismo", ou contra as "ideologias de mercado", e manter intactos todos os outros fatores e dimensões estruturais com os quais a crise atual da escola se relaciona.

O fundamental é, inicialmente, compreender como a escola se coloca dentro da dinâmica do capital mundializado e se articula com as crises estruturais do trabalho abstrato e dos Estados-nacionais. Em primeiro lugar, é preciso compreender as transformações profundas ocorridas no mundo do trabalho, sobretudo as que se traduzem na brutal dispensa de trabalho vivo, o que significa, por sua vez, aprofundamento das contradições sociais, maior polarização social e criação de uma massa social crescente que sobrevive longe dos "benefícios" da dinâmica civilizatória progressista do capital:[203] trabalho formal, direitos sociais, políticas públicas estruturais,[204] acesso às

---

[203] Procura-se aqui apenas destacar, em oposição ao conceito de exclusão social, o processo através do qual a sociedade contemporânea cria uma nova dinâmica, marcadamente regressiva, na qual boa parte dos indivíduos se torna desnecessária para a produção e consumo das mercadorias mais elaboradas, e são empurrados, esses indivíduos, consequentemente, para uma esfera social inferior do direito, da política, da ciência, da cultura etc. Nessa dinâmica regressiva, esses indivíduos não são exatamente excluídos, pois toda a esfera da vida social em que subsistem se articula ao mundo maravilhoso das gentes e mercadorias lustrosas. Porém, esses "subindivíduos" passam a ocupar posição ainda mais subalterna no intercâmbio social, trabalhando, consumindo e subsistindo no submundo do subtrabalho, das submercadorias, isto é, no mundo da reciclagem, sendo assistidos, quando muito, por políticas compensatórias, por sua vez, realizadas com as ninharias que sobram das políticas de equilíbrio fiscal. Outro dado da compreensão desenvolvida aqui é que esses momentos progressivo e regressivo do processo civilizador do capital não são separados, eles são *las dos caras de la misma moneda*, ou seja, compõem juntas a mesma dinâmica sociometabólica.

[204] As políticas públicas existem e são muito bem pensadas pelos novos gestores do capital a partir da tábua de mandamentos do Banco Mundial e do FMI. Todavia, essas políticas, em geral, se caracterizam pelo caráter focalizado em oposição ao caráter universalista, democrático, integrador; e parcial, circunstancial e assistencial em oposição ao caráter estrutural e – em parte – de conquista que marcaram as políticas do Estado de bem-estar social.

melhores criações do mundo da ciência e das artes etc. Em segundo lugar, é preciso levar em consideração os limites extremos impostos, especialmente aos Estados da periferia capitalista, no que tange à questão da soberania e particularmente ao seu estatuto de principal gestor e financiador do sistema escolar.

As mudanças que alteraram a situação desses pilares da construção da escola, o Estado-nacional e o trabalho assalariado obrigam as lutas populares a sair da posição "cômoda" de outrora em que as demais circunstâncias se mantinham intactas e bastava lutar por mais escola, mais emprego, melhores salários, benefícios sociais, enfim, por uma maior participação das classes trabalhadoras na distribuição dos bens materiais e culturais. Nessa perspectiva a revolução social não seria mais do que mero resultado do acúmulo de conquistas burguesas. Tratava-se da crença num pretenso automatismo das contradições do movimento progressivo do capital como se essas contradições desencadeassem um movimento automático e independente da construção da práxis político-educativa.

A atual crise da escola e o possível caminho de retomada da construção de uma escola efetivamente progressista e democrática não podem ser entendidos se não se observam os traços da dinâmica histórica que os engendra. Assim, a crise atual da escola se situa num novo ambiente da acumulação capitalista em que o capital se volta contra os mecanismos regulacionistas, contra os aparatos de proteção social, contra mecanismos da democracia burguesa como os sindicatos e outras organizações representativas das classes trabalhadoras, além de forçar os Estados-nacionais a dobrar os joelhos diante da competitividade mundial baseada na financeirização do capital.

A dinâmica mundializada do capital, os novos padrões de competitividade estabelecidos além-fronteiras, o fomento dos avanços científico-tecnológicos acelerado pela concorrência mundial mais a desindustrialização, decorrência direta da financeirização econômica, enfraqueceram o pólo da contradição referente ao trabalho.

As consequências das mudanças estruturais na dinâmica capitalista são: uma maior polarização social e deterioração da vida social em geral

– no sentido mais essencial possível da sociabilidade humana – sendo mais dramática a situação dos "de baixo", cuja parcela constituída pelos trabalhadores desempregados, subempregados, precarizados, indigentes e degradados de toda espécie[205] é cada vez mais significativa.[206]

Por essa camada da população não se interessam o Estado, o grande capital monopolista, as pequenas unidades produtivas e, de certa forma, nem mesmo os próprios sindicatos dos trabalhadores formalmente assalariados. Interessar-se-á a escola? Isto é, permanecendo as demais circunstâncias, a escola conseguirá realizar sua promessa integradora em relação ao contingente que a própria dinâmica nuclear[207] da sociedade atual considera supérfluo?

Esta é a grande questão que se coloca: o fim do modelo de sociedade baseado na produção e consumo de massa gerou uma crise sem precedentes para a escola como instituição, pois aquela crise apontava para redefinições profundas para as condições de vida e trabalho das classes trabalhadoras e para sua própria constituição como classe, assim como implicações diretas relacionadas ao papel dos Estados-nacionais.

Naquele modelo de sociedade estavam os fundamentos sobre os quais se apoiou e se expandiu a escola. O que esperar da escola dentro

---

[205] Que Marx (1989) denominava de camada de Lázaros e Steffan (*op. cit.*) chama de "populación supérflua".

[206] Mais uma vez esclarecendo: evita-se o uso dos conceitos "exclusão social" e "excluídos" por serem considerados inapropriados para exprimir o fato da transformação dos indivíduos que compunham o que Marx chamava de exército industrial de reserva em população prescindível, justamente porque, em última instância, esse contingente compõe o quadro do metabolismo social, é parte inextricável dele. Aqueles conceitos nos alertam, todavia, para o aspecto dramático da produção destrutiva do capital em relação ao homem. Como observa Mészáros (2004): "o surgimento do desemprego crônico (é) um resultado que transforma o que Marx chamava de 'exército industrial de reserva' em humanidade supérflua e condenada à condição de precarização desumanizadora, à mercê de leis autoritárias mesmo em democracias liberais tradicionais".

[207] Por dinâmica nuclear entendemos aquela situação na qual uma grande parcela dos indivíduos tem perdido lugar e que se compõe de fatores tais como: emprego regular, direitos trabalhistas, assistência à saúde, escola, moradia, direito a lazer, interesse e condições adequadas de participação política, acesso aos bens culturais etc.

da nova fase da acumulação capitalista, sob a nova condição do trabalho e toda sorte de flexibilizações, desregulamentações etc.? Permanecendo as atuais circunstâncias, terão acesso à escola os indivíduos que estão fora da dinâmica nuclear da sociedade (os chamados excluídos)? E se lhes for facultado ou conquistarem o acesso à escola, que tipo de educação se adequará a uma condição tão rebaixada de trabalho e de cidadania?

O atual estágio da acumulação capitalista é marcado pela falência do Estado de bem-estar, do padrão fordista de acumulação e representa um estágio de mundialização e financeirização econômica em que os Estados e o trabalho assalariado já não se mostram como os pilares sólidos e universais da integração progressiva, não sendo mais capazes de sustentar a retomada da expansão da escola no sentido verificado no pós-Segunda Guerra.

Para que se possa apostar na reconstrução da escola numa perspectiva de acordo com os interesses dos "de baixo", é preciso que o trabalho seja organizado de maneira radicalmente diferente da lógica da produção de mercadorias, e os Estados, por sua vez, passem a ser construídos como instrumentos a serviço dos interesses das maiorias e sob o controle delas. Apenas sob essa condição é que se pode pensar o trabalho e o Estado – suficientemente forte e autônomo – como sustentáculos da construção de uma escola numa perspectiva radicalmente integradora, democrática e progressista. Ou seja, até mesmo para a realização das promessas de educação liberal-burguesas, no atual estágio de mundialização do capital, é preciso uma ruptura radical com a forma através da qual se apresentam as relações de trabalho e os Estados.

A crise do capital e sua forma de expressão no plano do controle político (a crise dos Estados-nacionais, segundo coloca Mészáros,[208] como uma contradição entre as estruturas produtivas mundializadas e o limitado exercício regional dos Estados-nacionais), e da crise do trabalho abstrato, colocam para a perspectiva das lutas populares questões

---

[208] MÉSZÁROS 1999, 2002.

bastante complexas, que precisam ser enfrentadas com urgência. O não enfrentamento dessas questões perpetua as ilusões de que a "roda da história" possa girar para trás, de modo a restabelecer os padrões de emprego, consumo e crescimento do pós-Segunda Guerra, bem como a recolocar a escola de volta aos trilhos da promessa integradora liberal--democrática.

A tese aqui defendida indica que as lutas populares por educação, que sempre se pautaram pela necessidade de ampliação e democratização da escola em todos os níveis, de forma igualitária e universal, devem manter esses princípios. Mas devem fazê-lo sem a segurança de outrora, que se baseava na convicção segundo a qual o sistema por si avançaria para a universalização das relações assalariadas e aperfeiçoamento e ampliação da democracia. As lutas populares deparam-se com uma realidade em que o trabalho abstrato e os Estados-nacionais não demonstram a mesma vitalidade estruturante e integradora que apresentaram até o período da "Era de ouro".

Defende-se que a luta por escola deve fazer parte do escopo de uma reflexão mais ampla, que pense o metabolismo social de maneira radical e leve em consideração as questões postas, entre outros críticos, por Altvater,[209] ou seja, que não interessa retomar o sentido dos padrões de desenvolvimento que atingiram o apogeu no pós-Segunda Guerra. Primeiro, porque aqueles padrões são excludentes e jamais se estenderiam uniformemente para a totalidade do globo.[210] Em segundo lugar, porque – como

---

[209] ALTVATER, E. *O preço da riqueza*. São Paulo, Editora UNESP, 1995.

[210] "O axioma bellum *omnium contra omnes* é o *modus operandi* inexorável do sistema do capital, o qual, enquanto sistema de controle do metabolismo social, é *estruturado antagonicamente* em todas as suas unidades socioeconômicas e políticas, das menores às mais abrangentes. Além disso, o sistema do capital... está submetido à lei absoluta do *desenvolvimento desigual*, que se impõe, nesse sistema, de forma totalmente destrutiva, em virtude do caráter antagônico de seu princípio estrutural interno" (MÉSZÁROS, 1999: 105). Os grifos são de responsabilidade do autor.

afirma o autor citado acima – não há condições físicas e naturais que suportem aquela dinâmica social de produção e consumo.[211]

Nesse sentido, cabe incorporar a preocupação de Mészáros,[212] ou seja, colocar a reflexão sobre a escola perante a discussão da "ativação dos limites absolutos do capital", assim como superar o paradigma da tradição defensiva das lutas dos trabalhadores no bojo do qual as lutas por educação não ultrapassavam o horizonte das promessas liberal-burguesas e estipulavam como limite para suas aspirações o emprego, os salários, os benefícios sociais e o direito do voto.

Noutras palavras, é preciso considerar seriamente o fato de que a "ativação dos limites absolutos do capital" parece sinalizar para a necessidade de superação do consenso de que as lutas por educação eram o ponto da tranquila convergência entre o horizonte liberal-democrático e o horizonte socialista,[213] isto é, sinaliza para a necessidade da refundação marxista da relação educação – escola – emancipação.

---

[211] "É uma ilusão, e por isto uma desonestidade, alimentar e difundir a ideia de que todo o mundo poderia atingir um nível industrial equivalente ao da Europa Ocidental, da América do Norte e do Japão, bastando para isto que as sociedades menos desenvolvidas 'aprendam com a Europa'. A industrialização constitui um bem oligárquico: nem um sequer dos habitantes da Terra pode gozar as benesses da sociedade industrial afluente, sem que todos os homens sejam colocados numa situação pior do que aquelas em que se encontravam antes" (ALTVATER, E. *Op. cit.*).

[212] MÉSZÁROS, 2002.

[213] Em muitos momentos a aliança entre liberais e socialistas foi possível (e episodicamente necessária) graças a existência de uma situação histórica em que predominavam relações econômicas, sociais e políticas por desenvolver, isto é, quando o horizonte era a industrialização, o crescimento das relações assalariadas formais, a consolidação do Estado liberal-democrático, a urbanização da sociedade, a superação do analfabetismo, enfim, quando o horizonte era justamente a realização da civilização burguesa pelo capital. Em tais contextos foi frequente a aliança de liberais e socialistas em oposição ao conservadorismo pré-capitalista. No caso brasileiro, e em se tratando de educação, é possível dizer que nunca houve, até os dias de hoje, a ruptura final e a superação definitiva da ascendência dos setores conservadores e da igreja católica sobre o sistema de educação. O Brasil concluiu o século XX devendo a sua revolução burguesa, especialmente no campo da educação. Em suma, o que está em questão é a ideia de que a emancipação definitivamente não passa pelo apoio ao fortalecimento dos ideais liberal-democráticos e dos setores que impulsionam o desenvolvimento das forças produtivas. Se esse foi o caminho adotado pelo marxismo oficial, apesar de duramente criticado no interior do próprio marxismo, a "ativação dos limites absolutos do capital" definitivamente desabona a adoção desse caminho.

Nessa perspectiva, a tarefa dos "de baixo" não se resume a uma "tranquila" posição em que são postas reivindicações materiais ao sistema do capital, mas a um trabalho de Hércules de repensar a própria dinâmica do metabolismo social e reconstruir a utopia de um metabolismo social de homens livres.

Articular a luta por escola no interior dessas preocupações de Altvater e Mészáros, atualizando assim a perspectiva marxiana é, como já foi dito acima, uma tarefa gigantesca, mas alcançável. Tal tarefa, antes que gigantesca é imperiosa, pois a cada dia se esvai o sonho da construção dentro da dinâmica do capital mundializado de Estados-nacionais burgueses fortes, autônomos e soberanos capazes de sustentar significativos investimentos sociais – permanecendo as atuais relações econômicas e políticas internacionais – especialmente em se tratando da periferia do sistema. A cada dia se perde mais a miragem da promessa integradora da escola, do trabalho e da democracia liberal sob a dinâmica regressivo-destrutiva do sistema do capital mundializado.

Outro dado importante, que deve ser incorporado à reflexão sobre a crise da escola, é justamente a contribuição de Mészáros[214] acerca da contradição que ora se coloca para o metabolismo do capital, ou seja, exatamente a contradição entre a dinâmica mundializada do capital versus os limites nacionais dos Estados. Ora, uma escola pública, gratuita, obrigatória e radicalmente democrática precisa de um aparato estatal de igual maneira forte para que possa sustentá-la. Acontece que em face da dinâmica mundializada do capital, segundo a estrutura que apresenta, os Estados se mostram relativamente fracos. Essa é a compreensão de Mészáros,[215] para quem o alcance do controle político dos Estados-nacionais necessariamente se mostra limitado diante da mundialização do capital.

---

[214] Mészáros 1999, 2002.
[215] Mészáros 1999, 2002.

Os Estados-nacionais, no interior dessa dinâmica, apenas se mostram fortes quando se associam aos interesses dos grandes conglomerados econômicos e quando agem em função desses interesses;[216] do contrário, seu fortalecimento apenas será possível caso se associem aos interesses históricos das maiorias sociais exploradas e sejam postos sob o controle delas.

Investir maciçamente em educação, atribuir ao Estado o papel principal de financiamento da educação, estabelecer o controle social do Estado, tornar acessíveis todos os níveis de ensino indistintamente à totalidade de indivíduos, romper com a dualidade secular entre ensino geral e ensino técnico ou profissional e romper, enfim, com todas as formas de manifestação na escola da divisão social do trabalho, tudo isso é, mantidas inalteradas as bases históricas da sociedade contemporânea, uma utopia inatingível. Todavia, esses são alguns dos princípios fundamentais dos quais os "de baixo" não devem jamais se afastar. Mas como manter um projeto de escola que incorpore esses princípios considerando as atuais circunstâncias econômico-políticas e sem que tome parte num projeto social alternativo mais abrangente?

O fim das certezas estáveis até a "Era de ouro" e de toda sorte de estabilidades garantidas pela expansão capitalista e pelos pactos sociais de então trouxeram consigo a ideia cada vez mais cristalina de que a rediscussão do projeto de escola dos trabalhadores terá, obrigatoriamente, que se deparar com a necessidade imperativa de rediscutir o Estado. Aliás, lembrando Mészáros, a reflexão deverá enfrentar a discussão do próprio metabolismo do capital, até porque isso é a realidade mesma que impõe.

---

[216] "(Os) Estados nacionais particulares hoje proporcionam serviços às gigantescas corporações transnacionais, aceitando com pouca ou nenhuma agitação a devastação de suas próprias economias e interesses comerciais dominantes e compelindo, ao mesmo tempo, a força de trabalho nacional a aceitar as consequências desses acontecimentos em troca das perspectivas de emprego cada vez piores no interesse da florescente 'meia dúzia de jogadores globais'" (MÉSZÁROS, 2002: 244).

Seguindo com Mészáros, compreende-se que se atingiu um estágio limite em que a mera proposição de expandir a escola e levar a termo suas promessas integradoras e progressistas, mesmo que sob o ideário liberal, se choca com a realidade da dinâmica mundializada da acumulação capitalista. A retomada da perspectiva marxiana para se refletir sobre a crise da escola, reforçada pelas contribuições de Mészáros,[217] Altvater,[218] Chesnais,[219] Steffan,[220] Enguita,[221] entre outros, ajuda a evitar que se caia na armadilha de se compreender a expansão dos "anos dourados" como o ideal a ser perseguido.

Em primeiro lugar, os autores ajudam a compreender historicamente aquele estágio de desenvolvimento com todas as suas especificidades e limites. Em segundo lugar, eles apontam para a necessidade da crítica radical, que procura compreender a crise social global que decorre justamente da crise do padrão de desenvolvimento que sustentou o bem-estar social com seu razoável poder de compra dos salários – o que era funcional para manutenção do elevado nível do consumo de mercadorias –, com os direitos trabalhistas, seus mecanismos de proteção social, de assistência social etc.[222] Os autores citados desconfiam das alternativas paliativas que o capital adota para enfrentar as profundas contradições que engendra e não sucumbem – por pura "falta de alternativas" – à onda do keynesianismo *revisited*.

Hobsbawm[223] é um dos autores que analisam historicamente o grande salto que deu a escola nos "anos dourados", ele o localiza dentro do processo que chama de "revolução social". O salto da escola – expansão

---

[217] 1996, 1999, 2002.
[218] *Op. cit.*
[219] 1995.
[220] *Op. cit.*
[221] 1989, 1990, 1991 etc.
[222] Mesmo que se trate de uma realidade vivenciada efetivamente por uma pequena parte da população mundial, habitante dos países de capitalismo avançado, e num período de tempo que não ultrapassou muito mais de duas décadas. (HOBSBAWM, *op. cit.*).
[223] *Op. cit.*

da educação em todos os níveis inclusive do ensino superior – deu-se juntamente com a "morte do campesinato", a retração da classe operária, as mudanças nas questões de gênero com as conquistas políticas e econômicas das mulheres.[224]

Mesmo representando um enorme salto em relação ao passado, as maiores conquistas em termos de escola, dentro deste *boom*,[225] não significaram efetivamente a radicalização de um processo de socialização profunda do acesso ao saber social.

A expansão que se alcançou com a escola nessa fase gloriosa do capitalismo deu-se sob as marcas rigorosas da divisão social do trabalho. Isto é, ela não deixou de reproduzir em sua dinâmica interna a dualidade e as contradições maiores, além de estar, aliás, justamente por isso – aqui retomamos Enguita[226] –, quase que inteiramente moldada pelo trabalho assalariado, sob a expressão do espírito taylorista-fordista.

A grande contradição que se coloca para os "de baixo" é a ruptura do desenvolvimento da promessa integradora da escola liberal-democrática, obra da nova dinâmica regressivo-destrutiva do capital mundializado. Essa ruptura dá-se na medida em que se transformam profundamente a situação e os papéis dos Estados-nacionais e do trabalho abstrato dentro dessa referida dinâmica.

---

[224] Segundo aponta Hobsbawm (*op. cit.*, p. 292). "O grande boom mundial tornou possível para incontáveis famílias modestas – empregados de escritórios e funcionários públicos, lojistas e pequenos comerciantes, fazendeiros e, no Ocidente, até prósperos operários qualificados – pagar estudo em tempo integral para seus filhos. O Estado de Bem-estar social ocidental, começando com os subsídios americanos para ex-pracinhas após 1945, ofereceu substancial auxílio estudantil de uma forma ou de outra, embora a maioria dos estudantes ainda esperasse uma vida claramente sem luxo".

[225] Antes dessa "revolução", "Os filhos dos operários não esperavam ir, e raramente iam, para a universidade. A maioria deles não esperava ir à escola de modo algum após a idade escolar mínima (em geral catorze anos). Nos Países Baixos de antes da guerra, 4% dos garotos de dez a dezenove anos iam para escolas secundárias além dessa idade, e nas democráticas Suécia e Dinamarca a proporção era ainda menor". (Idem, ibidem: 300).

[226] 1989, 1991, s/d (a), s/d (b) etc.

Tal contradição reside justamente no fato de, mesmo sendo críticos daquela escola burguesa, do Estado e do trabalho produtor de mercadorias, os "de baixo" devem apostar na reconstrução do sentido do trabalho como atividade social integradora, na transformação social do Estado, colocando-o como instrumento político dos que vivem do próprio trabalho, como agente articulador de uma ordem social em que prevaleçam os interesses dos trabalhadores e não os do capital, para que possam retomar a reconstrução da escola num sentido radicalmente igualitário e progressista.

A necessidade dessa reconstrução, colocando de outra maneira, põe os "de baixo" diante de duas tarefas: uma é a crítica ao Estado e ao trabalho abstrato, crítica esta cuja consequência fundamental é a própria proposição da abolição do Estado e do trabalho abstrato; a outra é o enfrentamento imediato no qual se coloca a necessidade urgente de reformas no plano da refundação dos pilares da escola. Por isso, uma das grandes questões que se colocam é aquela que indaga sobre os caminhos a percorrer para a refundação do trabalho como atividade social livre e integradora e do Estado como agente de uma sociabilidade controlada e organizada segundo os interesses dos "de baixo".

O trabalho (e todo o sistema de produção e consumo), cujo retorno aos trilhos do fordismo[227] se apresenta como um desiderato, não deixa de representar as relações fundamentais da sociedade contemporânea, apesar do "encerramento da fase progressista da ascendência histórica do capital". Essas relações fundamentais, com efeito, precisam ser transformadas em relações sociais integradoras sob a perspectiva histórica dos "de baixo"; precisam ser transformadas de relações estranhadas e alienadas em função da lógica da produção de mercadorias em relações livres e emancipadas.

---

[227] A retomada do padrão de acumulação fordista com todo seu vigor como força estruturante da vida social é tão provável quanto o retorno ao sistema de produção e consumo do capitalismo concorrencial. Mészáros (2002: 226) fala do fim das expectativas positivas de integração postas com a ascendência histórica da sociedade burguesa justamente devido ao "encerramento da fase progressista da ascendência histórica do capital... (que) chega ao encerramento precisamente porque o sistema global do capital atinge os limites absolutos além dos quais a lei do valor não pode ser acomodada aos seus limites estruturais".

Se não se atinge em plenitude a realidade do trabalho social livre, deve-se, pelo menos, avançar nas transformações que tornem o trabalho capaz de resgatar minimamente o caráter integrador. As demais conquistas seriam obra do próprio movimento político desenvolvido pelas classes exploradas. O Estado, por sua vez, pelo menos numa perspectiva imediata, precisaria ser transformado em instrumento político de uma reorganização social a favor dos explorados.

Além dessa transformação política, o Estado precisaria estar assente sobre transformações econômicas que pudessem redirecionar o sentido da vida social contra a exploração e o movimento autodestrutivo do metabolismo do capital. Essas transformações poderiam significar um fortalecimento político e econômico do Estado frente ao mercado mundial, o que é uma condição *sine qua non* para qualquer possível reconstrução da escola num sentido democrático e igualitário.

É difícil, depois de tantas tentativas malogradas de superação do capital experimentadas no século XX, estabelecer um programa econômico e político de transformações sociais. Além disso, essa é uma tarefa que se coloca de fato para o conjunto dos movimentos populares. O certo é que, diante de um mercado mundial que não encontra oposição capaz de refrear seu movimento, um Estado periférico não atingirá avanços significativos em termos de autonomia e autodeterminação se não se converter em agente do controle político de uma base social forte e ampla.

Pensar hoje em qualquer possibilidade de construção de uma escola que atenda minimamente aos anseios dos "de baixo" (uma escola que inclua a todos, ofereça ensino de qualidade, atinja um leque cada vez maior de conhecimentos e dos variados aspectos da formação humana, que busque o rompimento com as fragmentações da sociedade capitalista) exige pensar em transformações profundas também no nível da hegemonia social. Apenas sob um novo quadro de correlação de forças sociais e sob uma nova força hegemônica, em que prevaleçam as aspirações dos "de baixo", em que o Estado seja o instrumento político dessa hegemonia, é que seria possível uma tal construção.

Permanece válida a condição apontada por Gramsci[228] a respeito da construção da escola unitária,[229] que dependia de um grande esforço estatal. Todavia, as circunstâncias atuais são bem diferentes das que envolviam as elaborações do autor italiano. A principal questão agora não se trata nem tanto de nomear o Estado em oposição à família como financiador da educação, e já não parece tão simples hoje em dia propor a ampliação dos investimentos em educação sem que sejam desencadeadas implicações sociais, econômicas e políticas globais consideráveis.

O certo é que o Estado segue, igualmente ao modo como se colocava no contexto gramsciano, sendo uma condição da construção de uma escola que possa atender às aspirações dos "de baixo". As dificuldades que hoje impõe a dinâmica regressivo-destrutiva do capital mundializado não desfazem essa condição, mas colocam maiores complicações para se pensar os caminhos que levem os "de baixo" ao controle político de um Estado capaz de enfrentar a dinâmica mundializada e garantir o que o Estado burguês jamais conseguiu.

Por essa perspectiva de análise, a reconstrução da escola impõe a discussão e o enfrentamento de aspectos estruturais os quais se envolvem necessária e diretamente com a própria dinâmica mundializada do capital. Ansiar pela radicalização do caráter democrático da escola implica o choque direto com a dinâmica mundializada do capital. Mesmo a simples retomada da linha de desenvolvimento da "Era de ouro", uma vez possível, bateria de frente com aquela dinâmica.

Um projeto de escola dos "de baixo", terá de ser mais que um projeto de escola apenas, pois terá contra si não só uma ofensiva política conserva-

---

[228] GRAMSCI, A. *Os intelectuais e a organização da cultura*. São Paulo, Círculo do Livro, s/d, p. 113.
[229] "A escola unitária requer que o Estado possa assumir as despesas que hoje estão a cargo da família, no que toca à manutenção dos escolares, isto é, que seja completamente transformado o orçamento da educação nacional, ampliando-o de modo imprevisto e tornando-o mais complexo: a inteira função de educação e formação das novas gerações torna-se, ao invés de privada, pública, pois somente assim pode ela envolver todas as gerações sem divisões de grupos ou castas".

dora, mas uma complexidade de fatores que pretendem restaurar as condições de acumulação segundo os interesses do capital.[230]

O caráter estrutural da crise da escola e sua profunda vinculação com os fatores da dinâmica do capital mundializado colocam para os "de baixo" que não cabe apenas resistir à tendência de a escola abandonar a promessa integradora, de se afastar mesmo das promessas liberal-democráticas, na medida em que a escola é "reorganizada" em função das novas exigências da dinâmica regressivo-destrutiva e mundializada do capital.

Será inócua essa resistência se não for fundamentada num projeto alternativo, isto é, sem a construção de um projeto que se confronte ampla e radicalmente com aquela dinâmica, um projeto em que a escola possa se apoiar numa dinâmica social, econômica e política alternativa, na qual o trabalho e o Estado possam materialmente sustentar uma efetiva e profunda democratização da escola. Sem esse enfrentamento amplo, toda e qualquer iniciativa de resistência dificilmente adquirirá consistência.

Essa ideia, obviamente, não é nenhuma novidade. Os educadores que se colocam no campo da luta por transformações profundas da escola sempre se depararam com o velho dilema que se traduz no conflito: mudar a escola para mudar a sociedade ou mudar a sociedade para mudar a escola?

Houve sempre quem interpretasse as elaborações de Marx como se elas ensinassem que só é possível mudar a escola depois de mudadas as "estruturas socioeconômicas". De certo modo, a ideia defendida aqui incorpora um momento presente na interpretação citada acima, mas, unicamente, no sentido de considerar que dentro das atuais circunstâncias apenas como parte de um projeto maior se conseguirá dar sentido a qualquer projeto de transformação da escola. A ideia não é de colocar a escola como

---

[230] É percebendo esse caráter amplo, complexo e intrincado das questões em jogo que Finkel (FINKEL, S. M. de. "Crisis de acumulación y respuesta educativa de la 'nueva derecha'", in: *Revista de educación*, n. 283, p. 63-78, Madrid, 1987: 74) articula a crise da escola, as políticas conservadoras e as exigências da acumulação "De alli que el programa de la Nueva Derecha constituya una intervención política para restaurar las condiciones necesarias para la acumulación de beneficios, no ya en un sentido económico restringido, sino también reorganizando instituciones fundamentales como la familia y la escuela".

algo *secundário* ao movimento de transformações econômicas, muito ao contrário: o argumento aponta no sentido da localização do movimento das transformações educacionais no *âmbito* de um projeto social maior. Isso, aliás, se coloca como uma condição.

A grande diferença que se coloca entre o momento contemporâneo, da dinâmica regressivo-destrutiva do capital mundializado, e o período de ascensão progressiva do capital é que antes o projeto de universalização e democratização da escola não se opunha à dinâmica ascendente do capital, de certo modo, até fazia parte do seu escopo ideológico, tanto que se realizou de alguma maneira, na "Era de ouro". Hoje, contrariamente, mesmo o ideário liberal-democrático de escola parece inviável e sem correspondência nenhuma ideal ou material com o movimento do capital.

A respeito dessa relação favorável e de necessidade entre o avanço das relações capitalistas e a expansão da escola, há uma boa discussão em *O Capital*. Ali, Marx evidencia a articulação entre a expansão capitalista e a ampliação da escola, além da relação entre a formação da força de trabalho nos processos de trabalho, sob controle do capital, a divisão do trabalho e os níveis salariais. Esse quadro, porém, situado na fase desbravadora do processo civilizador do capital.[231]

É como tendência, pois, que para Marx se dá o movimento de rebaixamento dos salários. Na sua análise, então, aparecem os trabalhadores do

---

[231] "O trabalhador comercial em sentido estrito figura entre os trabalhadores melhor pagos, entre os que efetuam trabalho qualificado, acima do trabalho médio. Entretanto, com o progresso do modo capitalista de produção, seu salário tende a cair, mesmo em relação ao trabalho médio. Uma das causas é a divisão do trabalho no escritório: daí resulta um desenvolvimento apenas unilateral das aptidões de trabalho, em parte gratuito para o capitalista, pois o trabalhador torna-se competente exercendo a própria função, e tanto mais rapidamente quanto mais unilateral for a divisão do trabalho. Outra causa é a circunstância de a preparação, os conhecimentos de comércio e de línguas etc. se difundirem, com o progresso da ciência e da vulgarização científica, mais rápida, mais facilmente, de maneira geral e mais barato, quanto mais o modo capitalista de produção imprime aos métodos de ensino etc. um sentido prático. A generalização da instrução pública permite recrutar esses assalariados de camadas sociais, antes à margem dessa possibilidade, e que estavam habituadas a nível de vida mais baixo" (Marx, 1989: 345, l 3 vol 5).

comércio, cujos salários estariam entre os mais elevados, porém determinados fatores fariam com que esses salários tendessem a cair. Um desses fatores seria a vulgarização do saber relacionado ao trabalho no comércio. Outro, a ele associado, seria a generalização da instrução pública, que faria com que cada vez mais trabalhadores de mais baixos estratos sociais, ("antes à margem dessa possibilidade, e que estavam habituados em nível de vida mais baixo") pudessem ser recrutados aumentando a concorrência entre esses trabalhadores.

Esse movimento de fato não se observou de maneira linear e absoluta, mas foi e ainda é uma tendência real que estabelece uma relação precisa entre a expansão da escola, o emprego e os níveis salariais. Uma demonstração de que não é uma realidade absoluta está nas análises de Kurz, que serão debatidas mais a frente, segundo as quais a formação de quadros para o trabalho mais qualificado representa atualmente um ônus cada vez mais alto que o estado não pode e o capital não quer assumir.

Mas, dessa referência de Marx, o que mais interessa extrair por ora é seu entendimento acerca do papel que cumpre a expansão da escola na fase expansionista das relações assalariadas, aliás, um entendimento razoavelmente aceito. Por outro lado, já não se verifica como de fácil aceitação a tese de que o capitalismo não viveria para sempre da mesma forma vigorosa e progressista seu movimento de expansão. Não é simpática, aliás, é acusada de apocalíptica a noção de que estaria dado o esgotamento daquele movimento e de que a escola não é mais importante por aquele motivo: integração de um número cada vez maior de trabalhadores outrora rudes, analfabetos, ao mundo do trabalho e da cidadania burguesa.

Retornando ao ponto anterior: não faz nenhum sentido considerar os polos da escola e da sociedade ou, lembrando a 3ª. Tese sobre Feuerbach já citada, da educação e das circunstâncias como partes separadas, colocadas em planos assimétricos e dicotômicos. Não é preciso cindir a sociedade em duas partes, pois a mudança das circunstâncias e da educação formam um único processo.

A ênfase dada aqui na necessidade de se articular o problema da educação com o restante da dinâmica social e a conclusão de que não se atingem resultados significativos se as transformações da escola não se apoiarem em transformações sociais mais profundas não equivalem ao equivoco da cisão entre escola e sociedade.

Cabe, todavia, compreender que a escola, no caso da discussão travada aqui, não se dissocia dos demais fatores da engrenagem social, isto é, da dinâmica regressivo-destrutiva do capital mundializado, mas, nem por isso, a transformação da escola deve estar em segundo plano e ser vista apenas como uma consequência de mudanças estruturais anteriores a ela.

Repensar as proposições marxianas a respeito da educação e da escola, elaboradas no século XIX, dentro, portanto, de um marco histórico bem distinto do atual, não implica necessariamente no abandono da perspectiva histórica adotada por Marx, muito ao contrário.

Enfrentar, por exemplo, a tese da desregulação da escola[232] pelo viés marxiano obriga a – pelo menos num primeiro momento – tomar uma posição favorável à necessidade de se transformar o Estado em agente contra-hegemônico no limite do possível. Exatamente porque sem o amparo da estrutura estatal não se sustenta um sistema nacional de educação minimamente democrático – a estrutura estatal se coloca, portanto, como condição indispensável. Por sua vez, esse Estado se não estiver baseado na ação política da massa explorada, isto é, se não for a encarnação dos interesses da maioria social, não será capaz de enfrentar minimamente as forças dominantes. De outro lado, a construção das condições necessárias para a fundação de um sistema nacional de educação minimamente democrático, dentre as quais o Estado contra-hegemônico, se choca frontalmente com a dinâmica regressivo-destrutiva do capital mundializado.

---

[232] A tese da desregulação da escola defende o fim da centralidade da escola como principal instituição social para a educação. Defende que o fim da sociedade do trabalho e os avanços científico-tecnológicos, com os novos meios de comunicação e informação, ultrapassaram as possibilidades pedagógicas da escola, instituição de natureza rígida, estática e inapelavelmente presa à lógica taylorista. Os novos meios seriam mais rápidos, ágeis, democráticos e capazes de revolucionar o acesso à informação e à formação como nunca a escola o fez. Os novos meios de comunicação e informação realizariam espontaneamente uma radical democratização do saber e das informações em geral. A discussão dessa tese encontra-se mais desenvolvida em Sousa Jr. (2001).

O enfrentamento dessas contradições se faz na práxis e só na práxis sua resolução torna-se possível. Com efeito, para a perspectiva política dos "de baixo", representaria um grave erro a simples insistência na defesa do papel privilegiado do Estado como o gerenciador e financiador da escola sem discutir os meios materiais efetivos que possam permitir a fundação de um Estado que represente e articule os interesses contra-hegemônicos. Outro erro seria ceder à armadilha de imaginar factível a refundação de um Estado democrático de inspiração neokeynesiana no cenário regressivo--destrutivo do capital mundializado.

Um dos princípios mais importantes da análise marxista insiste na articulação objetiva entre o mundo da produção material e o da reprodução social como uma só totalidade em que se imbricam economia, Estado, escola e todos os fenômenos sociais. Esse princípio, combatido por diversas correntes do pensamento social, encontra agora nas correntes pós-modernas suas principais adversárias. Todavia, a realidade social contemporânea insiste em atualizá-lo. Cada vez mais se torna impossível analisar a crise da escola sem a referência aos processos socioeconômicos da mundialização regressivo-destrutiva do capital. Do mesmo modo, torna-se impossível imaginar qualquer mudança um pouco mais profunda, até mesmo a construção da escola prometida pela ideologia liberal-democrática, sem que se choquem interesses e relações socioeconômicas globais.

No caso dos Estados periféricos ainda mais o dito acima se confirma. Aqui, onde a situação de endividamento e de submissão ao controle exercido pelos conglomerados econômicos, pelos Estados centrais e pelos organismos internacionais é infinitamente mais dramática, torna-se imperiosa a alternativa única do rompimento com as atuais condições absolutamente assimétricas de intercâmbio político e econômico da chamada globalização.[233]

Tais alternativas de fortalecimento de determinado Estado periférico, numa perspectiva histórica antagônica à dinâmica do capital mundializado, não são fáceis de serem construídas e não estão prontas, à disposição de quem por ventura resolva delas lançar mão. Trata-se, antes de tudo, de

---

[233] A respeito dessa questão, ver Chesnais (2004).

insistir em afirmar que a única alternativa para a construção de uma escola radicalmente democrática e progressista apenas se coloca pela via da refundação de uma estrutura de poder classista baseada numa perspectiva histórica contrária à do capital mundializado; para isso, contudo, o único meio histórico possível é através do rompimento com a situação de dominação e controle a que estão submetidos os Estados periféricos.

Outro problema, não menos importante, permanece. O fortalecimento dos Estados-nacionais periféricos, tal como referido anteriormente, não desfaz a grande contradição apontada por Mészáros,[234] pois eles não deixarão de ser unidades nacionais em confronto com a dinâmica mundializada do capital.

Associado ao anteriormente citado e tão grave quanto, se coloca o problema do isolamento e das retaliações de toda ordem a que estaria submetido o Estado-nacional que ousasse romper com as atuais imposições do mercado mundial e da globalização. De fato, a autonomia e autodeterminação de um Estado particular, especialmente na periferia do sistema, dentro do atual cenário de globalização, parece algo impraticável.

Como política de curto prazo, uma alternativa a ser perseguida nessa caminhada contra a corrente do mercado mundial poderia ser a construção de blocos de países contrários às atuais regras de um jogo de dados viciados, ou seja, o fortalecimento de ações que apontem para a construção de um internacionalismo,[235] pois, de maneira isolada, dificilmente se conquista espaço significativo dentro da dinâmica do capital mundializado.

Esses seriam mais alguns obstáculos históricos importantíssimos a serem considerados, cuja dificuldade de superação é fabulosa. A consideração

---

[234] 1999, 2002.
[235] "O antagonismo entre o capital transnacional globalmente expansionista e os Estados nacionais – que indica de forma muito acentuada a ativação de um limite absoluto do sistema do capital – não pode ser derrubado com a atitude defensiva e as formas de organização da esquerda histórica. O sucesso exige as forças do genuíno *internacionalismo*, sem as quais a perversa dinâmica global do desenvolvimento transnacional não pode ser nem temporariamente combatida, muito menos substituída por um novo modo autossustentável de intercâmbio sociometabólico na escala global necessária". (MÉSZÁROS, 2002: 246).

de tais obstáculos, assim como as demais dificuldades, não deve paralisar os movimentos populares, mas não podem ser negligenciados, sob pena de se cair na ilusão de que a retomada de um movimento social progressista por uma escola radicalmente democrática, em todos os sentidos, depende unicamente de voluntarismo político, depende meramente de uma determinada direção política isolada sem que envolva qualquer possível transformação estrutural com consequências globais.

A maior dificuldade para se pensar em alternativas para a crise da escola, sob o ponto de vista social dos "de baixo", é, justamente, o fato, esquecido por muitos e escondido por outros tantos de que qualquer mudança de curso local no sentido de reformar a sociedade excludente terá, necessariamente, implicações político-econômicas estruturais com consequências em nível global.

Nada de significativo pode ser feito, em qualquer rincão do chamado "Terceiro Mundo", sem o consentimento dos porta-vozes das forças hegemônicas do capitalismo mundializado. A não ser as ações toleradas e incentivadas, do tipo das iniciativas assistencialistas, despolitizadas e desmobilizantes voltadas para os mais pobres, justamente com o objetivo de controle da pobreza. As ações mais elogiadas pelos organismos internacionais, e que aparecem na grande mídia com grande apelo entre as classes médias e altas, são a criação de usinas de reciclagem de papelão, garrafas plásticas, pneus etc.; as ações baseadas em trabalho voluntário;[236] os trabalhos sociais/culturais das ONGs com grupos de crianças pobres das periferias das grandes cidades etc.

Todavia, importantes reformas sociais, ainda que não signifiquem a consolidação de um programa socialista, como uma reforma agrária ampla; criação de políticas públicas estruturais de combate efetivo aos impactos da dinâmica regressivo-destrutiva do capital, como o desemprego; priorização das políticas sociais, envolvendo volume maior de recursos para elas; criação de mecanismos estruturais fortes de proteção e assistência social; criação de

---

[236] Algumas das principais políticas "sociais" do atual governo brasileiro são o "Programa Alfabetização Solidária", o "Fome Zero" e o "Bolsa-família".

uma estrutura tributária progressiva, com impostos que incidam sobre as grandes fortunas e sobre as grandes movimentações do capital financeiro; fortalecimento do que restou dos mercados nacionais para a competição global; formação de blocos anti-imperialistas com países vizinhos etc. seriam o suficiente para provocar a ira dos "investidores estrangeiros" e para provocar o "nervosismo das bolsas".

O que está em jogo é um movimento mundializado em que a voracidade do capital não parece disposta a fazer concessões, até porque, historicamente, a dinâmica atual do capitalismo não permite jogar com as benesses da "Era de ouro"; logo, é com a chantagem do capital mundializado que se tem de lidar no caso de qualquer mudança de rumos, mesmo que não se trate de ousadas transformações sistêmicas, mas meras reformas em nível local.

Cabe aqui uma pequena observação: essa chantagem não se manifesta como uma vontade deliberada, bem discutida e planejada por meia dúzia de capitalistas, mas como parte de um mecanismo complexo que se move articulado às leis da autoexpansão do capital.

Capítulo 4

A educação e a redenção pelo antivalor

Neste capítulo pretende-se discutir as alternativas que se constroem pela via da inspiração nas experiências de bem-estar social verificadas no pós-Segunda Guerra. Para tanto serão tomadas as elaborações de Francisco de Oliveira a respeito da social-democracia, suas considerações em torno dos conceitos de Estado providência, fundo público, esfera pública, antivalor etc., colocando-as em confronto com as teses de Kurz, Chesnais e Mészáros, com destaque para a tese deste último a respeito da ativação dos limites absolutos do capital.

A questão que vai motivar o debate entre os autores citados é o problema da possibilidade do controle social sobre o capital mundializado, questão que, aliás, perpassa todo este capítulo. Na segunda parte do capítulo busca-se exatamente, a partir do debate com os autores citados a respeito da possibilidade de controle sobre o capital mundializado, fundamentar a discussão sobre as alternativas no campo da educação.

4.1. A social-democracia e o Estado providência

As análises acerca do que representaram/representam as experiências da social-democracia e sobre o papel desempenhado pelo chamado Estado providência, em geral, podem se agrupar em três grandes campos: o liberal, que rechaça de antemão qualquer possibilidade de limitação, controle ou regulação do mercado e que, por esse princípio, desde sempre considerou a experiência social-democrata fadada ao fracasso; um segundo campo, que agrega os críticos a um só tempo do capitalismo liberal de um lado e do socialismo de outro por serem extremados, acreditando se que – *in medio virtus*[237] – a social-democracia representaria o equilíbrio entre liberdade (que o socialismo não daria) e o bem-estar social (que o mercado não garante); e o terceiro campo seria aquele em que se destacam as teses marxistas, críticas radicais (no sentido mais essencial) do capital em geral tanto sob sua face liberal quanto sob a face social-democrática.

Os dois últimos campos são os que ainda guardam diálogos mais estreitos embora uma questão os diferencie fundamentalmente: os social-democratas acreditam na possibilidade de um controle social sobre as forças de mercado ao mesmo tempo em que consideram o socialismo incapaz de estabelecer relações efetivamente democráticas; já os marxistas, em decorrência das análises que fazem da natureza e dinâmica da sociedade produtora de mercadorias, desacreditam de toda e qualquer possibilidade de disciplinamento da natureza autoexpansiva e destrutiva do capital ou controle social geral e duradouro sobre as relações econômicas.

Portanto, enquanto para os autores filiados à tradição marxista a crítica aponta para a incapacidade da social-democracia superar as contradições fundamentais do sistema do capital, os autores ligados ao segundo campo citado apresentam uma análise positiva das experiências social-democratas destacando o alto grau de organização social que alia certo padrão de socialização das riquezas materiais e culturais com um nível avançado de relações democráticas.

Francisco de Oliveira é um dos autores que se aproximam muito mais da segunda tendência. Ele desenvolve uma análise que se coloca assumidamente no interior de uma perspectiva de esquerda, porém se diferenciando do que ele chama de marxismo ortodoxo e ao mesmo tempo assumindo uma filiação socialista, como ele mesmo autodenomina, "um socialista empedernido".

---

[237] Expressão latina que significa: a virtude está no meio.

O autor se confronta com a análise liberal que, segundo ele, faz questão de separar o Estado da economia, mas não faz o mínimo esforço para reconhecer a separação entre Estado e sociedade. Se por uma parte a democracia levada a termo afirma a distinção entre a sociedade e o Estado, por outro, os liberais pretendem que as leis de mercado submetam o todo da sociedade ao seu movimento, ou seja, pretendem que a sociedade se dilua no movimento próprio do mercado, assim, quanto mais a sociedade estiver sob as leis do mercado tanto mais livre e democrática – meritocrática – ela será.

Uma das críticas de Oliveira é dirigida contra a caracterização do Estado de bem-estar como uma maior intervenção estatal, como um Estado intervencionista ou um Estado ampliado. Para Oliveira, a questão se coloca noutros termos: trata-se de uma nova forma de organizar o Estado e sua relação com o mercado, sem que essa relação seja fortuita ou casual. Por isso, não se trata de "intervenção estatal", mas de uma iniciativa que parte do pressuposto de que a esfera privada não se mostra suficientemente capaz de gerir o conjunto das relações sociais e de dar conta das diversas demandas da sociedade.

Dessa forma, o Estado não seria apenas mais um agente como os demais, a compartilhar da mesma racionalidade dos agentes particulares e privados. O Estado teria uma racionalidade específica, caracterizada pelo fato de ser a manifestação de um conjunto de interesses, de não ser a emanação direta das determinações do mercado, da concorrência, do lucro imediato. Assim, o Estado não pode ser visto como mais um elemento particular na concorrência capitalista, mas sim como uma instância de interesse público.

O autor insiste em afirmar que, na verdade, não se trata, nesse caso, de um Estado tal como historicamente se constituiu, mas de uma "esfera pública". Esse conceito aparece com certo destaque na elaboração do autor justamente porque vai demarcar toda uma reorientação da discussão sobre o funcionamento democrático assim como sobre a própria organização política, de um modo geral, da social-democracia. Inclusive, dando novos contornos à luta de classes, ou à estruturação das classes e sua relação com essa esfera pública.

No fundo, o autor não oferece uma definição mais precisa para o conceito de esfera pública, mas o distingue claramente de Estado, considerando que se trata, antes de tudo, de uma ampliação do espaço público, o que não se pode confundir com o conceito liberal, ou neoliberal, de Estado ampliado.

O que o conceito de esfera pública deixa antever é que todos os setores da sociedade, todas as classes estariam contempladas sob sua constituição, independente da hegemonia econômica, ou seja, independente do controle das riquezas, ou da posse dos meios de produção. Reaparece assim, não mais sob a forma de Estado, mas sim sob o conceito de esfera pública, a ideia de uma entidade que parece se situar acima das classes para representar "interesses gerais"[238].

Mas, embora o autor não exponha a materialidade dessa esfera pública, isto é, embora ele não apresente exatamente a forma da constituição da esfera pública, as instituições que a comporiam, sua corporeidade, enfim, ele coloca que essa esfera pública fundamenta-se ou tem como pressuposto material o "fundo público". Esse é o conceito fundamental para a social democracia, pois é através dele que o Estado ou esfera pública pode, por assim dizer, autossustentar-se.[239]

Não deixa de ser problemática essa definição, pois a distinção entre a "razão do Estado, que é sociopolítica, ou pública", e a razão privada dos capitais ou dos demais agentes privados, embora real, evidente não pode ser absoluta. A chamada "razão do Estado, que é sociopolítica, ou pública", em última instância, não deixa de ser expressão de determinada orientação

---

[238] "A esfera pública aqui não é mais uma esfera pública burguesa: mas da mesma forma como a entrada da classe trabalhadora na disputa eleitoral redefiniu a democracia, com o que as antigas desconfianças marxistas em relação à democracia perderam todo o sentido, também uma esfera pública burguesa, penetrada por um fundo público que é o espaço do deslocamento das relações privadas, deixa de ser apenas uma esfera pública burguesa" (Oliveira, 1993: 140).

[239] Mas o fundo público não é "a expressão apenas de recursos estatais destinados a sustentar ou financiar a acumulação de capital; ele é um 'mix' que se forma dialeticamente e representa na mesma unidade, contém na mesma unidade, no mesmo movimento, a razão do Estado, que é sociopolítica, ou pública, se quisermos, e a razão dos capitais, que é privada". (Idem, Ibidem, p.139).

política para a ação estatal, que se define e se afirma num processo de disputa hegemônica, num determinado estágio da luta de classes. Essa razão pública por acaso estaria acima dos interesses das classes?

De certa forma, parece ser essa mesma a perspectiva do autor, isto é, de afirmação de uma esfera pública realmente capaz de exprimir os interesses gerais da sociedade: "a razão pública". É compreensível a distinção entre a razão pública e a razão de mercado, o que é problemático é supor que a "razão pública" seja algo autônomo, desligado dos interesses de classe, como se não fosse, ela mesma, o resultado de uma disputa hegemônica. Ser público não significa estar equidistante dos conflitos ou dos conflitantes. A "razão pública" pode mesmo ser a razão que se origina de um interesse particular passado como público, ou tornado, ainda que aparentemente, público. Dizendo de outro modo, essa "razão pública" jamais será alguma coisa, pela sua própria natureza, filha e mãe de si mesma, sem raízes em quaisquer dos horizontes de classe. Retorna-se a essa questão posteriormente.

O fundo público é, portanto, um conceito chave para a social democracia. É ele que dá suporte para essa organização social. Ele é, pode-se dizer, a condição de possibilidade dessa organização social que, segundo o autor, não mais se funda puramente na lógica do capital, mas sim, numa lógica pública e democrática.

Como já foi dito anteriormente, o fundo público e a esfera pública reorganizam e dão nova configuração ao sistema social, à estrutura de classes etc. Para Oliveira o fundo público não provoca exatamente a extinção das classes sociais como, ainda segundo Oliveira, propõem Offe e Habermas, entre outros, muito embora permita essa visualização. Ainda que não desapareçam, as classes sociais adquirem configuração distinta, pois a luta de classes, mesmo persistindo, desloca-se da esfera privada para a esfera pública, transformando-se de classes sociais privadas em classes sociais públicas.[240]

---

[240] "O fundo público só existe e somente se sustenta como consequência da publicização das classes sociais, do deslocamento da luta de classes da esfera das relações privadas para a das relações públicas: ele é uma espécie de suma de todas essas transformações, as quais têm que ser renovadas quotidianamente, sob pena de ele perder sua eficácia". (Idem, Ibidem, p.139).

A publicização das classes e da luta de classes não representa, porém, um deslocamento total e absoluto dessa luta da esfera da produção para a esfera do Estado.[241] Todavia, não parece mais existir a distinção que aponta o mundo da produção, ou mesmo o mundo econômico, como uma esfera absolutamente privada. Há uma politização da economia, por isso é que a luta de classes, mesmo necessária e mesmo existindo na esfera da produção, adquire em sua existência um caráter público e não privado. Daí a posição do autor contrária ao desaparecimento das classes.[242]

Oliveira não aceita facilmente a tese do desaparecimento das classes sociais e do fim da luta de classes, mas considera haver uma modificação profunda no panorama da luta de classes instituindo-se uma situação política e econômica superior na configuração da democracia burguesa, justamente a partir da consideração da "esfera pública" e do "fundo público".

A esfera pública é outra categoria importante nas análises de Oliveira. A propósito, o autor considera a centralização da discussão em torno do problema de saber se o Estado é máximo ou mínimo apenas uma resultante do viés ideológico liberal ou neoliberal, dado que não se trata nem de intervenção, como para os defensores do livre mercado, nem tampouco de uma mera subordinação ao capital, como, segundo Oliveira, defendem os marxistas. Trata-se, isso sim, de "um extravasamento das esferas privadas, das relações privadas, para uma esfera pública não burguesa...".[243]

---

[241] Aliás, "tanto para que exista o fundo público como para que o processo de publicização se dê, é absolutamente necessário que também continue a luta de classes na esfera da produção ou, se quisermos dizer, no confronto imediato e direto entre empregados e patrões". (Idem, Ibidem, p.139).

[242] "Mas, quanto mais parecem desaparecer do campo da visibilidade do confronto privado, tanto mais são requeridas como atores da regulação pública. Isto não é um paradoxo, mas a contradição das classes sociais hodiernas que é, também, a mesma do fundo público". (Idem, Ibidem, p.140).

[243] Idem, ibidem, p. 141.

Deve-se, todavia, indagar: em que medida essa publicização das relações privadas pode prescindir da forma estatal? Não teria sido a forma Estado o modo de objetivação através do qual se realiza a citada publicização das relações privadas? Em que medida a esfera pública pode vir a ser qualitativamente tão distinta do Estado, tanto do ponto de vista da forma quanto do conteúdo e como um espaço positivamente mais democrático e representativo, inclusive como uma força que invade o "espaço privado" da luta de classes modificando-o sensivelmente?

4.2 A base econômica do Estado providência – o antivalor

O modelo de Estado conhecido como *Welfare State*, na realidade, não é tão somente uma forma de organização estatal diferente, ele representa um conjunto de reordenamentos no âmbito econômico, social e não apenas estatal, por isso ele não pode ser analisado senão como parte integrante de um padrão de desenvolvimento econômico, social e político, cultural etc.

O Estado de bem-estar social se define fundamentalmente pelo financiamento público da economia capitalista. O fundo público aparece como o pressuposto do financiamento da acumulação do capital, de um lado, e do financiamento da reprodução da força de trabalho, de outro.

Esse financiamento, com respeito à reprodução da força de trabalho, pode ser exemplificado através de um sistema público e gratuito de educação, saúde, de seguro-desemprego, previdência social etc. – o que se conhece por salário indireto. Já com relação à acumulação do capital, esse financiamento pode ser visto através de subsídios a produção, recursos para ciência e tecnologia etc. O que diferencia esse padrão de financiamento da costumeira "ajuda" pública para a economia capitalista é exatamente sua abrangência, seu caráter estável e o fato de ser definido segundo "regras assentidas pelos principais grupos sociais e políticos".[244]

Com o financiamento público da força de trabalho, é desencadeado um processo econômico-social que altera, em certo sentido, as relações entre capital e trabalho, segundo Oliveira, reconfigurando as relações da sociedade burguesa. A tal ponto se modificariam essas relações que o autor arrisca uma conclusão controversa: a que aponta a social-democracia e seu Estado providência como um novo modo de produção social.[245]

Com o financiamento público da reprodução da força de trabalho – mercadoria essencial do sistema do capital, uma vez que é a mercadoria criadora de valor e mais-valor – essa mesma força de trabalho perderia justamente o estatuto de mercadoria. É a isso que Oliveira vai definir como o processo de desmercantilização da força de trabalho. A força de trabalho passa de mercadoria essencial do sistema produtor de mercadorias a antimercadoria – daí o surgimento do antivalor. Embora o raciocínio seja mais complexo, poder-se-ia grosseiramente resumir a formulação de Oliveira da seguinte maneira: se o valor, tanto em Marx, como já desde os clássicos, é posto pelo trabalho, isto é, a teoria do valor aponta o trabalho como o criador de valor, e se a força de trabalho deixa de ser mercadoria, passando a antimercadoria, logo, o produto desse trabalho, que já não obedece à estrutura da relação capitalista clássica, será não mais valor, mas antivalor.[246]

---

[244] Para Mészáros, a respeito do auxílio do Estado à economia capitalista (ajuda externa), ele afirma: "O capital, na fase atual de desenvolvimento histórico, tornou-se completamente dependente da oferta sempre crescente de 'ajuda externa'. Contudo, também sob esse aspecto, estamos nos aproximando de um limite sistêmico, pois somos obrigados a enfrentar a *insuficiência crônica de ajuda externa* referente àquilo que o Estado tem condições de oferecer. Na verdade, a crise estrutural do capital é inseparável da insuficiência crônica dessa ajuda externa, sob condições em que os defeitos e as falhas desse sistema antagonístico de reprodução social exigem uma oferta ilimitada dela" (MÉSZÁROS, 2003: 30-31).
[245] Idem, Ibidem, p. 142.
[246] "Há, teoricamente, uma tendência a desmercantilização da força de trabalho pelo fato de que os componentes de sua reprodução representados pelo salário indireto são anti-mercadorias". (OLIVEIRA, 1996: 95).

Embora o autor fale aqui de "tendência teórica", trata-se mesmo, para ele, de efetividade. Oliveira aposta que os desdobramentos desse processo são decisivos para a estruturação da sociedade, assim como o são para a sua teorização. Noutro momento ele coloca ainda que "Esses bens e serviços funcionaram, na verdade, como antimercadorias sociais, pois sua finalidade não é gerar lucros, nem mediante sua ação dá-se a extração da mais-valia".[247]

Para o autor, o fundo público passa a ser elemento imprescindível para a acumulação capitalista, inclusive porque, com a desmercantilização da mercadoria, há liberação do capital constante, o que desencadeia um processo até então inusitado de desenvolvimento científico e técnico.[248]

Muito embora o processo através do qual o fundo público passa a ocupar tamanha importância não seja exatamente um desvio, uma anomalia, uma exceção à regra, mas uma possibilidade posta pela luta de classes, pela disputa hegemônica através da qual o capital canaliza o fundo público para o financiamento da reprodução expansiva do sistema capitalista, inclusive sob uma face presumivelmente "mais humana".[249]

Uma das conclusões a que chega Francisco de Oliveira é sobre a incapacidade de o marxismo permanecer vigoroso diante de tamanhas mudanças. Apoiando-se em Thomas Kuhn, ele vai considerar que "o poder explicativo do paradigma teria perdido toda sua potência, e por consequência ameaçaria o corpo teórico marxista por inteiro".[250]

---

[247] Idem, Ibidem, p.94.
[248] Nas letras do autor: "O que torna o fundo público estrutural e insubstituível no processo de acumulação de capital, atuando nas duas pontas de sua constituição, é que sua mediação é absolutamente necessária, pois, tendo desatado o capital de suas determinações autovalorizáveis, detonou um agigantamento das forças produtivas, de tal forma que o lucro capitalista é absolutamente insuficiente para dar forma e concretizar as novas possibilidades de progresso técnico abertas" (Idem, Ibidem, p. 96-7).
[249] Isso se for possível considerar emprego estável, salários razoáveis e possibilidade de consumo como indicadores de grau superior de humanidade. Em direção semelhante encontra-se a crítica de Marx (1989) ao burguês tacanho por considerar a produção de mercadorias o ponto culminante da liberdade humana e da independência individual.
[250] Idem, ibidem, p. 99.

Ainda sobre os desdobramentos teóricos dessa elaboração e também quanto à possível perda de potência das análises marxistas, Oliveira vai apontar como consequência lógica da centralidade do fundo público no processo de reprodução do sistema, e do surgimento do antivalor, justamente o fim do fetiche da mercadoria: "De fato, a desmercantilização da força de trabalho opera no sentido da anulação do fetiche".[251] Embora reconheça que a sociedade de um modo geral prossiga cada vez mais fetichizada ("a sociedade de massas parece a fetichização elevada a enésima potência"), Oliveira arrisca a afirmação do fim do fetiche da mercadoria propondo no seu posto a fetichização do Estado.

O autor não é muito claro quando tenta apontar as contradições desse "modo de produção social-democrata", mas reconhece que ele não basta como "o ponto a que se quer chegar" em termos de utopia. Por outro lado, do ponto de vista de sua capacidade de atendimento das necessidades materiais do conjunto da sociedade e de sua permeabilidade à participação democrática, o autor se mostra extremamente otimista. Mesmo considerando que esse "modo de produção" permanece como um sistema em que a apropriação das riquezas, em última instância, ainda é bastante desigual.[252]

A posição de Oliveira é de defesa do socialismo como um (e não o) objetivo da sociedade humana.[253] Todavia, apesar de afirmar incansavelmente o socialismo como uma forma de sociedade superior, o autor o faz a seu modo e o faz depois de uma reflexão que, a rigor, não apontaria para

---

[251] Idem, ibidem, p. 100.
[252] Segundo aponta Oliveira (Idem, ibidem, p. 101), "importa também observar que o Estado de bem-estar e suas instituições não são, agora, o 'horizonte intransponível'; para além dele, bate, latente, um modo social de produção superior. Resta resolver um problema, intacto, que é o da apropriação dos resultados desse modo social; por enquanto, a capacidade de reprodução desatada pela atuação do fundo público leva água ao moinho dos proprietários de capital, numa situação em que este capital já é fundamentalmente socializado."
[253] "(O) socialismo coloca-se, uma vez mais, como um desdobramento do próprio sistema capitalista. Há, neste sentido, uma certa dose de necessidade. (...) O socialismo aparece como necessidade enquanto um sistema que possa resolver as contradições do que chamei o modo social-democrata de produção. (...) De fato, o modo social-democrata de produção mostrou, pela primeira vez, a virtualidade da desnecessidade da exploração: e isso

o socialismo. A transição para o socialismo, na elaboração de Oliveira, remonta à tradição reformista para a qual a passagem de uma formação social a outra não se apresenta como ruptura radical, mas próxima das perspectivas reformistas, isto é, como resultado do aperfeiçoamento democrático da sociedade do capital, por sua vez, propiciado pelas mudanças provocadas na dinâmica social através do fundo público.

4.3. Estado de bem-estar: ruptura ou continuidade?

Até aqui foram expostas, ainda que brevemente, as principais teses de Oliveira referentes à problemática crucial: a possibilidade de controle social sobre o capital – em ligação com a qual se acha o problema da educação. Doravante, busca-se desenvolver uma investigação crítica em torno de uma das questões que parecem centrais para aquela problemática, isto é, justamente a concepção de Estado que embasa as formulações de Oliveira.

O primeiro questionamento a ser levantado em face das teses de Oliveira é quanto à ideia de que o Estado de bem-estar representaria uma profunda ruptura[254] com o Estado clássico. Na primeira forma o Estado ocupa posição de centralidade dentro da reprodução material da socie-

---

ainda vai longe. E está mostrando também que a contradição em que se construiu a forma de superar um capitalismo não autorregulado desbloqueou as imensas potencialidades da produção, mas bloqueia as possibilidades da realização. Por isso seu voraz apetite por todas as formas de riqueza pública, entre as quais espaços supranacionais aparecem como uma das mais notáveis; mas, assim mesmo, bloqueado pela forma mercantil, ele concentra renda, o que aparece como encarecimento do capital constante – quando na verdade há um barateamento –, e condena vastas parcelas da humanidade a serem apenas simulacros de consumidores. O socialismo aparece nessa fronteira para, por sua vez, desbloquear esse caminho" (OLIVEIRA, 1993: 143).

[254] De acordo com o estabelecido há pouco, em Oliveira o conceito de ruptura não se aplica ao processo de superação social, pois não propõe abolição do capital, nem tampouco transformação profunda das estruturas sociais através de um movimento revolucionário. Todavia, suas elaborações de fato apontam para uma transformação profunda na organização e no papel desempenhado pelo Estado. Trata-se então de indagar se tais modificações rompem com a dinâmica do capital ou se representam uma adaptação a ela.

dade, ao mesmo tempo como agente produtivo e também como agente político, atuando contra os "excessos" do capital, isto é, disciplinando-o, regulando-o.

Mas, contrariamente ao que propõe Oliveira, o Estado clássico e o Estado de bem-estar representam uma linha de desenvolvimento em que não se estabelece ruptura, o que aí essencialmente se afirma é uma relação de continuidade. Colocando noutros termos: o Estado de bem-estar seria, antes, uma readaptação do aparelho estatal a um novo momento do desenvolvimento do capital em que o Estado deixa de ser o guardião das identidades dos contratantes (que basicamente se definem pelo aspecto da posse da mercadoria), no intercâmbio socioeconômico, para ser administrador das desigualdades sociais.[255]

Essencialmente, o Estado permanece como o lugar que acolhe e desenvolve a contradição capital-trabalho.[256] Ou seja, mesmo o chamado Estado providência, a despeito de sua ação distributiva um tanto mais favorável aos trabalhadores, permanece um instrumento político-econômico engendrado pelo sistema do capital para desenvolver e realizar a contradição de classes, embora sob circunstâncias específicas.

Se no capitalismo liberal a contradição de classes se oculta sob a forma do Estado guardião das identidades – o que unifica capitalistas e trabalhadores ambos como cidadãos livres, iguais em direitos e do mesmo modo proprietários de mercadorias –, na social-democracia a contradição não desaparece, mas se oculta sob a forma do Estado administrador das desigualdades, aí consideradas como algo puramente quantitativo.

---

[255] Quanto a esse papel do Estado, Teixeira afirma que "no capitalismo clássico o desenvolvimento e realização dessa contradição (a contradição de classes) são assegurados através do exercício de sua função como guardião da identidade dos contratantes; no capitalismo contemporâneo, como administrador das diferenças sociais [e não de classes]". (TEIXEIRA, F. J. S. *Oliveira e o modo social-democrata de produção: forma superior de desenvolvimento da forma mercadoria?* Fortaleza, mimeo, 1997: 57).
[256] "O Estado de bem-estar nada mais é do que desdobramento, evolução, do Estado na sua forma clássica. Se se preferir, o que ocorre é uma desmontagem do Estado clássico para reconstruí-lo de modo novo para que, assim, possa cumprir mais adequadamente a sua função social de realização e desenvolvimento da contradição de classes" (Idem, p. 58).

Nesse sentido, o capitalismo liberal e a social-democracia representam uma passagem de uma forma a outra de Estado, sem que se perca sua essência: o Estado é obrigado, objetivamente, a reconhecer as desigualdades entre os proprietários livres, mas apenas como expressão quantitativa. Substitui-se a categoria da identidade entre capitalistas e trabalhadores pela da diferença, mas sem que se ponha a nu a contradição fundamental, aparecendo essa como mero desequilíbrio quantitativo a ser administrado pelo Estado através de ações específicas.[257]

Há uma perigosa inversão subjacente às teses de Oliveira, quando se esforça em provar que o Estado e as relações políticas não são mais postas pelas relações econômicas – "como para os marxistas" – apostando que agora a esfera pública é que põe as relações econômicas.

Se é verdade que não houve uma ruptura entre o Estado clássico e o Estado de bem-estar, torna-se de difícil aceitação a tese da social-democracia como um novo modo de produção, assim como a tese da desfetichização da mercadoria, a da determinação das relações produtivas pela esfera pública, e assim por diante.

O problema fundamental das análises do tipo da que está em discussão reside justamente no fato de ter tratado a social-democracia como um processo definitivo, como um "novo" modo de produção que teria deixado para trás as principais determinações históricas da sociedade produtora de mercadorias.

Por mais que seja crítico do modo de produção capitalista e aponte o socialismo como utopia necessária; por mais que teça críticas à fetichização da sociedade burguesa, no final das contas Oliveira parece buscar a superação do capital por um atalho. Sua formulação parece exageradamente entusiasmada com a possibilidade de a esfera pública (autônoma, independente e forte) exercer algum controle sobre a economia e realizar um *mezzo* socialismo com o fundo público. A consideração de que a social-

---

[257] "O sentido dessa transformação é o seguinte: no capitalismo clássico a identidade (dos contratantes) ocultava a contradição (de classes). No capitalismo contemporâneo não é mais identidade, mas a diferença que oculta a contradição" (FAUSTO, *op. cit.*, p. 319).

– democracia seria um novo modo de produção e sua elaboração sobre os efeitos "revolucionários" do fundo público antimercadorizando a força de trabalho, desfetichizando a mercadoria e publicizando a luta de classes parecem querer encontrar um caminho mais fácil e seguro para o socialismo, inclusive evitando os riscos do autoritarismo verificados nas experiências revolucionárias do século XX.

Por mais que Oliveira insista em afirmar que o que se tem chamado de desmonte neoliberal das conquistas sociais, de fato, não atingiu significativamente o núcleo do Estado providência,[258] parecem muito nítidas e não pouco profundas as mudanças na organização do Estado e da economia no capitalismo contemporâneo. A própria crise, vivida de forma aguda pelos países que já foram modelo de Estado de bem-estar, evidencia, em primeiro lugar, a incompatibilidade no tempo presente entre a acumulação capitalista do capital mundializado e o Estado providência.

O tipo de intervenção estatal que se apropriava de parte da mais-valia produzida para utilizá-la como salário indireto e regulava a concorrência entre os capitais particulares se mostrou como um enorme entrave ao movimento de acumulação. Em segundo lugar, e por consequência, essa crise patenteia que o desmonte do Estado providência é determinado pelo movimento econômico-político, o que demonstra, por sua vez, que as leis da acumulação capitalista, em última instância, determinam a configuração da forma Estado. Numa palavra: as leis postas pela economia capitalista não são, de maneira alguma, insuperáveis, mas o problema está justamente em se considerar que um Estado mais democrático e assistencialista pode superar a contradição de classes sem que seja superada a forma capital.

---

[258] Oliveira considerava ainda em 1998 que o núcleo do Estado providência não tinha sido afetado como se imaginava: "Os gastos sociais continuam até a crescer como parte do PIB nos principais países desenvolvidos". Ele defendia que o que estava ocorrendo era uma "desregulamentação do trabalho, a destruição de direitos sociais e trabalhistas" e que isso deveria levar à "erosão das bases sociais do Estado de bem-estar" (OLIVEIRA, 1998: 70).

A consideração de Oliveira segundo a qual a social-democracia seria um novo modo de produção social, distinto tanto do capitalismo quanto do socialismo, parece resultar das novas características estruturais que passa a apresentar a sociedade a partir das profundas mudanças econômicas, sociais, políticas causadas pelo fundo público. A consideração controversa[259] do autor provoca uma indagação: poder-se-ia mesmo conceber o (longo e/ou breve) século XX como aquele que pôs e depôs silenciosamente o modo de produção social democrata?

Da premissa de que o Estado de bem-estar representa uma ruptura com o Estado clássico se desdobra uma série de desenvolvimentos teóricos bastante discutíveis. Um deles é a dedução lógica que se faz possível a partir da consideração de Oliveira a respeito da intervenção do Estado nas relações capital – trabalho através do salário indireto (a qual, como foi indicado, autonomiza o capital constante, cria o antivalor, a antimercadoria, desfetichiza a mercadoria etc.): a dedução perigosa que se coloca a partir daí é a de que a exploração do trabalho, e a contradição fundamental entre capital – trabalho, nos termos clássicos, tornar-se-ia evanescente a partir da interposição benfeitora do Estado.

Outra questão extremamente polêmica é a tese da desfetichização da mercadoria e a consequente fetichização do Estado. Ora, o Estado sempre foi uma criação da sociedade de classes e fetichizado por natureza, mas seu caráter fetichista tem sustentação na dinâmica da sociedade produtora de mercadorias. De outra parte, a categoria da diferença, como já foi demonstrado, continua, à sua maneira, a ocultar a contradição fundamental da sociedade de classes.

---

[259] Numa entrevista publicada por *Teoria & Debate* em 1997, o autor explicava que "o uso provocativo de 'modo de produção' não tinha a pretensão de ser um conceito acabado, nem mesmo de ser fiel ao conceito de modo de produção" (OLIVEIRA, 1997: 44). O que não resolve o problema, talvez até piore a questão, pois a imprecisão conceitual pode desqualificar o esforço teórico e ofuscar todo o caráter de novidade das análises de Oliveira.

Não há como negar que a forma de Estado que surgiu com a social--democracia representa mudanças significativas com relação ao capitalismo clássico, mas não há por que negar ou subestimar as determinações fundamentais da sociedade capitalista, e isso a própria crise do Estado de bem-estar demonstra com rude clareza.

Oliveira considerou apressada a crítica ao neoliberalismo cujo argumento central se apoiava na constatação do desmonte do Estado de bem-estar social. De fato, a crítica de Oliveira tinha como aspecto positivo o alerta sobre a falta de rigor teórico das análises que se apressavam em defender que o neoliberalismo teria concluído com um só golpe a demolição de todo o edifício do *welfare state*. Era preciso tratar o fenômeno como um processo histórico complexo e em curso, cuja conclusão estava em aberto. Tratava-se de uma disputa hegemônica e, sobretudo, era preciso considerar o estágio social, político e econômico de cada sociedade específica. O neoliberalismo aparecia na crítica ingênua de setores de esquerda como uma palavra mágica que significava a derrocada do *welfare state* em bloco e indistintamente na Europa, na América, na Ásia etc.

Oliveira, entretanto, assumiu uma posição extrema perante àquela, isto é, supervalorizando a capacidade de resistência dos setores que defendiam aquele modelo de sociedade e subestimando os ataques conservadores cada vez mais consolidados contra o Estado providência e tudo que ele representava. A ofensiva neoliberal se apresentava igualmente forte através dos setores de direita e dos setores de esquerda[260], o que demonstrava que não era um mero movimento político dissociado da dinâmica econômica.

---

[260] Pensando em termos de Europa é fácil constatar que os ataques conservadores contra as políticas do chamado bem-estar social não estavam exclusivamente vinculados às cores dos partidos conservadores. De Tatcher a González, passando por Köhl e Mitterrrand, a tendência foi de recuo dos mecanismos de proteção social, de ataques aos mecanismos de proteção do trabalho, diminuição de gastos sociais, enfim, de avanço do poder do pólo do mercado sobre o pólo do Estado, aliás, de reconfiguração do Estado em busca de adaptação ao novo padrão de acumulação.

Acima de tudo, a crítica de Oliveira não atentava para o dado da contingência, ou seja, para a realidade episódica e geograficamente limitada do *welfare state*. Sua crítica nem sequer colocava a possibilidade de estar em curso um processo de esgotamento fundamental da estrutura sociometabólica do capital, o qual problematiza a reconstrução, no interior da sua lógica, que exacerbava o caráter social regressivo-destrutivo, de um modelo de bem-estar como fora o Estado providência.[261]

4.4. O fetichismo do Estado e as perspectivas da educação liberal-democrática

Não sei por onde vou,
Não sei para onde vou,
– Sei que não vou por aí![262]

Que perspectiva para a educação apontam os desdobramentos das teses de Oliveira?

Num primeiro plano as elaborações em educação que compartilham do mesmo horizonte de análise de Oliveira apostam na ampliação e fortalecimento do fundo público e na ampliação dos espaços democráticos da esfera pública como instrumentos para garantir o bem-estar material das maiorias sociais e o controle social e democrático sobre a dinâmica econômica.

---

[261] Como muito bem demonstra Fiori, aquela forma de Estado uniu keynesianos e social-democratas em uma sólida e estável aliança, mas, na realidade, tudo isso faz parte de um momento em que: "O Estado capitalista redefine-se como instrumento básico na prevenção e controle das crises, mediante o estímulo planejado e o monitoramento das 'contra-tendências' do sistema capitalista: manutenção e ampliação de taxas de lucros capazes de sustentar expectativas estáveis a médio prazo, manutenção de um nível de investimento compatível com as exigências de emprego e consumo da população e com as exigências da reprodução ampliada do próprio capital". (FIORI, J. L. *Em busca do dissenso perdido*. Rio de Janeiro: Insight Editorial, 1995: 03).

[262] Trecho do poema "Cântico Negro" do poeta português José Régio, citado a partir de MOISÉS, Massaud. *A literatura portuguesa através dos textos*. 8ª. ed. São Paulo: Editora Cultrix, 1979.

O ideal liberal-democrático de sistema de educação pública, gratuita e universal, consequentemente, seria fortalecido política e ideologicamente assim como seriam ampliados os investimentos públicos do setor, configurando-se um movimento em que a educação seria ao mesmo tempo consequência e condição de funcionamento da ordem do "novo modo de produção social-democrata".

De um lado, a educação se beneficiaria de uma ordem social em que as prioridades seriam definidas democraticamente no âmbito da esfera pública, no interior da qual haveria uma forte intervenção política da sociedade civil; além disso, do ponto de vista material, o fundo público asseguraria os investimentos necessários como suporte material da ação democrática da esfera pública. De outro, a educação pública e gratuita universalizada alimentaria a ordem social com a formação/qualificação técnico-profissional de indivíduos altamente produtivos e formação político-social para a participação democrática[263] esclarecida e qualificada desses mesmos indivíduos/cidadãos.

A luta social deveria, portanto, se concentrar na defesa da ampliação e fortalecimento do fundo público e da esfera pública como condições de se reverter ou subverter a ordem neoliberal, na qual o fundo público ou diminui ou se vincula diretamente às necessidades econômicas da dinâmica mundializada do capital financeirizado.

Pensando em termos de América Latina, observa-se a existência de imensas dificuldades, decorrentes das especificidades históricas do continente, que Oliveira, aliás, não tematiza. Dificuldades essas que se apresentam em primeiro lugar no campo do fortalecimento e ampliação da esfera pública, entendida como espaço de disputa política, profundamente democrático, devido: primeiro à tradição política dos Estados e

---

[263] Ou, se se preferir, "formação para a cidadania", expressão muito repetida dos anos 1990 para cá tanto nos discursos da direita quanto da esquerda, que tem se aperfeiçoado na gestão do Estado burguês. Em ambos os casos a expressão é caracterizada pelo esvaziamento de qualquer conteúdo que lembre a luta de classe.

das sociedades latino-americanas; e, segundo, ao quadro de concentração e centralização do capital na região.

Em segundo lugar, essas imensas dificuldades se apresentam também no campo da ampliação do fundo público; pois, no contexto do capital mundializado, da asfixia das dívidas e da exacerbação do controle econômico-político das grandes corporações econômicas e de seus Estados representantes,[264] não sobram muitas possibilidades de ampliação desses fundos.

A ampliação do fundo público e uma pretensa utilização dele em políticas sociais mais favoráveis aos "de baixo" no contexto da América Latina (e de toda periferia do sistema do capital) encontra dois enormes obstáculos: um de ordem econômica, tal como indicado acima; e outro de ordem política mesma, pois a ampliação da taxação do capital[265] em favor da constituição do fundo público dependeria de uma intervenção e mobilização sociais sem precedentes no continente.[266]

Marilena Chaui é uma autora que, ao debater o problema da educação, parece reforçar a perspectiva de Oliveira. Preocupada com as questões

---

[264] Há na relação entre as grandes corporações econômicas e os Estados que as representam uma certa simbiose, como coloca STEFFAN (1995: 518): "la relación entre el Estado primermundista y las transnacionales del país no es, primordialmente, conflictiva, sino simbiótica em el sentido del viejo lema: *what's good for General Motors, is good for the USA*".

[265] No caso brasileiro é interessante lembrar a título de ilustração o artigo 153 da Constituição Federal de 1988, que institui o Imposto sobre Grandes Fortunas (IGF). Este artigo exige regulamentação por Lei Complementar, o que jamais foi feito, e o Governo Lula entra em seu segundo mandato sem enfrentar essa discussão.

[266] Aqui se coloca um grave problema para a perspectiva da social-democracia e para o reformismo em geral, pois a mera tarefa de ampliação quantitativa do fundo público através de maior taxação sobre o capital no contexto da periferia do sistema mundializado do capital depende de um elevadíssimo grau de mobilização e conscientização política anticapitalista, de maneira que se mostram descompassadas e incongruentes entre si meta, objetivo e processo político, ou seja, o processo consistiria na ampla mobilização da massa dos explorados para se atingir um objetivo parcial, reformista, definido pelas modestas ambições das camadas médias: seria como a necessidade de "um oceano pra lavar as mãos" (LOBO, Edu e BUARQUE, Chico. "Meia-noite". In: LOBO, E. *Songbook*. Rio de Janeiro: Lumiar discos. 1995, vol. 1.

que historicamente impediram os avanços democráticos da educação brasileira, referindo-se especialmente ao caso da universidade pública a autora entra na defesa democrática do fundo público como questão central.[267] Chaui considera o fundo público como o núcleo da república e algo essencial para a relação entre Estado e universidade. Chaui então defende uma apropriação e utilização efetivamente públicas do fundo público, algo realmente necessário e que se constituiria num avanço democrático inédito na história do Brasil e da América Latina.

A preocupação da filósofa não deixa de ser pertinente porque no Brasil se opera uma inversão absoluta da ordem das prioridades posta com o Estado providência, uma vez que se constitui um fundo público através de tributação elevada, a qual recai principalmente sobre os ombros das classes trabalhadoras, com finalidade básica de assegurar o chamado "ajuste fiscal".[268]

Diante de uma preocupação pertinente a proposição de Chaui, referente à apropriação pública do fundo público, no entanto, parece modesta,

---

[267] "A relação democrática entre Estado e universidade pública depende do modo como consideramos o núcleo da república. Este núcleo é o fundo público ou a riqueza pública, e a democratização do fundo público significa investi-lo não para assegurar a acumulação e a reprodução do capital, que é o que faz o neoliberalismo com o chamado 'Estado mínimo', e sim para assegurar a concreticidade dos direitos sociais, entre os quais se encontra a educação. É pela destinação do fundo público aos direitos sociais que se mede a democratização do Estado e, com ela, a democratização da universidade" (CHAUI, op. cit., 2003).

[268] O governo Lula não envidou o menor esforço sequer para discutir o caráter injusto da arrecadação tributária brasileira; não se propôs atacar a sonegação fiscal, nem muito menos taxar o capital financeiro. O governo Lula não alterou os rumos da política austera dos governos de Fernando Henrique Cardoso, muito ao contrário, em alguns aspectos até aprofundou-a como no caso da elevação da meta de superávit primário de 3,75% para 4,25%, e posteriormente para 4,5%, além de rebaixar os gastos sociais de 2,59% para 2,45% do PIB e incorporando estas metas à Lei de Diretrizes Orçamentárias (LDO), em vigor até 2006 (BENJAMIM, C. As relações do Brasil com o FMI. www.rebelion.org Acessado em 08/10/2003); este governo ainda manteve a CPMF e o percentual elevado de contribuição do "IR" à ordem dos 36%. O que representa em conjunto uma clara utilização do fundo público para financiar a reprodução de uma economia dependente do capital financeiro internacional.

entre outras coisas porque no Brasil o coeficiente de participação do que se transforma em fundo público no âmbito do total da riqueza produzida é bem modesto (cerca de 30%)[269] em relação à mesma proporção nos países de capitalismo avançado.

Em segundo lugar, Chaui opõe democratização do fundo público a investimento na acumulação e reprodução do capital. Essa oposição não condiz com a realidade, pois, mesmo nos melhores exemplos de democratização do fundo público, em última instância, essa democratização dava-se sob um determinado modo de reprodução da sociedade capitalista, ainda que com bem-estar social.[270]

Por último, não é só o neoliberalismo ou o chamado Estado mínimo que usa o fundo público para a acumulação e reprodução do capital. A chamada social-democracia – embora com maior inclinação para questões sociais – não era senão outro modo de estruturar a participação do Estado ou esfera pública e do fundo público num determinado modo de acumulação e reprodução do capital. Assegurar direitos com o fundo

---

[269] Além de tudo, a taxação especificamente em cima dos lucros capitalistas está longe de ser minimamente aceitável: "a carga tributária brasileira... recai injustamente sobre a população trabalhadora e mais pobre. As principais fontes arrecadadoras dos fundos públicos para a educação sob a forma de *impostos* são as relativas à circulação de mercadorias e serviços (ao invés de incidirem com maior poder de arrecadação junto às rendas, às propriedades e aos bens duráveis da parcela de população que os detém), isto é, nesses casos os *impostos* estão embutidos parcialmente nos preços dos bens de consumo, mas também nos bens de produção, e incidem indistintamente sobre o consumo de pobres e ricos..." (HELENE, O. et al. "Passando a limpo o financiamento da educação nacional: algumas considerações". São Paulo: *Revista Adusp*, abril de 2004).

[270] Obviamente, não se precisa de muito latim para demonstrar que o papel mais democrático que o Estado possa desempenhar, inclusive investindo maciçamente em educação, não desfaz sua função reprodutiva: "As empresas só podem calcular seus custos econômicos imediatos; segundo sua natureza, elas não têm competência para custos da sociedade como um todo. Por esse motivo o Estado assumiu usualmente não só o funcionamento das infraestruturas e, com isso, do sistema educacional, mas também os seus custos" (KURZ, R. "Crise do ensino no Ocidente consolida lógica do totalitarismo econômico, mas pode dar origem a uma nova forma de contracultura intelectual". *Folha de São Paulo*. Mais! São Paulo, 11 de abril de 2004).

público não é necessariamente se opor a sua utilização para a reprodução do capital, aliás, nunca foi.[271]

Chesnais também nos alerta para o risco de a simples defesa do fundo público e a crítica ao neoliberalismo se revestirem de uma compreensão política superficial dos fenômenos, incapaz de atingir as contradições vivas do sistema.[272] O entendimento do autor francês vai numa direção oposta ao que propõe Oliveira, pois questiona (e na verdade refuta) um pressuposto fundamental das teses deste último, isto é, a possibilidade da regulação do capital mundializado. Chesnais aponta sua crítica para o cerne do sistema do capital, isto é, a propriedade dos meios de produção, comunicação e troca, e considera a abolição dessa forma de propriedade a condição para a superação histórica do capital.

As teses de Oliveira, que são perpassadas de otimismo a respeito da ordem social do Estado providência e que por isso se mostram críticas severas do chamado neoliberalismo, podem indicar um caminho perigoso de crítica da educação.

O perigo desse percurso reside em se cair na armadilha da crítica dos retrocessos da educação sob a vigência das políticas do chamado Estado mínimo com a marca da inspiração do saudosismo da "Era de Ouro". Assim, em nome da crítica à política (e em muitos casos essas críticas se

---

[271] Em oposição à direção apontada por Oliveira e Chaui, Mészáros (2002: 685) adverte aos "que tentam divisar – nas linhas neokeynesianas – 'estratégias econômicas alternativas' para o futuro... (pois) as várias estratégias do keynesianismo foram antes complementares à expansão desembaraçada do complexo militar-industrial, do que independentemente aplicáveis a condições verdadeiramente produtivas e também socialmente viáveis".

[272] "É essencial aprofundar a crítica do neoliberalismo. Mas na base desta noção central do reformismo contemporâneo está a ideia de que seria possível deixar a um lado a questão da propriedade dos meios de produção, de comunicação e de troca (a moeda). Falar do neoliberalismo e não do capitalismo e da propriedade privada dos meios de produção, comunicação e troca implica aceitar a ideia de que ainda existem, na presente configuração do capitalismo (na mundialização do capital), possibilidades de regulação do mesmo, sem alterar a propriedade privada e incluso privatizando e desnacionalizando tudo quanto se tinha exigido que fosse propriedade pública". (CHESNAIS, *op. cit.*, 2004).

restringem ao âmbito da política apenas), que ataca direitos e conquistas históricas das classes trabalhadoras, tende-se à apologia da ordem social do Estado de bem-estar como o ideal de organização social. Essa perspectiva apologética engloba a exaltação da escola do período do pós-Segunda Guerra considerando-a o ideal de escola, a realização plena da promessa integradora e igualitária da escola liberal-democrática.

Milton Santos[273] é um autor que ronda essa armadilha. Ele apresenta uma crítica mordaz das tendências postas com a globalização em que o mercado aparece como principal responsável pela deterioração da sociabilidade contemporânea. Segundo ele, o absolutismo do mercado está (re)orientando os rumos da educação, num sentido destituído de qualquer preocupação com valores como bem-estar, justiça social, solidariedade, igualitarismo etc.

Santos[274] opõe ao momento histórico presente a chamada "Era de Ouro", sob a forma do Estado providência, referindo-se a ela como uma ordem de "solidariedade social cada vez mais sofisticada". Para ele, aquele foi um período em que prevaleceu o sistema de educação "universal", "igualitário" e "progressista", caracterizado pelo "equilíbrio" entre a "formação para a vida plena" e a "formação para o trabalho".

Para Santos, a globalização, o neoliberalismo e o absolutismo do mercado tendem a transformar o ensino numa direção determinada.[275] O que transparece da posição do geógrafo brasileiro é que a acentuação positiva do período da "Era de Ouro" e do Estado providência cresce na mesma proporção da acentuação negativa do período da globalização, ficando ausente a análise das condições históricas em que se desenrolam e se encadeiam ambas as situações. Essa análise é mais que necessária,

---

[273] SANTOS, Milton. "Deficientes Cívicos". *Folha de São Paulo*, 24 de janeiro de 1999, Caderno Mais.
[274] *Op. cit.*
[275] "Em um simples processo de treinamento, numa instrumentalização das pessoas, em um aprendizado que se exaure precocemente ao sabor das mudanças rápidas e brutais das formas técnicas e organizacionais do trabalho exigidas por uma implacável competitividade". (SANTOS, *Op. cit.*).

posto que os dois períodos não representam momentos estanques ou descontínuos.

A análise crítica dessas condições históricas não pode deixar de considerar, por exemplo, que o alcance do Estado providência ficou restrito espacial e temporalmente a um bloco minoritário de países ricos e a cerca de um quarto de século.[276] Quanto à educação, uma análise crítica deverá considerar não só a própria natureza da escola como instituição da sociedade de classes, mas o fato da sua ligação intrínseca ao padrão social imposto pelo fordismo-taylorismo.[277] Noutras palavras: a escola da "Era de Ouro", nos países organizados pelos princípios do Estado de Bem-estar social, foi mais democrática basicamente porque universalizou o ensino, erradicou o analfabetismo, mas perpetuou os traços fundamentais da divisão social do trabalho, (por isso mesmo) manteve e consolidou seu caráter dual e se colocou como peça importante da reprodução (a despeito de todas as contradições possíveis) capitalista baseada no padrão de acumulação fordista. Por isso, a crítica aos retrocessos da educação operados presentemente, para se afirmar, não precisa de um elogio acrítico à escola taylorista-fordista.

As teses de Oliveira são contribuições originais que tentam compreender as especificidades da organização social baseada no Estado providência, mas parecem revestidas de exagerado otimismo quanto ao seu poder de oposição e restrição ao capital. Quando formula a ideia de que a social-democracia seria um novo modo de produção social, ele subestima as determinações históricas, sociais e econômicas dessa ordem social. Por fim, ao desconsiderar aquelas determinações históricas, parece colocar em igualdade de condições as possibilidades de realização da social-democracia tanto no centro como na periferia do sistema do capital.

Mais que isso, todo esforço para se discutir a atualização do Estado providência contemporaneamente terá de enfrentar seriamente questões como: o caráter regressivo-destrutivo do capital; a dinâmica econômica

---

[276] HOBSBAWM, *op. cit.*
[277] A esse respeito ver ENGUITA, 1989, SOUSA JR, 2001, entre outros.

mudializada e financeirizada; o desemprego crônico; a hipertrofia do poderio econômico e político das grandes corporações econômicas; e, fundamentalmente, o fato de o sistema do capital ter atingido seus limites absolutos e o fim de sua capacidade civilizatória.[278]

Por sua vez, a crítica da educação precisa se dar conta dos aspectos estruturais da crise e de que a superação desta não depende de uma discussão restrita ao problema da ampliação dos direitos, ampliação do Estado (ou esfera pública, para retornarmos a Oliveira), robustecimento do fundo público e democratização do seu uso.

Em primeiro lugar, é preciso considerar que o esgotamento do Estado de bem-estar social não é circunstancial, mas estrutural, pois se localiza em meio às contradições fundamentais do sistema aprofundadas no final do século XX.

Uma dessas contradições fundamentais que se colocam como obstáculo ao retorno ao bem-estar social do Estado providência é a que está posta com a mundialização do capital e que se estabelece na relação entre a estrutura econômica mundializada das grandes corporações econômicas e do capital financeirizado e as necessárias estruturas de comando político de caráter nacional. Noutras palavras: os Estados-nacionais continuam como estruturas regionais de comando ao passo que a dinâmica produtiva possui caráter mundializado. Essa contradição praticamente destrói as possibilidades de se imaginar uma estrutura político-social de controle capaz de impor barreiras ao movimento de acumulação do capital tal como propõe a social-democracia. Embora Oliveira pareça não aceitar, a verdade é que o mercado mundial tem ganhado a queda de braço contra os Estados, mesmo contra os mais resistentes.

---

[278] MÉSZÁROS, 2002. KURZ, 2004, embora numa perspectiva teórica um tanto diferente da do autor húngaro, corrobora a tese afirmando que "o cerne antissocial, anticivilizador, bárbaro da modernidade vem à luz, enquanto o 'excesso civilizador', como a medicina, a assistência médica, a educação, a cultura etc., vai desaparecendo sucessivamente. Se o Ocidente produz, sob a liderança dos EUA, um novo colonialismo da crise e invoca ideologicamente a 'salvação da civilização', ele se desmente a si próprio em suas próprias relações internas por conta do desenvolvimento anticivilizador".

Para Mészáros, o processo autoexpansivo do capital o fez perseguir desde o início o mercado mundial, pois esse movimento de expansão tornava possível eliminar (temporariamente) algumas contradições que depois reapareceriam em maiores proporções.[279]

O problema, que dificulta a realização dos bons propósitos de Oliveira e Chaui é que "agora não há mais lugar para garantir na escala adequada o necessário deslocamento expansionista".[280] Já para Kurz, o desenvolvimento das forças produtivas engendrou um impasse estrutural em que se eleva o nível de socialização da produção, bem como se eleva o grau de cientificização dos processos produtivos e, consequentemente, a importância da "infraestrutura", especialmente de formação e instrução.

Essa situação faz aumentar a dependência de infraestrutura produtiva por parte desses mesmos processos produtivos ao mesmo tempo em que crescem desproporcionalmente os chamados custos indiretos (custos com infraestrutura) em relação aos lucros privados. "Desse modo, surge um problema de financiamento crônico das infraestruturas, que crescem de maneira objetivamente necessária. Em outras palavras: o grau de socialização produzido pelo próprio capitalismo não é mais representável em termos capitalistas".[281]

Os Estados-nacionais, cada vez mais reduzidos a estruturas político-econômicas dedicadas a otimizar a acumulação privada das grandes corporações, não conseguem mais sustentar satisfatoriamente os custos com infraestrutura, e as empresas, por sua vez, perseguem dentro da concorrên-

---

[279] "Na verdade essas contradições (monopólio & competição; crescente socialização da produção & discriminadora apropriação; divisão internacional cada vez maior do trabalho, intensificando o domínio global imperialista) se agravaram imensamente durante o século XX, com a expansão global e a transformação monopolista do capital. Estendendo os limites extremos da escala das operações do capital aos cantos mais remotos do planeta, foi possível eliminar algumas contradições específicas que ameaçavam provocar explosões dentro dos muros de seu confinamento anterior" (MÉSZÁROS, 2002: 240).
[280] Idem, ibidem, 242.
[281] KURZ, 2004.

cia acirrada a manutenção dos padrões de acumulação dentre outras coisas através da dispensa de trabalho vivo.[282]

Os impasses políticos e econômicos colocados contemporaneamente nos obrigam a buscar alternativas para além das possibilidades permitidas pelo sistema do capital durante sua fase histórica ascensional, que começa a entrar em declínio com o esgotamento da "Era de Ouro".

O capital mundializado é um sistema que nega sua *raisón d'être* na medida em que se pauta na: dispensa relativa e crescente de trabalho vivo; perda relativa de capacidade dos Estados nacionais (em geral, mas especialmente os da periferia do sistema) de imporem limites e mecanismos de controle ao capital mundializado; negação prática dos ideais liberal-democráticos da escola. Principalmente na periferia do sistema.[283]

A despeito da validade e importância da luta democrática em favor da ampliação dos direitos, da ampliação e democratização do fundo público etc., compete aos educadores e trabalhadores em geral buscar submeter essa luta democrática, com criatividade, à construção de um horizonte mais amplo e fecundo que possa efetivamente redefinir padrões de organização e desenvolvimento social sem necessariamente aceitarem como únicas e dadas as alternativas que o capital em sua fase histórica ascensional ofereceu: um capitalismo de absolutismo de mercado ou um

---

[282] Kurz (*op. cit.*) aponta que "No plano da economia empresarial, torna-se supérflua uma tamanha massa de força de trabalho, cuja reabsorção não é mais possível por meio de uma ampliação dos mercados. O Estado pode cada vez menos taxar salários e precisa, além disso, financiar o desemprego. Ao mesmo tempo, no processo de globalização, as empresas transnacionais fogem do alcance fiscal do Estado, indo parar nos 'oásis' de países que taxam pouco ou não taxam de modo algum os investidores estrangeiros. O endividamento já há muito tempo precário do aparelho do Estado praticamente explode".

[283] "Mas, na mesma medida em que o paradigma da 'modernização recuperadora' entrou em colapso desde os anos 1980 com o processo da globalização e com a crise mundial provocada pela terceira revolução industrial, a ofensiva educacional das nações do assim chamado Terceiro Mundo chegou a seus limites. Constata-se que um sistema educacional moderno, com escolas, universidades, institutos de pesquisa e instituições culturais, só pode ser financiado se a economia nacional correspondente é capaz de concorrer no mercado mundial". (Idem, ibidem).

capitalismo disciplinado; ou, no caso da educação, a insistência de uma luta limitada aos ideais liberal-democráticos de educação que o próprio sistema só realizou parcialmente e que não parece mais disposto por incapacidade estrutural a garantir.[284]

É preciso que a crítica da educação se convença de que, com a ativação dos limites absolutos do capital, também os parâmetros da utopia da emancipação social se redefinem. Segundo a perspectiva de análise aqui adotada, os impasses estruturais atingidos pelo metabolismo social do capital não comportam mais discussões que se restrinjam a reivindicar melhor divisão das riquezas, melhor distribuição de renda, fortalecimento do Estado, ampliação de direitos, mais escolas, mais hospitais,[285] mais empregos, mais consumo, trata-se de enfrentar a crise social no seu cerne.[286]

---

[284] "Hoje o sistema educacional e as instituições culturais decaem nos países ocidentais, já em completa semelhança com as regiões críticas do Sul. Geralmente os suportes da educação, da instrução e da cultura são os municípios e as Províncias; e justamente para esses níveis mais baixos da administração estatal a crise financeira no Ocidente progrediu tanto quanto para os Estados centrais do Terceiro Mundo". (Idem, ibidem).

[285] O número absoluto de instituições como escolas, hospitais e prisões incrivelmente aperfeiçoadas na era moderna tem se ampliado por toda parte, mesmo nos países periféricos. As escolas não são capazes de contrapor uma formação ao processo de estranhamento; muito ao contrário, as prisões cada vez mais numerosas e a sofisticação dos aparatos repressivos não conseguem reverter nem barrar o aumento da violência social; e o aumento de unidades hospitalares, assim como o desenvolvimento tecnológico e científico da área médica e farmacêutica não são capazes de enfrentar a incrível capacidade da vida nas grandes cidades de provocar e multiplicar doenças de toda ordem. Portanto, a simples luta pela ampliação das instituições da sociedade moderna, burguesa, não significa maior bem-estar para a sociedade humana, muito ao contrário.

[286] Como aponta Mészáros (2005: 27): "Limitar uma mudança educacional radical às margens corretivas interesseiras do capital significa abandonar de uma vez, conscientemente ou não, o objetivo de uma transformação social qualitativa. Do mesmo modo, contudo, procurar margens de reforma sistêmica na própria estrutura do sistema do capital é uma contradição em termos. É por isso que é necessário romper com a lógica do capital se quisermos contemplar a criação de uma alternativa educacional significativamente diferente".

A crítica da educação não pode mais "confortavelmente" considerar o momento presente como um momento histórico de plenas possibilidades da sociabilidade mercadológica. A crítica da educação não pode fugir à imperiosa necessidade de se perguntar sobre as condições de possibilidade da democratização do capital mundializado. Neste atual estágio, cada vez mais as lutas democráticas são empurradas ao limite em que se colocam as alternativas: ou dão o grande salto ou perigam perder a validade e o vigor.

Bibliografia

ANDERSON, P. "Balanço do neoliberalismo", in: SADER, E. & GENTILI, P. (Orgs.). *Pós-neoliberalismo – as políticas sociais e o Estado democrático*. São Paulo, Paz e Terra, 1995, p. 9-23.

ARRIGHI, G. "Trabalhadores do mundo no final do século", in: *Praga – Revista de estudos marxistas*. São Paulo, Boitempo Editorial, 1997, n. 1.

_____. *O longo século XX*. Rio de Janeiro, Contraponto; São Paulo, Editora UNESP, 1996.

BAKHTIN, Mikhail. *Marxismo e Filosofia da Linguagem*. 3ª ed., São Paulo, Hucitec, 1986.

BEILLEROT, J. *L'éducation en débats: la fin des certitudes*. Paris: L'Harmattan, 1998.

BOUQUIN, Stephen. "Fin du travail ou crise du salariat?", in: *Banlieue, Ville, Lien social*. Paris, n. 13-14, Mars/Juin, 1997, p. 291-326.

CASTILLO, C. "¿Comunismo sin transición?", in: *Estratégia Internacional* n. 17, outono de 2001 (disponível em http://www.ft.org.ar/estrategia/ei17/ei17negri2.htm).

CHESNAIS, F. *A Mundialização do Capital*. São Paulo, Xamã, 1996.

_____ (coordenador). *A mundialização financeira – gênese, custos e riscos*. São Paulo: Xamã, 1999.

_____. "Rumo a uma mudança total dos parâmetros econômicos mundiais dos enfrentamentos políticos e sociais", in: *Outubro* – Revista do Instituto de Estudos Socialistas. São Paulo, maio/1998, n. 1, p. 7-31.

_____. Entrevista. *Folha de São Paulo*. Dinheiro. São Paulo, 31 de maio de 2004.

BOTTOMORE, T. Rio de Janeiro: Jorge Zahar Editores, 1983.

ENGELS, F. "Ludwig Feuerbach e o fim da filosofia clássica alemã", in: MARX, K. e ENGELS, F. *Obras escolhidas.* São Paulo, Alfa-Omega, s/d. vol. 3, [1988], p. 171-207.

ENGUITA, M. F. *A face oculta da escola.* Porto Alegre, Artes Médicas, 1989.

_____. *Trabalho, Escola e Ideologia – Marx e a Crítica da Educação.* Porto Alegre, Artes Médicas, 1993.

_____. "Reprodução, contradição, estrutura e atividade humana na educação", in: *Teoria e Educação*, Porto Alegre, n. 1, 1990: 108-133.

FAUSTO, Ruy. *Marx – Lógica e Política.* 2ª ed. São Paulo, Brasiliense, 1987, t. I.

FERNANDES, F. (Org.). *Marx-Engels – história.* São Paulo: Editora Ática, 1989.

FREDERICO, C. *O jovem Marx.* São Paulo: Cortez, 1995.

FRIGOTTO, G. (Org.). *Educação e crise do trabalho – perspectivas de final de século.* Petrópolis, Editora Vozes, 1998.

_____. "Os delírios da razão: crise do capital e metamorfose conceitual no campo educacional", in: GENTILLI, P. (Org.). *Pedagogia da exclusão – crítica ao neoliberalismo em educação.* Petrópolis, Vozes, 1995.

_____. *Educação, crise do trabalho assalariado e do desenvolvimento: teorias em conflito.* Rio de Janeiro, Mimeo, 1997.

_____. "Globalização e crise do emprego: mistificações e perspectivas da formação técnico-profissional", in: www.senac.br/INFORMATIVO/BTS/252/boltec252c.htm. Acessado em 20/10/2006.

KURZ, R. *Os últimos combates.* 3ª ed. Petrópolis: Vozes, 1997.

_____. "Cultura degenerada – o totalitarismo de mercado destrói seus próprios fundamentos intelectuais", in: *Folha de São Paulo*, 15 de março de 1998.

MANACORDA, M. A. *Marx e a Pedagogia Moderna.* São Paulo, Cortez, 1991.

_____. *O princípio educativo em Gramsci.* Porto Alegre, Artes Médicas, 1990.

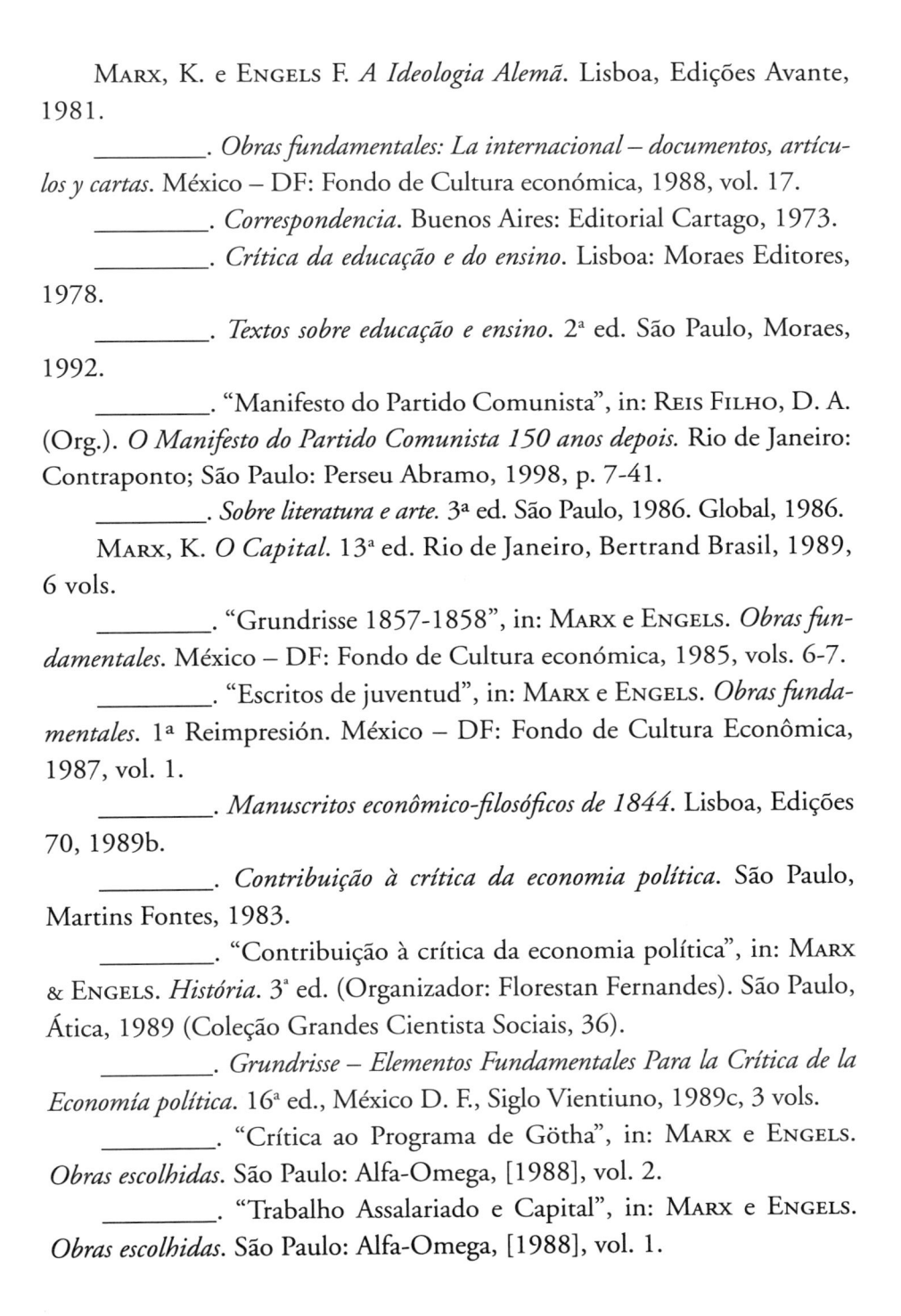

MARX, K. e ENGELS F. *A Ideologia Alemã*. Lisboa, Edições Avante, 1981.

_____. *Obras fundamentales: La internacional – documentos, artículos y cartas*. México – DF: Fondo de Cultura económica, 1988, vol. 17.

_____. *Correspondencia*. Buenos Aires: Editorial Cartago, 1973.

_____. *Crítica da educação e do ensino*. Lisboa: Moraes Editores, 1978.

_____. *Textos sobre educação e ensino*. 2ª ed. São Paulo, Moraes, 1992.

_____. "Manifesto do Partido Comunista", in: REIS FILHO, D. A. (Org.). *O Manifesto do Partido Comunista 150 anos depois*. Rio de Janeiro: Contraponto; São Paulo: Perseu Abramo, 1998, p. 7-41.

_____. *Sobre literatura e arte*. 3ª ed. São Paulo, 1986. Global, 1986.

MARX, K. *O Capital*. 13ª ed. Rio de Janeiro, Bertrand Brasil, 1989, 6 vols.

_____. "Grundrisse 1857-1858", in: MARX e ENGELS. *Obras fundamentales*. México – DF: Fondo de Cultura económica, 1985, vols. 6-7.

_____. "Escritos de juventud", in: MARX e ENGELS. *Obras fundamentales*. 1ª Reimpresión. México – DF: Fondo de Cultura Econômica, 1987, vol. 1.

_____. *Manuscritos econômico-filosóficos de 1844*. Lisboa, Edições 70, 1989b.

_____. *Contribuição à crítica da economia política*. São Paulo, Martins Fontes, 1983.

_____. "Contribuição à crítica da economia política", in: MARX & ENGELS. *História*. 3ª ed. (Organizador: Florestan Fernandes). São Paulo, Ática, 1989 (Coleção Grandes Cientista Sociais, 36).

_____. *Grundrisse – Elementos Fundamentales Para la Crítica de la Economía política*. 16ª ed., México D. F., Siglo Vientiuno, 1989c, 3 vols.

_____. "Crítica ao Programa de Götha", in: MARX e ENGELS. *Obras escolhidas*. São Paulo: Alfa-Omega, [1988], vol. 2.

_____. "Trabalho Assalariado e Capital", in: MARX e ENGELS. *Obras escolhidas*. São Paulo: Alfa-Omega, [1988], vol. 1.

Marx, K. "Mensagens do Comitê Central à Liga dos Comunistas", in: MARX e ENGELS. *Obras escolhidas*. São Paulo: Alfa-Omega, [1988], vol. 1.

_____. "As Lutas de Classes na França de 1848 a 1850", in: MARX e ENGELS. *Obras escolhidas*. São Paulo: Alfa-Omega, [1988], vol. 1.

_____. "O Dezoito Brumário de Luiz Bonaparte", in: MARX e ENGELS. *Obras escolhidas*. São Paulo: Alfa-Omega, [1988], vol. 1.

_____. "Teses sobre Feuerbach", in: MARX e ENGELS. *Obras escolhidas*. São Paulo: Alfa-Omega, [1988] vol. 3.

_____. *Miséria da filosofia*. Lisboa, Editorial Estampa, 1978.

_____. *A Sagrada família*. São Paulo, Moraes, 1987.

_____. *Sobre la revolución de 1848-1849: Artículos de "Neue Rheinisch Zeitung"*. Editorial Progresso, 1981.

_____. "Anotações ao livro 'Estatismo e anarquia' de Bakunin", in: *Margem Esquerda: ensaios marxistas*. n. 1. São Paulo: Editorial Boitempo, 2003, p. 149-155.

MÉSZÁROS, I. "Marxismo hoje (entrevista)". Tradução: João Roberto Martins Filho. In: *Crítica Marxista*, n. 2, vol. 1, São Paulo, Brasiliense, 1995, p. 129-37.

_____. *Produção destrutiva e Estado capitalista*. São Paulo, Editora Ensaio, 1996.

_____. *O poder da ideologia*. São Paulo: Editora Ensaio, 1996 (b).

MÉSZÁROS, I. "A ordem do capital no metabolismo social da reprodução", in: *Ad Hominem – Revista de filosofia, política, ciência da história*. n. 1, t. 1. São Paulo, Estudos e Edições Ad Hominem, 1999, p. 83-124.

_____. "Política radical e transição para o socialismo – reflexões sobre o centenário de Marx", in: CHASIN, J. *Marx hoje*. São Paulo, Editora Ensaio, 1987, p. 113-133.

_____. *Para além do capital*. São Paulo: Boitempo, 2002.

_____. *O século XXI – socialismo ou barbárie?*. São Paulo: Boitempo Editorial, 2003.

_____. *A educação para além do capital*. São Paulo: Boitempo Editorial, 2005.

_____. "Democracia por subtração. Entrevista", in: *Trabalho ne-*

cessário – *Revista eletrônica do NEDDATE*, n. 1. www.uff.br/trabalhonecessário. Acessado em 04/06/2004.

Mészáros, I. "Produção destrutiva e Estado capitalista." Tradução: Georg Toscheff e Marcelo Cipolla. São Paulo, Editora Ensaio, 1996. Resenhado por Sousa Jr., Justino de. In: *Trabalho & Educação – Revista do NETE*, jan/jul, 1998, n. 3, p. 188-192.

Oliveira, Francisco de. "O surgimento do antivalor", in: *Novos Estudos Cebrap*, n. 22, São Paulo, out. 1988.

_____. "A economia política da social-democracia", in: *Revista USP*, n. 17, São Paulo, mar/abr/maio/1993.

_____. "Globalização e antivalor: uma anti-introdução ao antivalor", in: Freitas (org.). *A reinvenção do futuro*. São Paulo, Cortez Editora, 1996.

_____. "Entrevista (por Fernando Haddad)", in: *Teoria e Debate*, São Paulo, n. 34, mar/abri/mai 1997.

Rubel, M. *Crônica de Marx*. São Paulo, Editora Ensaio, 1991.

Soares, Rose. D. "A concepção socialista da educação e os atuais paradigmas da qualificação para o trabalho: notas introdutórias", in: *Educação & Sociedade*, Campinas, vol. 18, n. 58, julho/1997, p. 142-155.

Sousa Jr., Justino de. "As Contribuições de Marx, Hegel e Wittgenstein para o pensamento Linguístico", in: *Anais do X Encontro de Pesquisa Educacional do Nordeste*. Fortaleza, Universidade Federal do Ceará, 11 a 13/12/1991.

_____. *Sociabilidade e Educação em Marx*. Dissertação de Mestrado em educação, Faculdade de Educação da Universidade Federal do Ceará, Fortaleza, 1994.

_____. "Para um conceito marxiano de educação", in: *Trabalho & Educação – Revista do NETE*, ago/dez, 1997, n. 2, p.137-154.

_____. "Politecnia e onilateralidade em Marx", in: *Trabalho & Educação – Revista do NETE*, jan/jul, 1999, n. 5, p. 98-114.

_____. *A reestruturação produtiva e a crise da escola*. Tese de Doutoramento em Educação, Faculdade de Educação, Universidade Federal de Minas Gerais, Belo Horizonte, 2001.

Souza Jr., Justino de. "A crítica marxiana da educação em tempos de mundialização do capital e crise da escola", in: *Trabalho necessário – Revista eletrônica do NEDDATE*, n. 2. www.uff.br/trabalhonecessario/Justino%20artigo.htm.

_____. "Trabalho, Estado e escola – crises que se entrecruzam", in: *Anais da 25ª. Reunião anual da ANPED*, Caxambu 2002.

Sousa Jr., Justino de & Machado, Lucília. "Editorial – Manifesto, 150 anos: ir à raiz para reacender a utopia", in: *Trabalho & Educação – Revista do NETE*, jan/jul, 1998, n. 3, p. 9-12.